中国労働契約法の形成

中国労働契約法の形成

山下 昇著

信山社

はしがき

一　本書は，タイトルに示すように，中華人民共和国における労働契約法の形成過程を明らかにすることを目的とするものである。無論，中国の労働契約法の全てにわたって分析することは，筆者の能力をはるかに超える作業であり，本書では，特に，解雇を中心とした労働契約関係の終了に関する法制に焦点を当てて検討している。なぜなら，解雇法制こそが，中国が掲げる「社会主義市場経済」という経済体制と労働市場を前提とした労働契約制度との交錯点として浮かび上がってくるからである。したがって，中国の労働法および労働契約法の特徴は，解雇法制を切り口とすることで，より鮮明に描き出されるものと考えられる。

そして，本書では，労働契約制度の適用拡大や解雇法制の定着のプロセスにおいて，「下崗」がどのような機能を果たしているかについて論じている。日本において「下崗」は，レイオフあるいは一時帰休と翻訳されるものの，一般的認識としては解雇として理解されている。実態としても，中国の労働者にとって，「下崗」とは，クビにされることと同義であり，雇用調整措置としての機能は否定できない。

他方で，本書において注目しているのは，「下崗」の生活保障・再就職促進の機能である。つまり，「下崗人員」に対して，ポスト離脱後3年間にわたって所得を保障しながら，再就職に向けた様々な措置をとっているという側面を，本書では，意識的に強調して論じている。実際の「下崗」に対する認識や真の実態から見れば，「下崗人員」の置かれている状況は極めて深刻であり，再就職支援策も十分とはいえないのであって，「下崗」が生活保障・再就職促進の機能を有効かつ十分に果たしているとは言い難い。また，中国では，「下崗」は，市場経済への転換期における一時的な「現象」であって，「下崗」に対する諸政策は過渡的な措置として位置づけられており，「下崗」を積極的に意義付けようとする試みはなされていない。した

がって，本書の「下崗」観に対しては，「下崗」の実態を度外視し，その一部の制度面だけを「美化」しているとの批判もあろう。

しかし，そのような批判や「下崗」の現実についても承知したうえで，なお，生活保障・再就職促進機能を強調するのは，今後の中国解雇法を展望するうえで，「下崗」のそうした機能を解雇法制の中に組み込み，雇用保障制度の拡充を図っていくことが重要であると考えるからである。そして，本書は，法律上，全く規定されていない非法的な「下崗」を語ることを通じて，中国の労働契約法という法的な客体を描き出そうとするものである。ただし，その目的がどれほど果たされているかはいささか心許ないかぎりである。

二　このように，本書は，現代中国の労働法を研究対象としている。これまで，現代中国の労働問題や社会保障制度を対象とした研究業績は数多く公表されている。しかし，労働法学に限ってみると，中国労働法の研究書は，向山寛夫博士の『中国労働法の研究』(1968年，中央経済研究所) を除けば，おそらく皆無であろう。香川孝三教授のことばを借りれば，「日本の法解釈学に役に立ちそうにない，あるいは日本よりおくれた発展途上国の法律は無視されてきた」(『インドの労使関係と法』1986年，成文堂) のであり，現代中国法もまた例外ではなかった。もちろん，これには理由が「あった」。つまり，それは，欧米からの法継受という日本の近代法の歴史的な経緯や雇用・労使関係の法的紛争処理における問題の共通性などである。特に，日本における中国労働法の研究は，社会経済体制の相違や中国国内の政治的混乱などもあって，大きく取り残されてきた領域であった。

しかし，時代は大きく変わってきた。中国は，ＷＴＯ加盟も果たし，世界経済のメインプレーヤーになりつつある。中国労働法は，世界経済の一翼を担う数億人に上る中国の労働者に適用される法なのである。そして，社会経済体制も大きく変化し，日本や欧米諸国と同様に，労働を契約原理の中で位置付けるべきことが，法律上，正当に承認されるに至っている。中国でも，様々な労使間の紛争が，労働契約を媒介として顕在化するよう

になった。そして、中国労働法も、グローバルな枠組みの中に組み込まれようとしている。中国労働法研究が軽視されてきた理由のいくつかは、徐々にその説得力を失いつつある。

　また、近年、アジアの労働法に対する研究は盛んになりつつある。その中で、アジアの労働法に「家族主義」・「集団主義」的性格があることが指摘されている。例えば、「労使自治」の原則に基づいて自由な団体交渉方式をとる西欧タイプの集団的労働法制と異なって、アジアの労使関係および労使関係法制が非敵対的・協調的労使関係であること、また、社会福祉・社会保障の代替制度が個別的労働法制の中に組み込まれていることなどがあげられている（林和彦「開発体制と労働法」日本労働研究雑誌469号2頁）。

　協調的労使関係につき、中国は、アジア的特色という前に、プロレタリア独裁体制において企業と労働者の利益対立はなく、企業と労働組合（「工会」）が敵対的な関係になることはないとされる。したがって、中国の協調的労使関係が「家族主義」・「集団主義」的性格の発露であるかといえば、直ちにそう断じることはできないが、少なくとも、外形的な共通性を有するとはいえそうである。また、中国では、社会保障にあたるサービスを企業が負担し、雇用システムと社会保障制度は基本的に一体化していた。

　このほか、特徴的なことは、終身的な雇用慣行が存在していた点が挙げられる。かつての中国は「固定工」制度の下で、日本よりも強固な終身雇用慣行が存在した。少なくとも、これまで、労働者の中に、一企業で労働生活を全うするという意識がかなり広範にあったといえる。こうした意識は、企業への忠誠心や帰属意識・依存度を高めた。これも「家族主義」・「集団主義」的な現象といえよう。そして、このような「家族主義」・「集団主義」的な労使関係が、労働契約観念の希薄さにつながっていたとも指摘される。

　こうした観点から見れば、日中の雇用システムには、次のような共通性があった。すなわち、一企業完結的な雇用慣行、企業の高福利体質（社会保障の代替）、協調的労使関係、労働者の企業への帰属意識・依存度の高さ、労働契約観念の希薄さなどである。そして、両国において、こうした慣行

や意識は，近年大きく変容しつつある。すなわち，長期雇用慣行を中心とする一企業完結的な雇用社会から雇用の流動性の高い雇用社会への転換期を迎え，個々の労働者にも契約の意識が強まりつつある。そうした変化は，むしろ中国のほうが顕著である。そして，問題が最も先鋭化するのが，解雇の局面であり，長期雇用慣行が定着していたがゆえに，両国においては，解雇法制が十分には整備されてこなかったのである。かかる意味で，日中の解雇法制および雇用保障法制は同様の問題に直面しているのである。

　ただし，本書では，筆者の能力不足のため，こうした比較検討の視点は，十分には確立していない。もっぱら，中国労働法に限った考察を行っている。これは今後の大きな課題である。しかし，一言だけ触れておきたい。本書の結語において，果敢にも（無謀にも），中国解雇法制について試論を展開しているが，これは，無論，中国の労働法制を前提として構想したものである。同時に，長期雇用慣行を中心とする一企業完結的な雇用社会から雇用の流動性の高い雇用社会への転換期を迎えている日本についても，基本的な立法化の方向性は大きく変わらないのではないかと考えている。

　三　本書は，2002年1月，九州大学より学位を授与された博士論文（「中国における労働契約法の形成」）に加筆・修正したものである。現代中国を研究対象とするとき，いつも悩まされるのは，わずかな期間で実態や制度が大きく変化し，これまで書き溜めてきたものが，すぐにその鮮度を失ってしまうことである。本書も，加筆・修正を加えたものの，筆者の生来の「怠け癖」のせいもあり，最新の情報に更新できていない部分も少なくない。また，筆者の非力さゆえに，検討が不十分なところも多々ある。しかし，中国労働法が「生もの」であるがゆえに，鮮度を大きく損なわないうちに，諸賢のご批判を仰ぎたいと考えた次第である。本書を出発点として，さらなる研究に励みたい。また，本書が批判を受ける中で，中国労働法に対する関心が高まるならば，それだけでも，本書は，いくらかなりとも意義を有することになろう。

　本書のような拙い書物でも，その完成に至るまでには，多くの方々から

のご指導・ご協力がある。なかでも，野田進先生には，学部学生時代から今日に至るまで，数多くのご指導をいただいた。大学院入学後，私は中国労働法という未知の領域の研究を志したが，指導教官である野田先生のご指導がなければ，私の中国労働法研究は方向性を見失い，迷走していたに違いない。さらに，判例研究をはじめとして研究者として身につけるべき研究手法や研究に取り組む姿勢など，じっくりとご指導いただいた。野田先生の暖かいご指導に感謝を申し上げたい。

　また，菊池高志先生には，その幅広い関心から，多角的な視野で，私の中国労働法研究に対してご指導をいただいた。大学院時代，菊池先生にご指導をいただけたことは，非常に幸運であった。河野正輝先生は，常々私に，中国労働法を研究することの意義について問われた。また，社会保障を含めた広い視野からご指導をいただいた。本書では，河野先生の問いに対して，まだ十分な回答はできていないが，これは，私の研究生活を通じた課題であると考えている。中国法に関しては，私が修士課程のときに九州大学の助教授であった王亜新先生（現清華大学教授）より懇切にご指導をいただいた。そして，九州社会法研究会の先生方にも，数多くのご指導・ご助言をいただいた。ここで改めて感謝を申し上げたい。また，恵まれた研究環境を与えてくださった久留米大学法学部のスタッフの方々にも感謝したい。さらに，法学の研究書としてはいささか特異な本書の出版を快く引き受けていただいた信山社の今井貴氏には多大なご尽力をいただき，編集担当の袖山貴氏には，最後まで行き届いたお世話をいただいた。心より御礼申し上げたい。

　なお，本書の出版にあたっては，日本学術振興会平成14年度科学研究費補助金「研究成果公開促進費」の交付を受けている。

2002年12月

山　下　　昇

目　次

序　説
　一　問題の所在 …………………………………………………… *2*
　　　1　失業と解雇規制 (*2*)
　　　2　中国労働法と失業 (*4*)
　二　本研究の目的と構成 ……………………………………………… *8*
　　　1　検討対象と検討視角 (*8*)
　　　2　本研究の構成 (*11*)
　三　中国労働法のアクター ……………………………………………*13*
　　　1　事 業 主 (*13*)
　　　2　労働者と労働者団体 (*17*)
　　　3　労働行政 (*19*)

第一編　中国労働法の歴史的展開

第一章　社会主義計画経済期の労働管理制度
　序　時代背景 ……………………………………………………………*26*
　第一節　新民主主義経済下における労働立法の展開
　　一　封建的労働制度の撤廃 ……………………………………………*28*
　　二　失業対策 ……………………………………………………………*28*
　　三　新たな労働管理制度の構築 ………………………………………*30*
　　　1　企業民主管理の導入 (*30*)
　　　2　労働協約制度の実施 (*32*)
　　　3　個別労働条件規制 (*34*)
　　　4　統一分配制度の試み (*36*)
　　　5　抱え込み政策 (*37*)
　　　6　労働紛争処理制度 (*39*)
　　　7　労働保険制度 (*41*)

第二節　社会主義計画経済下での労働立法の展開
　　一　第1次5か年計画期 …………………………………………………47
　　　　1　人事管理の強化 (47)
　　　　2　職場規律の強化 (49)
　　　　3　従業員代表大会制度の実施と労働協約制度の廃止 (50)
　　　　4　そのほかの制度の動き (51)
　　二　大躍進運動期 …………………………………………………………52
　　三　文化大革命期 …………………………………………………………52
第三節　改革開放前の労働管理制度
　　一　雇用の確保――労働力の統一的分配 ………………………………54
　　　　1　統一分配制度の形成 (54)
　　　　2　統一分配制度の有効性 (55)
　　　　3　統一分配制度下における労働条件決定 (56)
　　二　労働関係の解消 ………………………………………………………58
　　　　1　労働関係解消の諸類型 (58)
　　　　2　定年退職（「退休」）(58)
　　　　3　傷病にともなう労働能力の喪失による退職（「退職」）(60)
　　　　4　懲戒処分としての労働関係の解消（「開除」）(60)
　　　　5　除籍（「除名」）(63)
　　三　小　括 …………………………………………………………………64
　　　　1　建国初期の労働立法の特徴 (64)
　　　　2　社会主義計画経済と「固定工」制度 (64)

第二章　改革開放政策と雇用政策の展開

第一節　政策転換期の就業促進政策の展開
　　一　下放青年対策 …………………………………………………………76
　　　　1　三結合の就業方針 (76)
　　　　2　入替え採用（「退休頂替」）(76)
　　　　3　労働服務公司 (77)
　　二　企業内余剰労働力対策 ………………………………………………78

　　　　1　「停薪留職」の意義 (78)
　　　　2　手続と処遇 (78)
　　三　実態と効果 ……………………………………………………79
　第二節　労働契約制度の導入と展開
　　一　外資系企業における労働契約制度 …………………………80
　　　　1　労働契約制度の内容 (80)
　　　　2　労働契約制度の意義 (84)
　　二　国営企業における労働契約制度 ……………………………84
　　　　1　根拠規定 (84)
　　　　2　採　用 (85)
　　　　3　労働条件の決定 (85)
　　　　4　労働関係の解消 (88)
　　　　5　実態と問題点 (90)
　第三節　過渡期の雇用調整措置——「下崗」
　　一　「下崗」の労働制度改革上の意義 …………………………92
　　　　1　市場経済化の加速と余剰労働力の顕在化 (92)
　　　　2　労働契約制度の拡大 (93)
　　　　3　余剰人員の取り扱い——「下崗」(95)
　　　　4　「下崗」の実質的機能 (96)
　　　　5　「下崗」および失業の実態 (97)
　　　　6　小　括 (98)
　　二　「下崗」の法的意義 …………………………………………100
　　　　1　法的根拠 (100)
　　　　2　政策的根拠 (101)
　　　　3　理論的根拠——「労働関係保留」の理論 (102)
　　　　4　レイオフ・一時帰休と「下崗」(104)
　　三　「下崗」と再就職 ……………………………………………105
　　　　1　「下崗」実施の手続 (105)
　　　　2　「下崗人員」の処遇 (107)
　　　　3　「下崗人員」の再就職 (108)
　　　　4　非正規就業労働組織の展開 (110)

5　「下崗人員」の就業をめぐる問題——労務契約による就業 (112)
　　6　小　括 (114)
　四　「下崗」の今後の展開 ………………………………………………… 115
　　1　「下崗」の意義と機能 (115)
　　2　展　望 (116)

第二編　労働契約法制と雇用保障

第一章　中国労働契約法の基礎的考察
第一節　中国における労働法論争
　一　民法・経済法論争 ……………………………………………………… 132
　　1　はじめに (132)
　　2　経済契約制度 (133)
　　3　民法・経済法論争と民事契約制度 (134)
　二　中国における労働契約の意義 ………………………………………… 136
　　1　労働法と経済法，民法の関係 (136)
　　2　契約類型として労働契約 (138)
　　3　小　括 (142)
　三　中国における労働契約の特質 ………………………………………… 143
　　1　労働契約の内容・性質における特質 (143)
　　2　労働契約の制度的特質 (145)
第二節　労働契約をめぐる紛争の処理システム
　一　労働紛争処理規範 ……………………………………………………… 149
　　1　労働紛争処理規範としての法源 (149)
　　2　労働協約・就業規則・労働契約 (152)
　二　労働紛争処理手続 ……………………………………………………… 155
　　1　労働紛争処理システムの概要 (155)
　　2　統計的考察 (157)
　　3　裁判例の意義 (158)

第二章　雇用単位による労働契約の解約

第一節　中国解雇法の予備的考察

 一　現行解雇法制の概要 …………………………………………168

   1　解雇事由 (*168*)
   2　解雇の手続と制限 (*169*)
   3　予備的検討課題 (*170*)

 二　中国における包括的解雇規制 ………………………………170

   1　包括的解雇規制規定の不存在 (*170*)
   2　包括的解雇規制の解釈根拠 (*172*)

 三　中国解雇法の再整理 …………………………………………174

   1　条文に基づく分類 (*174*)
   2　解雇事由による整理 (*176*)

第二節　人的事由による解雇

 一　非違行為による解雇 …………………………………………177

   1　職場規律あるいは雇用単位の規則に対する重大な違反 (*178*)
   2　職務上の過失や私利のための不正行為 (*180*)
   3　刑事責任の追及 (*181*)
   4　規定の適用状況 (*181*)
   5　小　括 (*189*)

 二　身体的能力的不適格による解雇 ……………………………190

   1　試用期間中の解雇 (*190*)
   2　私傷病による勤務不能 (*191*)
   3　能力不足による職務不適格 (*191*)
   4　規定の適用状況 (*192*)
   5　小　括 (*196*)

第三節　経済的事由による解雇

 一　《労働法》26条3号に基づく解雇 …………………………197

   1　26条3号と27条の違い (*197*)
   2　規定の適用状況 (*199*)
   3　小　括 (*204*)

二　《労働法》27条に基づく経済的人員削減 ················206
　　1　経済的人員削減に関する規定の概要（206）
　　2　破産と解雇（209）
　　3　規定の適用状況（210）
　　4　小　括（212）

第四節　《労働法》上の解雇制限と解雇手続
　一　経済的補償 ··214
　　1　経済的補償の概要（214）
　　2　経済的補償の法的性質（215）
　二　特別な解雇制限 ··216
　　1　職業病・業務上の負傷により労働能力を喪失した者（217）
　　2　私傷病により治療を受ける者で定められた医療期間内にある者（218）
　　3　妊娠期・出産期・哺育期にある女性労働者（219）
　　4　法律・行政法規が定めるその他の情況にある者（219）
　三　労働組合の異議申立権 ··220
　　1　根拠規定（220）
　　2　同条違反の法的効果（220）

第三章　解雇以外の労働契約関係解消の諸相
　第一節　労働者による労働契約の解約
　　一　中国における辞職問題 ···228
　　　1　中国の労働契約制度と辞職（228）
　　　2　中国における辞職をめぐる紛争の検討視角（230）
　　　3　本節の目的（234）
　　二　教育訓練費用に関する規範 ····································236
　　　1　法律上の規範（236）
　　　2　労働行政部門による労働法規・労働規章（238）
　　　3　労働行政部門による政策文書（239）
　　　4　小　括（241）

三　教育訓練費用返還をめぐる裁判例 ……………………………241
　　　　1　Ⅰ事件──首鋼日電電子有限公司事件 (242)
　　　　2　Ⅱ事件──香港飛行機整備有限公司事件 (243)
　　　　3　Ⅲ事件──建陽市立病院事件 (245)
　　　　4　Ⅳ事件──北京市琉璃河セメント工場事件 (247)
　　四　裁判例の検討 …………………………………………………248
　　　　1　継続勤務条項と強制労働 (248)
　　　　2　違約金・賠償予定条項の内容と適法性 (250)
　　　　3　不正競争防止の観点 (253)
　　　　4　小　括 (254)
　第二節　労働契約の合意解約と労働契約の終了
　　一　労働契約の合意解約 …………………………………………256
　　二　労働契約の終了 ………………………………………………257
　　　　1　労働契約期間の満了 (257)
　　　　2　労働契約終了条件の成就 (260)
　　三　定　年　制 ……………………………………………………260

第四章　雇用保障制度
　第一節　失業救済制度
　　一　失業救済制度の沿革 …………………………………………268
　　　　1　社会主義計画経済下の失業救済制度 (268)
　　　　2　労働契約制度の導入と待業保険制度の創設 (269)
　　　　3　市場経済化と待業保険制度の展開 (270)
　　二　現行失業保険制度 ……………………………………………273
　　　　1　目　的 (274)
　　　　2　適用対象企業 (274)
　　　　3　失業救済金の受給資格 (275)
　　　　4　失業保険料の拠出 (276)
　　　　5　失業保険の支給内容 (277)
　　　　6　そのほかの改正点 (280)
　　　　7　小　括 (281)

第二節　就業促進制度
　一　職業紹介事業の展開 …………………………………………282
　　　1　職業紹介機関の整理 (282)
　　　2　職業紹介の実態 (283)
　二　職業能力開発 …………………………………………………284
　　　1　職業訓練 (284)
　　　2　職業技能検定制度 (285)
　　　3　労働予備制度 (286)

結　語　総括と展望
　一　総　括 …………………………………………………………292
　　　1　中国の雇用システムの変容 (292)
　　　2　「下崗」 (295)
　　　3　解雇法制と雇用保障 (299)
　二　中国解雇法制の展望 …………………………………………303
　　　1　展望の視角 (303)
　　　2　試　論 (304)

事項索引 (巻末)

序　説

一　問題の所在
1　失業と解雇規制
(1)　失　業

「失業」とは，労働の意思および能力を有するにもかかわらず，職業に就くことができない状態にあることをいう。そして，失業は，労働者の経済的基盤そのものを喪失させ，労働者とその家族の生活に甚大な経済的影響を与える。また，それは，労働者の技能の維持・向上の機会や自己の創造活動の場を奪うだけでなく，それまで築き上げてきた職場での人間関係をも断絶させ，労働者のアイデンティティーに対する重大な危機をもたらす。さらに，巨視的に見ても，大量の失業者の発生や急速な失業率の上昇は社会不安や治安悪化の要因ともなる。

そして，市場メカニズムを経済の基本的原理とする資本主義諸国においては，このような深刻な影響を及ぼす失業という現象を避けて通ることができないことも事実である。なぜなら，経済的自由を保障された個人ないし企業に対して，彼らの経済的利益を決定的に侵害してまで労働者の雇用を強制することは，資本主義国において容易には認められないからである。

そこで，多くの資本主義国の労働法は，こうした「市場の失敗」としての失業の存在を前提として，失業の問題に対処するために様々な法制度を整備してきた。例えば，正当な理由のない解雇を禁止する解雇制限法や失業時の所得を保障する失業保険法の制定などである。また，立法だけでなく，判例法理や雇用慣行，労使間の自主的ルール（労働協約・労働慣行など）も失業問題の解決に大きな役割を果たしてきたといえる。このように，失業対策は，市場経済を基礎とする社会においては，共通の不可避的課題なのである。

(2)　労働契約

ところで，労働法学においては，一般に，労働関係が契約関係であることを公理としており，労働者と使用者の労働関係は労働契約の締結により始まる。そして，この労働契約は，人が対価を得て労務に服することにつ

いての契約であるから，およそ市場経済のなかで人の生業がある限り，いかなる時代でも，どのような社会体制のもとでも認められるものである。つまり，労働契約は，人が働くにあたっての普遍的な動機であり，媒介である。
(1)

しかし，この契約は，契約の目的と主体が同一のものに属するという特質を有している。そのため，使用者が「労働」を使用することは，同時に，契約の相手方である労働者を使用することになり，使用者と労働者の間には，法構造的な使用従属関係が生じる。実際の労働関係においても「従属労働」は様々な弊害を産み出し，市民法の契約原理ではこれに適切に対処することができない。そこで，日本では，労働基準法により労働契約という契約概念を設定することを通じて，市民法の契約原理を様々な形で修正し，現代的な政策目的を盛り込んだ規制を行ってきている。つまり，労働契約とは，ひとつの契約概念であると同時に，労働関係に対して政策的に適正な規整を加えるための法制度ともいいうる。

したがって，労働契約に対する規制の態様やその程度は，社会経済体制およびその発展情況等の違いによって当然に異なるものであり，労働契約は，かかる意味で，その内容や機能において，多様性を持つ法制度といえる。言い換えれば，法制度としての労働契約は，社会体制や経済体制および当該国家における雇用慣行等の所与条件を基盤として形成されるものである。

(3) 解雇規制と雇用保障

前述のように，失業問題は，市場経済の雇用社会では不可避であるが，この失業は，「離職」すなわち労働関係が終了することを契機として生じる。つまり，労働契約が何らかの理由により解約ないし終了することが，失業の原因となる。

そして，失業を防止する第一の法的措置は，実定法上解雇を規制することである。実際に，使用者による労働契約の一方的解約に対して法的規制を加えることは，諸外国においても，一般的に採用されている法的措置である。また，解雇規制は，法制度としての労働契約において，政策的に殊

更重要なものということができる。特に，経営上の障害を理由とする解雇の場合，一定期間内に一定規模の離職者が発生することがあり，政策的観点から，解雇にあたって，様々な手続的規制が課されることが多い。

ただし，資本主義の社会において，解雇を法的手段によってある程度抑制することはできても，全面的に禁止することはできない。したがって，解雇規制だけでは，失業者の発生を防止することはできず，労働権や生存権の保障には十分でない。結局，失業者の生活を保障し，再就職を促進することも，国に課された重要な雇用立法上の課題となる。そこで，多くの国では，失業保険や職業紹介などの諸制度を整備しており，それらは解雇規制とともに雇用立法の中核を形成している。

また，一般に，これらの法的措置は雇用保障制度と呼ばれ，雇用保障にかかる具体的な法的措置は，およそ次の三系統に分類することができる。すなわち，第一に，失業防止のための措置（解雇規制），第二に，失業時の所得補償を目的とした措置（失業保険，失業扶助など），第三に，職業訓練や職業紹介などの失業者の就業促進に関する措置である[2]。これらの措置は，それぞれが有機的に連動することにより，効果的に雇用保障の機能を果たすことができる。

2　中国労働法と失業

(1)　中国の失業問題

周知のとおり，中華人民共和国（以下，「中国」という）は，1978年12月に改革開放政策を打ち出し，社会経済体制の改革を推し進めてきた。現在に至るおよそ四半世紀の間において，中国経済は極めて良好なパフォーマンスを示し，著しい経済発展を続けてきている。しかし一方で，この高度経済成長と同時に，失業率は年々上昇し，雇用情勢の悪化はますます深刻化しており，失業対策は，政府が解決すべき重要な課題となっている。そして，この失業問題の解決こそが，経済改革の成功の鍵を握っているといっても過言ではない[3]。

では，経済成長にともない失業問題が深刻化するという，一見すると，

矛盾するような現象が，現在の中国において観察されるのはなぜだろうか。ここで，建国から現在にかけて，中国政府が「失業」とどのように向かい合ってきたかという観点から，中国の労働法の展開を見ると，非常に興味深いと思われるので，以下，概観してみる。

(2) 社会主義計画経済下の中国労働法

　1949年に建国を宣言した中国は，その後しばらくは，社会主義への過渡的状態である新民主主義(4)の国家であった。しかし，1956年，中国は，都市部における個人経営・私営企業に対する社会主義的改造と農村部における農民の集団化・協同化（人民公社化）による「社会主義の基本的完成」を対外的に宣言するに至った。そして，そのひとつの帰結として，中国国内において，「失業」は消滅したとされたのである。すなわち，生産手段の国家所有と経済の計画化により，「市場の失敗」たる「失業」はもはや中国には存在しないというロジックであった。以後，中国の公式統計上，「失業」という言葉は1994年まで登場しない。(5)

　そして，政府は，労働力を国家が全面的・排他的に管理・分配する統一分配制度（「統包統配」）を実施し，企業の採用権は労働行政部門によって掌握された。これにより，労働力，特に新規学卒者を国家が統一的・計画的に管理し，各企業・組織に分配する一方，労働者の離職（解職および辞職）を厳格に制限する制度を確立した。こうして，プロレタリア独裁と計画経済に基づいて「国家の主人公」たる労働者の雇用を厳格に保障することとし，かかる厳格な雇用保障制度は，社会主義中国の労働管理制度の根幹であった。したがって，失業補償制度も労働市場も形成されなかったのである。

　しかし他方で，現実に全ての求職者に対して仕事を分配できていたわけでもなかった。農村部では，人民公社に組織することが仕事の分配であり，実際の仕事および報酬の有無とは関係なかった。また，都市部でも，労働人口に見合うだけのポストが存在せず，学卒後，待機する者も多く存在した。こうした都市部における事実上の失業状態のことを，仕事の分配を待つという意味で「待業」と呼んだ。つまり，「待業」は，主に新規学卒者に

対する就業開始までの一時的・臨時的な待機状態であるとされ,「失業」の存在を否定するための一種の詭弁ともいいうるものであった。実際には,1957年において,都市部の「待業人員」は200万人も存在し,「待業率」は5.9%に上っていた。[6]

(3) 社会主義市場経済下の中国労働法

その後,改革開放政策に転じるまで,中国の労働管理制度に大きな変化はなかった。しかし,改革開放政策下において,徐々に,生産手段(土地を除く)の私有が認められ,計画による経済統制から,市場を通じた経済のマクロコントロールに移行し,経済に対する規制も徐々に緩和されていった。

そして,経済の市場化が進むなかで,中国の労働管理制度は大きく変容していった。1986年には国営企業の破産と労働者の解雇について定める立法が成立し,現実に職を失う者が出てきた。また,統一分配制度も廃止され,労働力は労働市場を通じて調達することが原則となった。従来,計画や政策によって決定されてきた労働条件は,労使の交渉によって決定し,その合意に基づき労働することとされたのである。

つまり,社会主義市場経済体制の中国においても,労働契約は,労働関係を規整する一般的な法制度として位置付けられている。ただし,こうした改革により,就職できない者や余剰人員となる者が多数出現し,労働条件の維持・保護についても,市場の影響を受けることとなった。

そして,1994年7月5日に全国人民代表大会常務委員会で可決・成立した《中華人民共和国労働法》(以下,この法律を《労働法》という)[7]は,その立法趣旨を,「労働者の適法な権益を保護し,労働関係を調整し,社会主義市場経済に適合した雇用システムを形成・維持し,経済発展と社会進歩を促進するために,憲法に基づき本法を制定する。」と定める。ここにいう「雇用システム(原語は「労働制度」)」とは,「採用制度だけでなく,就業,賃金分配,社会保険,職業訓練,安全衛生等の制度を含む」広範な概念として理解されている。[8]

さらに,同法は,「労働関係の確立には,労働契約を締結しなければなら

ない」(16条2項) と定めた。これは，市場経済化のなかで既に整備されつつあった労働契約制度（原文は「労動合同制」）を，一般的に実施することを改めて確認するものであった。言い換えれば，中国においても，労働を契約原理の中で位置付けるべきことが，法律上，正当に承認されたということであった。ただし，社会主義市場経済体制という特殊な社会経済体制下における中国の労働契約制度は，欧米諸国および日本・韓国などのアジアの資本主義諸国におけるそれとは異なる独自の内容や機能を有しており，この点は，本研究において明らかにしていくところである。

そして，《労働法》は解雇についてのルールを明確に定めている。解雇規制に関する規定は，《労働法》にとって重要な構成部分であり，解雇規制は労働契約制度の中心的な機能のひとつということができる。また，《労働法》が制定された1994年の公式統計から，それまでの「待業」統計が「失業」統計へと改められた。加えて，従来，「待業保険」として形成されてきた失業者の所得保障制度は，1999年1月に公布された《失業保険条例》により，名実ともに失業保険制度として整備されることとなった。[9]

(4) 中国労働法の課題

このように，中国の労働法制は，従来の「失業」を否認する理念から，今や「失業」の存在を前提とした労働法制へと転換しているのである。そして，こうした一連の雇用システム改革の展開にともなって，国有企業の経営の効率性を向上させるために，余剰人員のリストラが大規模に実施された。これにより，一部の企業では経営が改善し，改革を通じて，外資系企業や私営企業の発展を促したことも事実である。その結果，中国経済は飛躍的な成長を遂げたものの，他方では，多くの余剰人員が顕在化することとなった。[10]ある調査によれば，1995年の都市部における実際の失業率は18.8%にも達していたという。[11]

以上のように，失業対策は中国政府の緊急課題であり，また，市場経済を基本的経済体制とする国において，それは共通の問題である。中国は，欧米諸国と同様に，市場原理を中心とした経済体制を採用しつつ，一方では，欧米とは異なる長期雇用慣行を中心とした労働管理制度が存在し，こ

れを変容させようとしている。そして，失業対策という課題に直面し，雇用の流動化を目的とした諸改革が進められ，中国の雇用システムは大きな転換期を迎えている。現在，「市場経済化」の旗印の下，雇用の流動化をどう図るかという産業的・経済的な政策と同時に，他方で，労働者の雇用をどう守るかということが大きな課題となっている。

　こうした課題を法的に見れば，次のように言うことができる。すなわち，中国では，市場経済化にともなって雇用調整システムの確立が急務となっており，それは，解雇に関するルールを設定し，その適正な運用を図るシステムを構築することである。前者は，試行錯誤を経て《労働法》に結実した解雇法制とその関連法規だけでなく，労働契約・労働協約・労働慣行などによって労使間で設定された解雇に関する自主的ルールも包含する。後者は，離職者の適正な保護と健全な労働市場の形成を図るための法制度の整備である。加えて，両者には有機的な制度的連関が求められるべきである。

二　本研究の目的と構成
1　検討対象と検討視角
(1) 検討対象

　中国は，社会主義市場経済の下で，労働契約に基づく労働管理制度を採用したが，これは，裏を返せば，市場メカニズムに基づく雇用調整制度の導入である。したがって，そのなかには，従来，社会主義計画経済下では認められていなかった経済的事由による解雇も含まれており，中国における労働契約制度の導入に関する本質的論点は，まさにこうした解雇の問題であるということができる。

　つまり，新たに形成される解雇制度の有り様は，中国の労働法を語るうえで，極めて重要な論点なのである。なぜなら，それは，現在中国が掲げる「社会主義市場経済」という経済体制と労働市場を前提とした労働契約制度との交錯点として浮かび上がってくるからである。したがって，中国の解雇規制に対する研究は，中国の労働法および労働契約法の特徴を鮮明

に描き出すとものと思われる。そこで，本研究では，中国の労働契約法制を検討する手掛かりとして，中国における労働契約の解約に関する法制に着目し，考察する。

ただし，雇用システムの変動期にある現在の中国において，「下崗」(xia-gang，シアガン)と呼ばれる過渡的時期における特殊な雇用調整措置が実施されている。そして，この「下崗」が，事実上，経済的事由による解雇を代替する機能を有している。「下崗」は，過渡期の雇用調整措置とはいえ，少なくとも現在においては，雇用調整と再就職促進を連動させた措置として，中国の労働契約制度の展開と解雇制度の定着を推し進めるうえで，極めて重要で多様な機能を果たしている。この「下崗」こそ，中国の労働制度改革と社会保障制度改革の本質的な問題点を集約し，顕在化させる論点といっても過言ではない。したがって，この「下崗」の検討を抜きにしては，中国の解雇法制の形成を論ずることはできず，「下崗」も本研究の議論におけるひとつの支柱である。

要するに，本研究の主たる検討対象は，①「下崗」と呼ばれる過渡期の雇用調整措置の機能と意義，② 現行法における労働契約の解約に対する法的規制（特に解雇規制）ということになろう。

(2) 検討視角

本研究で，中国の解雇法制を検討するに当たって，次の2つの視点について，まず明らかにしておきたい。

第一に，中国の改革の手法を「漸進主義」と形容することがあるが，この「漸進主義」は中国労働法の展開を見るうえでも，極めて重要である。「漸進主義」とは，政策や立法の展開において，次のようなモデルとして示すことができる。すなわち，中国では，中央（全国人民代表大会，常務委員会，国務院および各部）が制定する法律・法規・規章のほかに，各地方の人民代表大会および人民政府が制定する地方法規・規章が存在する。また，法律や行政法規では，原則や基本的枠組みを提示することが多く，実際の労働政策の執行にあたっては，地方ごとの実情に合わせて，地方の人民代表大会や地方政府が定める地方法規や地方規章に具体的な定めを委ね

ることが一般的である。そして，具体的展開において，① 中国共産党の政策が，いわゆる「試点」として，特定の地域，部門に限定して進められる。② 一定の成果が認められれば，地方法規として具体的な法令を定め，さらにその政策が推し進められる。③ これが中央で認められると，国務院が行政法規を制定し（詳細は定められない場合が多い），全国的に施行される。④ 各地方での成果により，全人代または全人代常務委で立法が行われるが，これも詳細は定めず，具体的問題に対する柔軟性を残しておく。⑤ さらに施行の過程で，徐々に細則を定めていき，これを繰り返すことにより，ある一定の分野の法体系を形成していく。(12)

これは，労働立法だけでなく，中国における立法のパターンとして，他の分野でも広く見られるところである。そして，《労働法》第13章附則第106条は，「省・自治区・直轄市人民政府は本法と当該地区の実際の状況に基づき，労働契約制度の実施手順を定め，国務院に報告する。」と定め，このことを端的に示している。

このように，政策と立法の展開において，政策を事実上先行して実施し，一定の成果が見られれば，これを全人代において立法化し，追認するという現象が見られる。さらに，具体的政策の実施にあたって，地方→中央→地方の立法の流れが看取できる。このフィードバックシステムを円滑に操作するにあたって，比較的下位の規範である地方法規・地方規章などの地方別の規範や通知・決定・復函などの行政的規範が重要な意義を持っている。(13) また，上位規範は細則を規定していない場合もあるので，実際の紛争処理にあたって，具体性を備えた下位規範の機能は大きいといえる。

かかる政策先行の原則と規範のフィードバックシステムは，現行法制の形成過程を考察するにあたって，有用な視点を提供するものである。さらに，これらの「漸進主義」的手法は，中国の解雇法の将来を展望する上でも，非常に有意義な視点といえる。

第二に，本研究では，中国の解雇法制を中心的な検討対象とするが，先に触れた雇用保障という視点から，失業補償措置や就業促進措置との関連で，中国の解雇法制について検討する。すなわち，従来の研究においては，

解雇規制については労働契約の解約の問題として，失業保険制度については社会保障法制の一環として，職業訓練・職業紹介制度については労働市場の問題として，個別に論じられることが多かった。

そして，解雇法制に関しては，当該解雇の可否について，契約論的なアプローチから考察が加えられることが多く，他方で，失業補償や就業促進は政策的な問題として把握され，必ずしも連関のある議論がなされてこなかったといえる。しかし，これらの雇用保障にかかる措置は有機的に結合してはじめて有効に機能するのであり，実際に，解雇（特に経済的事由による解雇）について，雇用政策的な観点から，立法上一定の規制が加えられることも珍しいことではない。

そこで，本研究では，雇用保障という観点から，解雇規制法の失業防止措置としての機能に着目して検討するものである。そして，中国におけるこれらの諸制度の体系的理解を踏まえ，今後の法制のあり方について展望を試みたい。

2　本研究の構成

以上のように，本研究は，「下崗」と呼ばれる過渡期の雇用調整措置の機能と意義および現行法における労働契約の解約に対する法的規制（特に解雇規制）を対象として，中国的「漸進主義」の手法と雇用保障という観点から論じるものである。そこで，本研究は，次のような構成をとることとする。

まず，第一編において，中国労働法の歴史的展開を検討し，中国において労働管理制度がどのように変遷してきたのかを明らかにし，そこから，中国における労働契約制度の意義について論じる。第一章では，改革開放以前の社会主義計画経済下の労働管理制度（「固定工」制度）が，どのように形成されてきたかについて検討する。そして，第二章において，改革開放後，「固定工」制度が徐々に解体され，労働契約制度が定着していくプロセスと雇用政策の展開について検討する。そこでは，「下崗」がどのような機能を果たしたのかを明らかにし，それが，現行の労働契約制度に対して

いかなる意義を有しているかについて考察するが，それはおおよそ次のように要約できよう。

そもそも「下崗」とは，「固定工」制度の解体と労働契約制度の拡大を図る政策を契機として登場した制度であり，それまでの一企業完結的な終身雇用慣行，企業の高福利による社会保障機能の代替などに代表される，「固定工」制度と「単位」制度を中核とした労働管理制度を改革するための過渡的制度であった。その実施にあたっては，各地方の実情に合わせて徐々に進められ，中央政府による立法的措置はとられなかったものの，地方での成果を踏まえ，様々な通知や通達を通じて全国的に実施された。

そして，「下崗」は，実際上，経済的事由による解雇の代替的機能を有しているといえるが，他方で，離職者の所得を3年間保障すると同時に，企業に対して雇用調整計画の作成と再就職に向けた具体的措置の実施を義務付けており（再就職センターを設置して「下崗人員」の職業訓練や職業紹介を行う），就業促進措置としての側面を持っている。「下崗」は，いくつかの問題点があるものの，過渡期の制度としては十分に機能しており，労働市場の未形成や社会保障制度の未整備を補完する制度といえる。のみならず，雇用調整と雇用保障とが連動的に機能しており，こうした制度的機序は，今後の中国の解雇法制と雇用保障法制を展望する上で，極めて有意義であるといえる。

続いて，第二編では，中国における現行の労働契約制度について，特に，労働契約関係の解消の局面に焦点を当てて検討する。なぜなら，先にも述べたように，労働契約の解約の問題が，「社会主義市場経済」という経済体制と労働市場を前提とした労働契約制度との交錯点として浮かび上がってくる重要な論点といえるからである。そこで，第一章では，中国における労働契約の意義について概観する。そして，第二章では，本研究の中心的論点である中国における現行解雇法について検討する。さらに，第三章では，解雇以外の労働関係解消の諸相について，辞職や労働契約の終了および合意解約についても考察する。そして，第四章において，現在整備されつつある雇用保障制度について，失業保険と職業紹介制度を中心に論じる。

先取りしていえば、中国において労働契約制度が導入され、解雇法制が明確化したことにより、従前に比べ、雇用調整が容易となったことが指摘できよう。つまり、中国では、解雇の要件や手続を法定化することにより、「固定工」制度の下においては非常に困難であった雇用調整をより広範に認めるようになったのである。他方で、失業者を救済するための失業保険制度や職業紹介・職業訓練の制度も整備されつつある。しかし、それぞれの法整備が進んでいるものの、各法制はいまだ不十分な部分も多く、何より、解雇法制と雇用保障法制が必ずしも連動しているわけではない。

　つまり、「下崗」の場合には、企業に対して、雇用調整計画の作成や再就職に向けた措置が義務付けられているが、他方で、《労働法》に基づく解雇の場合には、経済的補償の支払いをすれば、企業は比較的容易に労働者を解雇できるようになってきている。現行労働法における解雇規制と再就職促進の分断は、今後の法律上の課題であると考えられる。

　そして、結語においては、以上のような各編における検討を踏まえ、それらを総括した上で、今後の中国解雇法制の展望を試みる。これまでの中国労働法の展開を見れば、「漸進主義」に基づき、経験を踏まえた改革が着実に進められてきたといえる。そこで、「下崗」での成果が、解雇法制の定着に大きく寄与することが期待される。すなわち、現行解雇法制では、必ずしも雇用保障法制との有機的連動が図られていないが、今後は、企業に対して雇用調整の際の計画の策定や再就職に向けた具体的措置の実施を法的義務として課すなど、解釈論的ないし立法論的に、改善を図ることが望まれる。

三　中国労働法のアクター

　本論に入る前に、中国労働法に登場する各主体について、簡単にふれておこう。

1　事業主

(1)　雇用単位

　《労働法》上の労働契約の当事者は、一方が「用人単位」、すなわち、製

品の生産,流通,サービス活動を行う独立採算の経済単位である各所有制の企業と個人経営組織と定義される。この「用人単位」が《労働法》上の「事業主」にあたる概念ということができるが,本研究では,これを「雇用単位」と訳す。ここで,「単位」とは,中国における各種社会組織が採る特殊な組織形式であり,企業などの職場組織を通じて労働者とその家族を全面的に組織するために作られた組織・制度である。そして,この「単位」制度は,中国の政治・経済・社会体制の基礎となっている。

また,本研究で取り扱う雇用単位は,国営(国有)企業,私営企業,中外合資経営企業(以下,合営企業),中外合作経営企業(以下,合作企業),独資企業(原語は「外資企業」)であり,本研究で,外資系企業とは,合営企業,合作企業,独資企業の総称である。

このように,労働契約の一方当事者である企業等は,「単位」と呼ばれ,日本をはじめ諸外国における企業とは,かなり異質な存在ということができる。中国における企業の存在形態を理解するためには,「単位」制度の理解は不可欠である。さらに,「単位」制度は従前の中国における労働関係の在り方(「固定工」制度)と不可分の関係にあり,「固定工」制度の理解も必要である。

(2) 「単位」制度とその主な機能

中国では,企業,政府機関,大学・研究機関などの職場組織を「単位」と呼び,労働者(および退職者)とその家族をこれに全面的に組織し,経済的・政治的・社会的に統合する基礎としてきた。換言すれば,中国における企業(「単位」)は,主に,経済的機能,政治的機能,社会的機能を有している。

第1に,経済的機能ないし生産機能であるが,要するに,企業の生産組織としての機能である。これは企業の本来的機能であり,企業の企業たる所以である。計画経済下においては,「単位」は政府の計画・指令に基づき生産活動を行う主体であった。

第2に,政治的機能である。各「単位」には,共産党の末端組織が設置され,これを通じて党政策の徹底や思想教育・キャンペーン活動などが実

施される。政治運動の際には,「単位」はむしろ政治的統合の装置として機能し,生産機能は阻害され,これが社会経済の発展を停滞させた要因でもあった。

　そして,第3に,社会的機能である。「単位」は,終身にわたる雇用の保障や労働に応じた分配(賃金等)・各種生活物資の配給のほか,各種社会サービス(食堂,浴場,保育所,商店,理髪店,教育,娯楽等)や保健・福利サービス(住宅や医療サービスの提供,労働保険,年金,公衆衛生等)を提供し,さらに,戸籍や治安の管理も行う。こうした広範な財・サービスの分配機能を有するが故に,個人を「単位」に全面的に帰属させることが可能となり,政治的機能が十分に発揮できることになる。逆にいえば,個人は「単位」に組織されてはじめて生活を保障され,「単位」からの排除は,単なる職場の喪失にとどまらず,生活基盤そのものを喪失することになるのである。

　こうした社会的機能,特に,富の再分配機能が,「単位」を通じてコントロールされているがゆえに,「単位」は政治的機能を発揮することができた。すなわち,個人は政治的に「単位」の党組織に服従することにより,富の分配を受けることができたのである。[18]

　そして,後述のように,この「単位」制度は,現在でも,基本的に維持されているものの,その機能は大きく変化しつつある。例えば,改革開放後,政府による企業に対する統制は緩み,政治的な影響力は低下した反面,経済的ないし生産的機能は前面に押し出されている。また,社会保険制度の整備や住宅制度改革の中で,「単位」が負担してきた社会的機能は,「単位」による直接負担から,社会化の方向で変革が進められている。さらに,これまでは,何事も「単位」に依存する社会であったが,「単位」そのものが市場経済の中で安定性を失い,消滅することもある。そこで,現在では,地域コミュニティーによるまとまりを重視した「社区」社会へと変容しつつある。[19]

(3) 「固定工」制度

　統一分配制度により各企業(「単位」)に配置された労働者は,「固定工」

と呼ばれ，上記のような各種社会サービスを享受することができる。通常，「単位」に配置された「固定工」は終身にわたって雇用を保障され，極めて稀な場合（重大な犯罪行為や規律違反行為があった場合など）にしか雇用関係を解消されない。なぜなら，企業たる「単位」は，単なる経済組織ではなく，何より共産党の政治的統合の装置であり，また，「単位」からの排除により労働者が被る不利益は極めて甚大なものだからである。

また，「単位」は各種の社会サービスを提供するが，その根幹は，「単位」（企業）に所属する労働者に対する労働保険制度であった。その内容は後述するが，「固定工」としての様々な保障は，この「労働保険」によって実現された。そして，この保険の管理・運営にあたったのは，中華全国総工会であった。後述のように，中華全国総工会は，中国における労働者組織である「工会」のナショナルセンターであり，中国共産党の指導下におかれていた。「工会」（ないし党の基層組織）は，労働保険の管理・運営を通じて，「単位」の社会的機能の一部を担っており，また，ボーナスや住宅の分配についても「工会」の役割は大きく，「工会」は企業の福利厚生係として機能していた。

この労働保険制度は，当初，労働者組織の全国連合体である中華全国総工会（以下，たんに「総工会」という）[20]の管理運営のもとにスタートしたが，その後の政治的混乱などにより総工会が機能不全に陥り，企業横断的な労働「保険」として機能しなくなった。そこで，結局，各企業（「単位」）が，企業の単年度会計から負担する企業内福利として実施されることになった。

そして，企業の財政・会計は，国家財政と一体化しており，各企業の利潤は国家が吸い上げ，必要な経費は国家が企業に支出していた。つまり，企業がいくら利潤を上げても国庫に納付しなければならず，他方で，いくら企業経営が赤字であっても国庫から補填が受けられるという図式を産み出した。これは，労働者の生活の保障と安定をもたらした一方で，企業の経営努力に対するインセンティヴを減退させたのである。要するに，国家が果たすべき社会保障にあたる各種社会サービスは，「単位」を媒介として実施されたが，「単位」と国家の財政的一体性がそれを担保していたので

ある。
　ただし，建国当初においては，「単位」制度もそれほど徹底されておらず，統一分配により国営企業に配置された「固定工」も比較的少なかった。こうした「単位」制度や「固定工」制度が本格的に定着するのは，社会主義化が加速する第1次5か年計画実施以降のことであった。なお，現在，「固定工」制度は解体されつつあり，労働契約制度が広く定着しつつあるが，他方で，企業の「単位」的機能は変容しながらも，基本的には今なお維持されている。しかし，「単位」が持つ福利厚生面での機能は，老齢年金や医療保険，住宅の個人所有などのかたちで，徐々に切り離されつつあり，今後，少しずつ，企業の「単位」的性格は薄れていくものと思われる。

2　労働者と労働者団体

(1)　労　働　者

　まず，中国語一般にいう「労働者」とは，農業労働者を含めた最も広義の概念であり，労働能力を有し，労働に従事して生活手段の原資として適法な収入を得ている公民をいう。他方で，《労働法》が定める「労働者」とは，労働力を使用する者すなわち雇用単位と対になる労働法律関係上の主体であり，「雇用単位の管理下で労働に従事しこれに応じた報酬を得ている自然人」である。かかる意味で，中国では，「工人」，「職員」，「幹部」，「学徒」などが《労働法》上の「労働者」の概念に含まれる。「工人」とは，一般に，企業において体力労働に従事する労働者であり，農業に従事する労働者は含まない。他方，「職員」とは，企業で事務・管理的業務に従事する労働者や技術者を指す。これら「工人」と「職員」をあわせて「職工」と呼ぶ。「幹部」とは，党・国家機関・軍隊・人民団体の公職の要員をいい，高位の管理職ということができる。「学徒」とは見習い労働者である。

　そして，《労働法》上の労働契約の当事者は，一方が「用人単位」であり，もう一方は，①「用人単位」と労働関係を形成している「労働者」および，②国家機関・非営利事業組織・社会団体と労働契約関係を確立している「労働者」であると定義されている（2条）。そこで，以下では，《労働法》

上の「労働者」は，そのまま労働者と訳す。同法施行以前は，主に，「職工」という用語が用いられてきたが，これは，労働者ないし従業員と訳す。つまり，《労働法》上の「労働者」と「職工」という概念は，本研究では，基本的に同義として解することとする。

なお，以下の点は留意が必要である。すなわち，中国では，「労働者」として雇用が保障されるのは，都市戸籍を有する労働者だけであり，彼らには賃金や年金が保障され，住宅や医療・教育などの社会サービスの提供だけでなく，食糧をはじめとする各種物資の配給も比較的充実していた。

こうした配給物資は，企業に所属することによって，当該企業から受け取ることができたが，このほかに生活物資や食料を調達する手段はなかった。したがって，企業から離脱すれば，食料品や生活物資の入手は事実上不可能であった。そして，正式に離職したことを証明するものがなければ，企業は労働者を雇用することが禁止されていた。そのため，内陸の都市から沿海の都市部へ勝手に移住を試みても，企業に所属することができず，食料などの配給品を調達することができなかったのである。

他方，農村戸籍の労働者，つまり，農民は人民公社に組織されることによって雇用と生活を保障されることとされた。しかし，実際は，人民公社によるわずかな社会保障と収穫次第の現金配分のみで，住宅も自前とされており，生活保障は不十分といわざるをえなかった。都市戸籍者と農村戸籍者の格差は憲法上のものではない。憲法はどちらも公民と規定し，労働権を保障している。ただし，厳格な戸籍管理制度と前述の配給制により，農村から都市への移動を制限され，これらの格差は大多数の人口を占める農民に強制されてきたのである。⁽²⁶⁾

また，「固定工」を中心とした社会主義計画経済の時代においても，非「固定工」は存在した。農村戸籍者に対しては十分な雇用・生活保障はなかったが，それは，農村戸籍者が臨時工や季節工として都市部の企業や工場で，非「固定工」として労働した場合であっても，同様であった。農村戸籍の労働者は，「単位」の正規の成員とは認められず，賃金を受けるほかは，定められた期間が到来すれば職を失うし，また，「固定工」ほどは，解

職が制限されてはいなかったのである。

　要するに,本研究で論じる中国の労働者とは,都市戸籍を有し,正規雇用を予定され,国家により生活を保障されてきた労働者のことである(こうした労働者を「固定工」と呼ぶ)[27]。ちなみに,都市戸籍者の全人口に占める割合は,建国初期で12%,政策を転換する1978年において18%であったが,2000年には36%に達している[28]。それでも,全人口の3分の1を占めるに過ぎない。

　(2)　工会(労働組合)

　中国における労働者の集団組織を「工会」といい,労働組合と訳されることが多い。本研究でも「工会」は労働組合と訳すことにするが,以下の点を留意する必要がある。すなわち,「工会」は,組織としての側面からは労働組合として見ることも可能であるが,その機能は,日本や欧米の労働組合とは大きく異なるという点である。中国では各事業所(工場など)に「基層組織」(単位組合)を組織し,各地方で,産業別組合を組織する,そして,この産業別組合は,町,県,市,省,直轄市,全国の順序で,それぞれのレベルごとに産別組合連合会を組織する。こうした縦横に組織された労働組合の最高指導機関が中華全国総工会であり,さらに,全国総工会は,中共の指導下におかれている。したがって,一種の行政的な組織として,党政策の実施と労働者に対する福利厚生(年金・労働保険など)の管理を主に行っている。そして,「工会」は労働者の利益を代表する組織としてではなく,国家行政と労働者の利害を調整する役割を期待されている[29]。

3　労働行政

　中国における労働行政を司る機関は,これまで幾度かの組織改編がなされてきた[30]。中国最初の労働行政機関は労働部であり,これは建国直後に設置された。その後,文化大革命の時期の1970年に,国家計画委員会労働局に降格され,さらに,1975年には国務院直轄の国家労働総局となった。ただし,この文革の時期には,労働行政機関はほとんど機能していなかったといわれている。

改革開放後の1982年，国家労働総局，国家人事局，国務院科学技術幹部局，国家編制委員会が合併し，労働人事部となったが，1988年には，労働部と人事部に分離して独立することとなった。そして，市場経済化が進むなか，労働制度改革の深化のために社会保障制度も含めた改革が必要とされ，1998年3月29日の《行政機関設置に関する通知》により，労働社会保障部（原語は「労動和社会保障部」）に改組された。また，地方には，下部機関として労働社会保障局が設置されている。

現在の労働社会保障部は，労働分野だけでなく，社会保障分野にも大きな権限を有しており，《労働法》においても，「国務院労働行政部門は全国の労働業務を主管する。県級以上の地方人民政府労働行政部門は当該行政区域内の労働業務を主管する。」と定められている（9条）。

労働行政機関は，その権限に基づき，上位規範に反しない限りにおいて，様々な規則を策定することができる。国務院の労働行政部門が，労働法律（全人代制定）や労働法規（国務院制定）に基づき制定する規範を「労働規章」と呼ぶ。また，地方の労働社会保障局が制定する規範を「地方労働規章」と呼ぶ。これらの労働規章は，全人代や国務院が定めた規範の実施細則を定めるものであり，また，地方の実情に合わせた細則を定めるものである。したがって，様々な政策の実施に当たっては，これらの労働行政機関が定める労働規章が実質的に機能しており，加えて，個別具体的な問題に対して，その解決方法や規範の解釈を示す通知や通達は，労働政策や労働立法の展開において非常に重要な意味を有している。

改革開放以前において，全人代や国務院レベルで労働立法がなされるのは稀であり，個別の労働問題に対して，労働行政機関が，その時々の社会情勢の変化を踏まえて個別的解決を図る労働規章や政策文書を作成し，対応してきた。また，改革開放後においても，「法治」を目指しているものの，やはり政治や行政が実質的な指導的機能を果たしている。先に述べたような「漸進主義」に基づき，労働行政機関が，労働制度改革に対して強いイニシアティヴを有している。

現在では，労働契約の認証や労働協約の審査，労働紛争の仲裁，失業保

序　説

険や職業紹介の実施などの様々な局面で，労働行政機関は機能している。

(1) 日本労働法学会編『講座21世紀の労働法第4巻労働契約』(2000年，有斐閣)「はしがき」参照。
(2) この分類は，荒木誠之「雇用保障の法的課題」『有泉古希記念・労働法の解釈理論』503頁(1976年，有斐閣)による。なお，雇用保障法という言葉が日本の労働法学界においてほぼ市民権を得るに至っていることに異論はなかろう。そして，雇用保障法の内容については，1970年代から1980年代初めころまでの議論の中で，論者による多少の相違はあるものの，一定の収斂をみたといえる。つまり，雇用保障法とは，憲法27条1項の勤労権ないし労働権をその根拠とし，① 憲章的法領域，② 労働力市場規整の法領域，③ 就労保障に関する法領域，④ 失業中の生活保障に関する法領域，⑤ 職業訓練に関する法領域，⑥ 解雇規制等の法領域などを含むとされる。荒木誠之『生活保障法理の展開』(1999年，法律文化社) 183頁参照。
(3) 中兼和津次「中国における失業問題と国有企業改革」国際問題466号18頁(1999年)参照。
(4) 新民主主義とは社会主義までの移行段階であり，国家の性質はプロレタリア独裁ではなく，経済体制も公私混合の経済体制である。木間正道＝鈴木賢＝高見澤麿『現代中国法入門（第二版）』(2000年，有斐閣) 27頁参照。
(5) 日本労働研究機構『中国の労働政策と労働市場』(1997年，日本労働研究機構) 196頁（張紀潯執筆）参照。
(6) 国家統計局編『中国統計年鑑(1986)』(1986年，中国統計出版社) 136頁参照。その後の詳しい「待業率」統計は1978年までなく，社会主義計画経済下の「待業率」の推移については不明である。
(7) 1995年1月1日から施行。邦訳は，向山寛夫「資料《中国》中華人民共和国労働法（解説と訳文）」日本労働研究雑誌418号56頁(1994年)，宮坂宏編訳『現代中国法令集企業法・税法篇』(1995年，専修大学出版局) 178頁参照。
(8) 1994年9月5日《労働部関於労働法若干条文説明》1条参照。
(9) 詳細は後述する（第二編第四章）。中華人民共和国国務院公報（以下，「国務院公報」という) 930号69頁(1999年)参照。
(10) 余剰人員問題が顕在化してきた要因・経緯については，拙稿「中国における『下崗』―国有企業の人員合理化策に関する研究」(1999年，日本労働研究雑誌469号46頁)参照。
(11) 労働部とILOが1995年に共同で行なった「企業余剰労働力調査」による。張蘇平「失業問題層層剥離」（許明主編『失業衝撃波』46頁，1997年，今日中

国出版社）48頁参照。なお，公式統計上の失業率は1995年時点では2.9%とされ，1998年においては3.1%である。国家統計局編『中国統計年鑑（1999）』（1999年，中国統計出版社）133頁参照。この公式統計と実態との乖離のからくりについては，拙稿・前掲「中国における『下崗』」参照。
(12) 高見澤磨「中華人民共和国における法源」法制史研究40号77頁（1991年），鈴木賢「中国法の非制度創設的性格」法学セミナー452号14頁（1992年），季衛東『超近代の法』（1999年，ミネルヴァ書房）221頁参照。
(13) 労働契約制度に関する立法パターンの実践については，拙稿「中国における労働契約制度の展開―解雇制度の動向を中心として（上）・（下）」労働法律旬報1415号34頁，1416号23頁（1997年）参照。
(14) 「単位」は，中国社会の理解にとって極めて重要なキーワードである。「単位」については以下の文献を参照されたし。谷川真一「中国における『単位』制度」中国研究月報589号10頁（1997年），木崎みどり「中国における企業の役割」アジア経済29巻3号36頁・4号70頁（1988年），渡辺浩平『上海路上探検』（1997年，講談社），香川孝三「中国労働法の理解を深めるために」日本労働法学会誌92号（1998年）29頁以下，小島麗逸『現代中国の経済』（1997年，岩波書店）159頁，季衛東「中国の市場秩序における関係と法律」比較法学30巻2号（1996年）125頁，木間正道＝鈴木賢＝高見澤磨・前掲『現代中国法入門（第二版）』255頁，松崎義「社会主義市場経済下の中国・国有企業」労働法律旬報1416号（1997年）40頁，天児慧＝石原享一＝朱建栄＝辻康吾＝菱田雅晴＝村田雄二郎編『現代中国事典』（1999年，岩波書店）760頁（辻康吾執筆）など。
(15) 国営企業は，1993年3月の《憲法》改正以降，国有企業と呼ばれるようになった。
(16) 「単位」に関する中国語文献として，露風「単位：一種特殊的社会組織形式」中国社会科学1989年1期71頁，劉建軍『単位中国―社会調整体系の重層構造における個人・組織と国家』（2000年，天津人民出版社），周翼虎＝楊暁民『中国単位制度』（1999年，中国経済出版社），李路路＝李漢林『中国的単位組織―資源・権力与交換』（2000年，浙河人民出版社）等を参照。
(17) この機能分類は，露風・前掲「単位：一種特殊的社会組織形式」による。ただし，最近の研究では，様々な観点から「単位」の機能を分析するものがある。例えば，劉・前掲『単位中国』307頁以下では，政治的機能，経済的機能をはじめ，12項目にわたる機能を分析する。また，周＝楊『中国単位制度』65頁以下では，露風の分析をもとに，経済的機能を生産機能として把握し，同様に政治機能，社会機能，生産機能の3分類による分析を行う。

(18) 谷川・前掲「中国における『単位』制度」参照。
(19) 陳立行「中国都市における地域社会の実像―「単位」社会から「社区」社会への転換―」(菱田雅晴編『現代中国の構造変動第5巻社会―国家との共棲関係』137頁, 2000年, 東京大学出版会) 参照。
(20) 中国の労働者組織と従業員代表大会については, 日本労働研究機構・前掲『中国の労働政策と労働市場』328頁以下 (文大永執筆), 伊藤正一『現代中国の労働市場』159頁 (1998年, 有斐閣), 彭光華「中国労働法下の労働協約制度」九大法学77号201頁 (1999年) 等を参照。
(21) 林毅夫＝蔡昉＝李周著 (関志雄＝李粋蓉訳)『中国の国有企業改革』96頁 (1999年, 日本評論社) 参照。
(22) 夏積智＝唐云岐主編『労働法通俗講話』(1995年, 中国労働出版社) 105頁以下参照。
(23) 董華保『「労工神聖」的衛士－労働法』(1997年, 上海人民出版社) 81頁参照。
(24) 《憲法》上も「工人」と「農民」は, 序言や1条, 19条などにおいて区別される。また, 8条は, 農村の集団経済組織に参加する「労働者」といった表現を用いている。このほか,「労働者」という表現は, 11条 (都市「労働者」の個人経営経済), 14条 (国家は「労働者」の積極性と技術水準の向上を通じて……), 19条 (「工人」,「農民」,「国家工作人員」とその他の「労働者」に対して……教育を行う), 43条 (中華人民共和国の「労働者」は休息の権利を有する) で見られる。
(25) 『中日辞典』(小学館, 1992年) 444頁, 天児ほか・前掲『現代中国事典』165頁 (望月暢子執筆) 参照。
(26) 中国では, 行政上, 都市と農村を明確に区別する。特に戸籍管理上の両者の区別は, かつて農村から都市への人口移動を厳格に制限したり, 農民の都市部での就職等を禁止したりするなど, 社会管理の手段として用いられていた。現在では, 幾分, 規制が緩やかになってきている。天児ほか・前掲『現代中国事典』351頁「戸口」(辻康五執筆) 参照。
(27) なお, 農民の「労働権」に関して, 野沢秀樹「中国における労働就業問題と関連法規」早稲田大学比較法学30巻1号65頁 (1996年) 参照。
(28) 国家統計局編『中国統計摘要 (2001)』37頁 (2001年, 中国統計出版社) 参照。
(29) 1992年4月公布《中華人民共和国工会法》5条参照。訳文は, 向山寛夫「中華人民共和国の労働組合法制」国学院法学33巻2号 (1995年), 宮坂・前掲『現代中国法令集企業法・税法篇』166頁参照。「工会」に関する邦語文献

として，日本労働研究機構・前掲『中国の労働政策と労働市場』328頁以下（文大永執筆），伊藤・前掲『現代中国の労働市場』159頁，彭・前掲「中国労働法下の労働協約制度」，同「工会論考」九大法学82号516頁（2001年），拙稿「《中華人民共和国工会法》における労働三権」社会体制と法3号49頁（2001年）等がある。

(30) 中国の労働行政については，彭光華「中国の労働協約制度における労働行政」九大法学80号334頁（2000年）が詳しい。

第一編　中国労働法の歴史的展開

第一章　社会主義計画経済期の労働管理制度

序　時代背景

　建国初期，中国人民政府は，日中戦争とそれに続く国共内戦で荒廃した経済の復興，政権の確立，外交関係の樹立，土地改革の完成などの様々な課題に取り組み，さらには，国外では朝鮮戦争，国内では反革命勢力の鎮圧という非常にめまぐるしい時期であった。この時期に，国政の基本とされたのは，1949年9月に採択された《中国人民政治協商会議共同綱領》(以下，《共同綱領》という)(1)であり，これに基づき，当時は，公有制企業の優越的・指導的な支配を原則としながらも，私営企業の存在を広範に認めるという新民主主義経済体制をとっていた(2)。

　そして，数年のうちに経済復興は進み，1952年末までに工農業生産が建国前の最高水準を超えるに至った。これを受けて，1953年6月，中共中央政治局拡大会議において，毛沢東による《過渡期の総路線に関する指示》が出され，社会主義への移行が本格化し，農業の集団化，商工業・手工業の公有化が急速に進められていった。

　その後，1954年9月，建国後初めて開催された第1期全国人民代表大会第1回会議において，《中華人民共和国憲法》が採択された（以下，《1954年憲法》という）。同憲法は過渡期という特殊な歴史段階に対応した憲法であったが(3)，社会主義への移行を鮮明に打ち出す内容のものであった(4)。

　他方，経済体制に関していえば，《1954年憲法》は，経済計画による計画経済をもって社会主義工業化を推し進めることを宣言していた(5)。また，所有制に関して，資本家所有制を依然認めているものの，全民所有制（国家所有制）による国営経済の優先的発展を第一義とした（5，6条）。そして，その後，農業の集団化・協同化（人民公社化）や商工業の公有化が急速に進むなかで，私営経済は中国経済から姿を消し，計画経済を中心とした経済体制が成立していった。実際には，経済が危機に陥ると，部分的に市場メ

カニズムを導入する動きがしばしば見られたが、それでも、都市部の企業では、基本的には経済計画に基づいて経済活動が実施された。

また、《1954年憲法》は、労働の権利と義務に関して、16条で、「労働は中華人民共和国の全ての労働能力を有する公民の栄誉ある職責である。国家は公民の労働における積極性と創造性を奨励する。」と定め、さらに、91条において、「中華人民共和国の公民は労働の権利を有する。国家は国民経済の計画的な発展を通じて、一歩一歩労働就業を拡大し、労働条件と賃金待遇を改善して、公民がこのような権利を享受することを保証する。」と規定した。このほか、92条では、国家が、労働者の休息の権利を保障すること、および労働時間・休暇制度を定めることを規定し、93条では、社会保障に関する労働者の権利を、100条では、公民が憲法・法律、労働規律を遵守し、公共秩序・社会道徳を尊重する義務を負うことを定めていた。

総じて、1950年代後半から、中国の政治体制は、「プロレタリア階級独裁体制」であり、実質的には、中国共産党の一党独裁体制であった[6]。経済についても、国営経済を中心とした計画経済が浸透していった。そうした傾向は、憲法の改正こそなかったが、反右派闘争や大躍進運動、さらには文化大革命などの政治運動のたびにいっそう明確なものとなっていった[7]。政治におけるプロレタリア独裁と経済における計画経済といういわゆる社会主義国家の両輪を備えた社会主義中国が形成されていった。

第一節　新民主主義経済下における労働立法の展開

建国当初の時期における労働政策の課題は、① 封建的労働制度の撤廃、② 失業問題の解決、③ 新たな労働管理制度の構築であった。これらの課題に対して、中国政府は、建国からわずか数年で、次々と諸規定を設け、解決を図っていった。はじめに指摘しておくならば、1953年頃までには、基本的な労働法制が整備されており、その後、社会主義への移行のなかで、中国独自の制度として変容していったのである。したがって、以下では、まず、公私混合経済である新民主主義経済の下で、形成された労働法制を

確認する。

一 封建的労働制度の撤廃

新たな労働政策を実行し、労働者を組織指導する主体を確立するために、この時期、《中央人民政府労働部試行組織条例》(1950年10月公布) と《中華人民共和国工会法》(同年6月公布、以下《旧工会法》という)(8)が制定された。これらの労働政策をリードする機構・組織が取り組んだのは、失業対策と封建的労働制度の廃止であった。また、同時に、新たな近代的労働管理制度の構築も進められた。

当時、特に、港湾運輸労働や炭鉱労働において、封建的な強制労働や奴隷的労働(「封建把持制」、「把頭制」等) が蔓延し、労働者は劣悪な労働環境に置かれていた。そこで、政務院は《関於廃除各地搬運事業中封建把持制度暫行処理辦法》を公布し、各地の運輸事業を取り仕切る運輸公司(「搬運公司」)を設立し、運輸事業の適正化を図っていった(9)。運輸公司は政府から派遣された管理責任者と運輸工会の代表によって組織され(2条)、運輸労働に携わる労働者の賃金水準の設定などを行い(4条)、運輸工会も労働保険・福利施設・文化教育事業の設立・管理を行った(5条)。さらに、封建的労働制度を廃止するために、各都市の運輸公司は運輸工会と共同で、運輸関係の労働者を編制し、運輸事業における労働力の統一的供給体制を整えていった(7条)。

また、炭鉱労働においても、燃料工業部を中心として、労働管理制度の改善を行っていった。当時、いくつかの炭鉱では24時間労働制(「大班制」)が実施されていたが、これを10～12時間までの「小班制」とし、賭博場やアヘン館などに対する政府主管機関の監督を強化した。さらに、石炭産業をはじめとするエネルギー関連の産業は、重点産業のひとつとされ、その後、多くは国営化されていった。

二 失業対策

当時の失業の実態を見ると、1949年の失業率は23.6%であり、1952年に

は13.2％程度であった。したがって，当時の雇用情勢は非常に逼迫したものであり，失業対策は喫緊の課題であった。

　まず，1950年6月17日，政務院は《救済失業工人暫行辦法》(《失業救済辦法》という)を公布した。これによれば，失業者に対する給付の財源となる失業救済基金は，企業と労働者による拠出，中央政府と地方政府の財政からの拠出，中華全国総工会を通じた寄付金から構成された。このうち，企業は賃金総額の1％相当額を労働者も本人の賃金の1％相当額を保険料として拠出するとされ，形式的には，社会保険方式がとられていた。しかし，実際の基金総額に占める拠出割合は，中央政府と地方政府がそれぞれ35.7％，26.1％を支出し，寄付金が5.2％を占め，企業と労働者による拠出金の割合はわずかに33％を占めるに過ぎなかった。つまり，失業扶助としての性格がかなり強いものであったといえる。

　そして，《失業救済辦法》は，「以工代賑」（仕事を与えて救済に代える）を原則とするものであり（2条），救済金の支給はむしろ例外とされた。すなわち，政府は，失業者を組織して，戦争により荒廃したインフラの整備を失業対策事業として行い，これに対して救済基金から手当を支払うという方式をとった。また，失業者自身による農業や手工業などの経済活動（「生産自救」）の振興を奨励し，救済基金から一定の補助金の支出も行った。さらに，親族が農村に残っている失業者に対しては，農村への帰郷を奨励し，旅費および一定の補助金を支給した。そして，「以工代賑」や「生産自救」によって解決できない失業者に対してのみ，失業救済金を支給することとした。実際に，救済基金からの支出のうち，「以工代賑」の手当として支給された費用の割合は55％であり，救済金として支給されたのは30％にも満たなかった。

　一方で，1950年5月20日，労働部は《市職業紹介所組織通則》と《失業技術員工登記紹介辦法》を公布した。前者により，各市に職業紹介所が設置され，失業者に対する職業紹介が行われると同時に，企業と労働者が作成した労働契約書の審査や失業者に対する教育訓練も実施された（4条）。また，後者は，当時不足していた技術を有する労働者（専門の学校を卒業し

た者や実際に熟練した技術を持つ者，工場で3年以上の勤務経験のある技術者）を効率的に配置するため，失業している技術者だけでなく，既に就業している者も含めて職業紹介所に登録させ，より適切な職場の紹介を行った。

三　新たな労働管理制度の構築

以上のように，旧体制下の封建的労働制度を廃止しつつ，新たな近代的労働管理制度の構築が進められたが，同時に，これは失業問題の解決という課題をも視野に入れなければならなかった。

そして，その基本原則として，《共同綱領》32条は，「国家経営の企業においては，目下の時期，工人が生産管理に参加する制度を実施し，工場長の指導のもとに企業管理委員会を設立する。私人が経営する企業では労資両利の原則を実現するために，工会が代表して，工人職員と使用者は労働協約を締結する」と規定していた。

また，同条は，8ないし10時間労働制，最低賃金制を実施し，労働保険制度を整備することも定めていた。さらに，女性や若年労働者に対する特別の保護や労働安全衛生の改善も謳っていた。

1　企業民主管理の導入

(1)　国営・公営企業

まず，国営・公営企業における民主管理制度の建設である。1949年8月10日，華北人民政府が公布した《関於国営，公営工廠企業中建立工廠管理委員会与工廠職工代表会議的実施条例》は，企業管理委員会（「工廠管理委員会」）と従業員代表会議（「職工代表会議」）という企業民主管理にかかる2つの制度を規定している。

すなわち，企業管理委員会は，工場長（総経理），副工場長（副総経理）他，主な上級管理職と数名の従業員代表者（従業員代表会議あるいは全従業員会議から選出）からなる組織であり，一般には5～7名で構成される（2条）。企業管理委員会の権限として，生産及び管理に関する一切の重大な問題，例えば，生産計画，経営，人事管理，賃金福利等の問題の決定など

があった（6条）。また，日常の生産管理・人事管理などの比較的重大ではない業務については，工場長（総経理），工会主席，企業管理委員会が推薦した委員一人による常務委員会において取り扱うこととされた（11条）。

そして，従業員が200人以上の国営・公営企業では，各生産ラインや部門といった基層組織を単位として選出した従業員代表による従業員代表会議を月1回以上開催しなければならない（代表は年1回改選）。200人未満の企業で，従業員代表会議を設置していないところでは，工会主席が主催し，全従業員を集めた全従業員会議を月1回以上開催しなければならない（14，15条）。従業員代表会議の職権として，企業管理委員会の従業員代表者の選出，企業管理委員会の決定・報告への意見提出と建議などがある。また，従業員代表会議は，企業管理上の一切について決議を行うことができ，かかる決議は企業管理委員会の承認を経て，工場長（総経理）により公布され，企業内において拘束力を有する規則となる（19，20条）。

このように，公有制の企業において，初期的な民主管理制度が実施されたが，のちの従業員代表大会と比べれば，その職権はそれほど大きくなかったといえる。

(2) 私営企業

つぎに，私営企業に関して，1950年4月29日，労働部は《関於在私営企業中設立労資協商会議的指示》（以下，《労資協商指示》という）[17]を出した。《労使協商指示》は，50人以上を雇用する私営企業に適用される（ただし，それ以下の場合でも，同指示の趣旨を考慮して具体的な労資協議制を行うとする）。

労資協議会議（「労資協商会議」）は，労資双方が半等な協議を行う機関であり，企業の経営責任と管理責任は負わない。そのメンバーは，労資双方が同数の代表を選出する（一般にそれぞれ2ないし6名）。企業主（またはその委任を受けた者），工場長（総経理）と工会主席は当然にメンバーとする。会議は月に数回とし，臨時に相手方の同意を経て開催することもできる。会議の内容は，主に，① 労働協約の締結・履行，② 生産計画，③ 労働力の配置，④ 生産技術と労働者の技術水準の改善，⑤ 企業内の規則や賞罰制度，⑥ 従業員の雇用や解雇および人事問題，⑦ 賃金・労働時間をは

じめとする労働条件・福利待遇，⑧ 安全衛生や労働者の健康に関する事項である。労使協議会議における合意の効力については明確な定めはないが，[18] 比較的重要な案件については，労資の代表が署名捺印した文書を 3 部作成し，それぞれが 1 部と労働局が 1 部保管する。そして，労使協議会議における合意は法令や労働協約に反してはならない。

後述のように，労働協約が産業別協約として締結される反面，労資協議会議は，基本的に，企業別で召集され，個別企業における諸問題を取り扱うための制度といえる。

2 労働協約制度の実施

企業民主管理の導入とともに，労働協約制度も実施された。[19] 旧来の封建的労働制度のもとでは，労働者は，ほとんど無権利といった状態におかれていた。労働協約（ないし労働契約）制度の導入は，こうした情況を改め，契約の形式を通じて，労働者の権利を明確に定め，労働者の地位の向上を目的としていた。これは，企業と労働者集団が合意を通じて労働条件を決定する近代的労働管理制度の試みといえよう。

また，当時は，私営経済もまだ広範に存在しており，労働を契約労働として把握する基盤も存在していた。ただし，具体的政策・立法から見れば，私営企業と公営企業とでは，基本的には区別され，それぞれ別個の政策や規定が制定された。[20]

(1) 国営・公営企業

まず，1950年 1 月，労働部から《関於公営企業訂立集体合同的決定草案》が出され，[21] これを受けて，同年 9 月18日，東北人民政府は《関於公営企業簽訂集体合同的指示》（以下，《集体合同指示》という）[22] を公布した。これによれば，政府の経済建設計画と現行法令に抵触しない範囲において，公営企業においても労働協約制度を実施することを定めている。協約内容は，各企業の具体的情況により定めることとされるが，さしあたり，各企業単位で比較的短期の労働協約を締結し，徐々に経験を蓄積することを目指している。これは，後述のように，私営企業における労働協約制度が産業別

協約を基本としていることとは異なる。公営企業では、一定の経験を蓄積し、労働協約制度が成熟したのち、産業別協約の締結を行うとしている。

そして、《集体合同指示》は、その内容として以下のものを含むべきとする。例えば、協約期間内の生産任務、企業側が保障する事項、工会が従業員全体を指導し保障する事項、賃金やボーナス、懲戒処分などの方法、労働時間、就業規則、労働紛争の解決手続きなどである。

また、労働協約の締結手続きについて、まず、企業側と労働者側から若干名の代表者を選出し、労働協約起草委員会を組織する。起草委員会は、国家の生産計画と当該企業の実情、《集体合同指示》の精神（後述するが、《集体合同指示》では、様々な労働条件について、一定のモデルを提示している）を考慮して、草案を起草する。この草案は、企業管理委員会での討議に付したのち、各職場の従業員に周知する措置がとられる。その上で、従業員代表会議（あるいは全従業員会議）を召集し、草案に補正を加える。そして、再度、企業管理委員会での討議を経て、従業員代表会議（全従業員会議）で可決する。これに、企業代表と工会主席が署名し、上級の主管部門と上級の工会の承認および労働局への登録を経て、法的に効力を有する労働協約となる。

(2) 私営企業

私営企業に対して、中華全国総工会は、1949年11月22日、《関於私営工商企業労資双方訂立集体合同的暫行辦法》（以下、《集体合同辦法》という）[23]を公布した。《集体合同辦法》によれば、労働関係の正確な処理と労働紛争の解決のために、各産業の労資双方が組織する団体は、労働協約を締結し、労資双方の権利義務および労働条件を明確に規定しなければならないとされる（1条）。

また、労働協約は、書面契約として締結し、採用と解雇の手続き、企業内規則の制定手続きとその内容、賃金、労働時間と休暇、女性労働と児童労働に関する問題、安全衛生と従業員の福利に関する問題などを記載しなければならない（2条）。

そして、締結手続きに関して、労働協約は、まず、産業別協約として締

結される。すなわち，各産業の企業団体の代表と労働者団体（産別工会）の代表の協議により，案が作成される。この協議には，現地の人民政府の労働局から担当官が派遣される。協約案は，それぞれの団体の全体会議あるいは代表会議により可決され，代表の署名を経て，さらに，労働局の承認を受けてはじめて効力を生じる（3条）。加えて，この産別協約に締結しない範囲において，各企業では，企業別の労働協約を締結することができる（6条）。

さらに，1951年5月15日，労働部が公布した《関於各地招聘職工的暫行規定》[24]では，比較的広域の地域間を移動する技術者などについて，これらの労働者を採用する際，個別に労働契約（原語は「労動契約」）を締結することとされていた。労働契約においては，賃金，待遇，労働時間，試用期間などを定め，労働協約同様，労働行政部門へ届け出ることとされており，労働協約だけでなく，個別の労働契約の締結も想定されていた[25]。

また，建国前ではあるが，1944年8月に開催された第6回全国労働大会で採択された《関於中国職工運動当面任務的決議》（中国労働運動の当面の任務に関する決議）は，「就業に際しては必ず契約がなければならず，しかもその契約はできる限り労働協約の形式をとって労資双方の履行に資するようにする必要がある」と定めていた[26]。

3　個別労働条件規制

(1) 国営・公営企業

前記《集体合同指示》は，労働協約が定めるべき内容の項目を示す一方で，さらに，標準的な労働条件のモデルも示唆している。これらの標準に違反するものに対して，行政的規制を直接的に行うわけではない。しかし，これらの標準的労働条件が労働協約の内容に盛り込まれることにより，個別労働条件は間接的に規制されるものと考えられる。

特に，企業側が保障すべき事項や賃金やボーナス，懲戒処分などの方法に関する事項においては，企業に各種義務を設定し，これを遵守することを求める。例えば，実際の必要性を考慮し，可能な範囲で，作業場の安全

衛生を改善し，従業員の物質的生活水準や文化施設（住宅や食堂，浴室，医療設備などの建設）の改善措置を講ずる（労働保険については後述する）。また，個別労働条件規制として，男女同一労働同一賃金，8ないし10時間労働制（時間外労働の上限は2時間，月あたりの上限は48時間），時間外手当は5割増しなどの基準が定められている。

さらに，人員の削減（解雇）に関して，工会との協議，従業員への説明，適切な転籍や再就職先の紹介とともに，従業員の勤続年数に応じて，半月から3か月分の解雇手当金の支払いを規定している。なお，懲戒解雇（「開除」）の被処分者および辞職した者に対して，解雇手当金を支払う必要はない。また，従業員に対して，職場規律および企業管理委員会が作成した企業内の規則（就業規則も含む）を遵守するよう規定している。

(2) 私営企業

私営企業に関して，1949年11月23日，中華全国総工会は，《関於労資関係暫行処理辦法》（以下，《労資関係辦法》という）[27]を公布した。これによれば，個別的な労働関係（個別労働条件）は，《労資関係辦法》に規定のない場合，労資双方の協議により，労働協約あるいは労働契約を締結して定めることとするが，ただし，労働協約ないし労働契約は《労資関係辦法》の内容と抵触してはならないと規定される（3条）。そして，《労資関係辦法》は，個別の労働条件や労働者と企業の双方の権利義務について規定している。

まず，労働者の権利について，工会への「参加」および一切の政治的社会的活動の自由と権利を有し，企業はこれを制限してはならない。また，労働者は辞職の自由を有し，労働協約や労働契約において定めがない場合は，5日前までに通知すればよい（4条）。

他方，企業は，企業内の管理規則や就業規則（「工作規則」）を制定する権限を有し，この規則は，工会の同意と人民政府労働局の承認を経て，労働者を拘束する（5条）。解雇規制については後述する。

そして，この他，主なものとして，労働時間について，8ないし10時間制を採用し（12条），賃金は月2回程度の支払いを適当とした（16条）。さらに，時間外労働には割増分を含めて2倍の賃金額を支払わなければならな

い（18条）。また、女性の産前産後休暇として45日、流産の場合は、3か月までのとき15日、3か月以上のときは30日とし、育児のための休憩時間として、4時間のうちに15ないし25分を与えなければならない（23条）。

4　統一分配制度の試み

そして、この時期、東北区において、労働力の統一的分配（「労働力統一調配」）の試みが開始されている。各省・市は、それぞれ募集委員会（「招聘委員会」）を組織し、技術労働者の登録・紹介・募集を行った。これは、生産の必要性に応じた労働力の組織化と技術労働者の奪い合い防止を目的としたものであった。当時、技術労働者の引き抜きや転職（「**挖工跳廠**」）といった現象が見られ、こうした労働力の流動現象は、残存した資本主義のノルムにより支配された不合理なものとして理解された[28]。また、この政策は、《失業技術員工登記紹介辦法》を根拠に、政府の承認を得たものであり、数少ない技術労働者を国防や重工業部門などの国家的重点産業に集中的に配置するためでもあった[29]。当初、労働力計画は東北計画委員会が編制していたが、その後、1953年より、労働部門がこれを編制することになり、計画と分配が労働部門に統一されることになった[30]。

また、技術者が広域にわたって移動する状況に鑑み、1951年5月15日、労働部は、《関於各地招聘職工的暫行規定》を公布した[31]。これは、労働力の統一分配を基礎として、労働者の広域募集とその採用に関して、労働部の正式な紹介状がなければ、採用してはならないと定め、労働部の許可のない労働力（特に技術者）の移動を制限した。同時に、こうした労働者を正式に採用する際には、労働契約を締結し、賃金、待遇、労働時間、試用期間、移動のための旅費などについて定め、労働行政部門へ届け出ることとした。

このほか、北京市でも、建築産業における労働者の募集に関して、1953年1月26日、労働部は、《関於解決北京市各建築単位乱拉工人現象的意見》[32]において、統一分配を実行することを明記しており、新たに採用する際には、労働局の統一的紹介によらなければならないとした。

5 抱え込み政策

(1) 採用の自由への制約

　失業問題において,最も深刻だったのは,旧政権(国民党)下で,軍隊や行政機関で勤務していた労働者の失業問題であった。彼らの処遇を誤れば,「反共分子」として,国内の治安問題を悪化させるおそれがあるため,政府は,彼らの雇用の確保に力を入れた。すなわち,従前のままの職務で雇用が可能であれば,そのまま留任させる(教員など)。そして,全ての人員を抱え込む(「包下来」)ために,3人分の仕事を5人で行い,3人分の賃金を5人で分ける(「三個人的飯五個人吃」)といったやり方で,できるかぎり雇用を確保する政策を実施した。[33]

　また,《労資関係辧法》によれば,企業は,生産の必要性に応じて,労働者を雇用し,解雇する権利を有する。しかし,当時の雇用情勢を反映して,実際には,企業の採用に一定の制約が課されていた。すなわち,解放後に労働者を採用する場合,解放前に革命参加活動に参加したために解雇された者を優先して採用しなければならず,その次の優先順位として,解放前6か月以内に解雇された当該企業の労働者を優先して採用しなければならない(ただし,自身の帰責事由により解雇された者は除く。9条)。企業が労働者の募集を行う場合,従前勤務していた労働者に対して書面で通知し,勤務の意思のある労働者は採用通知を受け取って10日以内に企業に出頭しなければならない。こうした元労働者の採用でも人員が不足する場合にのみ,企業は新規の労働者の採用が認められる(10条)。

(2) 解雇の自由への制約

　このように,できるかぎり雇用を確保する一方で,解雇にも制限を設けた。《労資関係辧法》によれば,解雇手続きは労働協約ないし労働契約の規定に従うが,規定がない場合には,10日前までに予告し,半月から3か月分の賃金に相当する解雇手当を支払い,解雇することができる(6条)とされていた。また,解雇に関して,労働者に対する解雇(および懲戒処分)について工会が不合理であると認める場合,企業に異議を申し立てることができ,異議が受け入れられないときは,27条が定める労資紛争処理手続に

基づき解決するとされた（7条）。

　しかし，これらの規定において，実質的に解雇が規制されているわけではなく，各地で解雇紛争が頻発し，また，失業問題も一向に改善されなかった。そこで，一定程度解雇権を制限する必要性が指摘されるようになった。

　1950年6月12日，政務院は《関於目前私営工商業解雇問題的指示（草案）》を公布し[34]，《労資関係辦法》の解雇手続きに加えて，① 利益をあげているあるいは欠損を出していない企業は，現状の労働者の人数を維持することを原則とし，剰員の削減をしなければ経営の合理化ができない場合にのみ，労使双方の代表者が協議し，労働局の承認を経て，一部の余剰労働者を解雇できること，② 解雇に至る前に，賃金の減額，交替制の再検討，一時帰休などの方法について，十分考慮すること，③ 営業停止が避けられない場合，労働局の承認を経て，一部あるいは全部の労働者を解雇できること（ただし，まず，労働者の賃金の支払いを優先すること），④ 経営困難により，営業を暫時停止しなければならない場合，労働者側の代表の同意を経て，賃金の減額あるいは支払いの延期，一時帰休をすることができること，⑤ 解雇手当金や一時帰休の方法については，各地の現行の労働法令に基づき取り扱うことなどが定められた。

　さらに，1952年8月1日，政務院が公布した《関於労働就業問題的決定》[35]によれば，公営企業だけでなく，一切の私営企業においても，「生産改革の実施や生産効率を合理的に向上させたことにより生じた余剰の労働者についても，均しく抱え込み政策を実施しなければならず，従前どおりの賃金を支払い，解雇してはならない」とされ，原則として，解雇が禁止されることになった。ただし，継続して経営することが困難になり，経営規模の縮小や営業停止がやむをえない場合には，工商管理部門と労働部門の承認を経て，一部あるいは全部の労働者を解雇することは認められていた。しかし，将来，生産規模の拡大や営業の再開をした場合には，従前の労働者を優先して採用しなければならないとされた。

第1章　社会主義計画経済期の労働管理制度

6　労働紛争処理制度

(1)　労働紛争処理手続

　私営企業の労資関係について定めた1949年11月制定の《労資関係辦法》は，労資紛争処理手続きを以下のように規定していた。すなわち，当事者により解決できないときは，産業別工会の代表と産業別の企業団体（「同行公会」）の代表を交えて当事者が協議を行う。それでも意見の一致がみられなければ，現地の労働局の調停・仲裁に付す。仲裁に不服のときは人民法院に提訴することができるが，人民法院の判決が出るまでは，労働局の仲裁に服する（27条）。

　また，公営企業については，1950年9月公布の《集体合同指示》三庚「協約執行の検査と紛争解決の問題」において，以下のように定めていた。企業と工会は同数の代表を選出し，平等原則に基づき，検査委員会を組織し，協約の履行情況を定期的に検査する。さらに，企業と労働者の間の紛争事項について，検査委員会の討議を経て決議を行う。委員会において多数決での決議が達成されない（意見が同数）ときは，上級の主管部門と上級の工会の処理に付すか，あるいは，労働局の紛争処理手続きにより解決する。

　このように，私営企業，公営企業ともに，企業内での自主的解決が達成できないときは，各市の労働局に設置される労働紛争仲裁委員会への処理申請の途が用意されていた。

　その後，労働部は，1950年6月16日，《市労働争議仲裁委員会組織及工作規則》（以下，《仲裁委員会規則》という）を，同年11月26日に，《関於労働争議解決程序的規定》（以下，《紛争解決規定》という）を公布し，労働紛争処理手続きについて定めた。

　そして，《紛争解決規定》によれば，国営，公営，私営を問わず，同規定の手続に従い，労働紛争を解決する（2条）。また，適用される労働紛争の類型は，労働条件に関する事項，雇用・解雇・賞罰に関する事項，労働保険および安全衛生に関する事項，職場規律と就業規則に関する事項，労働協約と労働契約に関する事項，その他の労働紛争事項とされる（4条）。

手続きとしては，まず，当事者による協議を行い，これが不調の場合，国営・公営企業の紛争は，上級の主管部門と上級の工会による協議を通じて和解により解決し，私営企業の紛争は，産業別工会と産業別企業団体の参与によって協議により解決する（5条）。これらの当事者による和解が達成されたときは，その和解内容について，労働局への届出が必要となる。労働局は，その内容に法令違反がないかを審査し，違反があるときはこれを取消しあるいは修正する。そして，これらの協議による解決ができないときは，現地の労働行政機関による調停を行い，これが不調に終わったときには，労働紛争仲裁委員会の仲裁を行う。仲裁に不服がある場合には，仲裁裁決書を受け取った日より5日以内に，人民法院に提訴することができる（7条）。人民法院の判決が出されるまでは，仲裁裁決に従い履行しなければならない（9条）。

　すなわち，① 当事者間の協議，② それぞれの属する組織の代表を交えての協議，③ 労働局の調停および④ 仲裁，⑤ 人民法院による判決という5段階の手続が用意されていた。

　また，《仲裁委員会規則》によれば，労働紛争仲裁委員会は，労働局局長あるいは副局長，市工商行政機関の代表，市総工会の代表，市工商業連合会代表によって組織され（2条），労働局局長（副局長）が仲裁委員会の主席となる（3条）。

(2)　労働紛争処理の統計的考察

　実際の紛争処理の状況を見てみると，1950〜1952年の3年間における主要30都市での労働紛争の受理案件総数は，10万8810件であり（1950年2万4634件，1951年2万3835件，1952年6万0341件），そのうち，解雇に関するものが37.7％，採用と復職に関するものが11.3％を占めており，これら雇用をめぐる紛争が全体の半数を占める。さらに，賃金に関するものが27.9％を占め，これら上位3類型で全体の約77％に達する。各年における紛争類型ごとの比率は，1950年が，解雇紛争36.7％，賃金紛争34.5％，採用復職紛争11.5％であり，1951年には，それぞれ40.4％，27.0％，10.2％となり，1952年では，それぞれ37.2％，25.6％，11.6％であった。1950年に賃金問

題が比較的多かったのを除いて，3年間を通じて大きな変化はない。

また，いかなる手続きで紛争が処理されたかを見ると，1950年では，和解が44.4％，調停が35.7％，仲裁が1.3％，人民法院への提訴（裁判）が3.9％，その他（他機関での処理や取り下げなど）14.7％となっている。1951年では，和解31.8％，調停41.5％，仲裁1.6％，裁判5.2％，その他19.9％となり，1952年では，和解21.3％，調停45.4％，仲裁0.8％，裁判6.8％，その他25.7％となっており，傾向としては，当事者を中心とした自主的な解決の比率が年々低下し，いずれかの外部機関に紛争解決を委ねることが多くなっている。

7　労働保険制度

労働保険制度は，既に，《東北公営企業戦時暫行労働保険条例》(1948年12月27日)，《全国鉄路職工疾病傷残補助試行辦法》(1950年8月鉄道部公布)，《全国郵電職工疾病傷残補助試行辦法》(1950年8月郵電部公布),《天津市国営公営企業労働保険暫行条例》(1950年9月1日天津市人民政府公布),《太原市国営公営企業労働保険暫行辦法》(1949年7月5日太原軍管会公布）などに基づき[39]，いくつかの地域・部門・産業において実施されてきた。

こうした経験をふまえ，政務院は，1951年2月26日,《中華人民共和国労働保険条例》(以下,《労働保険条例》という)[40]を公布した。これにより，全国的に労働保険制度が形成されることになるが,《労働保険条例》は，1953年1月，一部修正され[41]，適用対象の拡大と給付水準の引き上げが行われた。また，具体的運用に関して，労働部は，1951年3月24日,《中華人民共和国労働保険条例実施細則草案》を定めた[42]。さらに，1953年の修正により，これも若干の修正を受けている（以下，この修正を経たものを《労保細則》という)[43]。以下，これらの規定にそって，当時の中国の労働保険制度の概要を確認しておく。

(1) 適用対象

適用対象となる単位・企業は，① 従業員100人以上の国営，公私合営，市営，および合作経営の工場，鉱山およびその付属単位，② 鉄道，水上

運輸,郵便電話の各企業単位とその付属単位,③ 工業,鉱業,交通事業のインフラ整備を行う(「基本建設」)単位,④ 国営の建築企業である(2条)。ただし,適用されない企業においても,本条例の原則と各産業・企業の実情に合わせて,労働協約において労働保険に関する事項を定めることができる(3条)。臨時工,季節工,試用人員については適用せず,別途,《労保細則》において定める(5条)。⁽⁴⁴⁾

このほか,国家機関で勤務する者については,別に,公費医療や老齢年金についての定めがあった。⁽⁴⁵⁾

(2) 労働保険基金の費用徴収と管理

労働保険の保険料の拠出は企業のみである。労働者は拠出しない。保険料は,賃金総額の3％相当額とされる。そのうち70％分を企業内の工会に納め,労働保険基金として,当該企業の労働者に支給される補償金(「撫恤費」),補助費(「補助費」),救済費(「救済費」)の原資とする。そして,労働保険基金の管理は工会が行う。残り30％分は中華全国総工会に納め(7,8,9条),労働保険総基金として,労働保険事業への支出,および,地域別あるいは産業別の工会において,各企業の枠を越えて労働保険調整金として使用する(21条)。

ここで,留意すべきは,以下に紹介する各種労働保険上の待遇において,労働保険基金から支出されるものと企業が直接負担しなければならないものとが混在している点である。すなわち,《労働保険条例》は,労働保険からの給付と企業がなすべき企業内福利の両者について定めた法律といえる。

そして,中国の労働保険制度は,中華全国総工会が管掌し,管理・運営する「保険」としてスタートを切るが,のちに,文化大革命などの混乱により,こうした管理運営体制は崩壊し,結局,企業ごとに労働保険の給付を行う「企業福利」として運用されるようになる。⁽⁴⁶⁾

(3) 保険給付の内容

(a) 労災(12条)

労災による負傷(「因工負傷」)の場合,その診療費,医薬費,入院費,入院時の食費,通院費は全て企業が負担する。治療期間中の賃金は従前どお

り支払う。症状が固定し、障害が残ったときは労災障害補償金(「因工残廃撫恤費」)あるいは労災障害補助費(「因工残廃撫恤費」)として、労働保険基金より、以下のとおり支給する。完全に労働能力を喪失して退職し、飲食や日常生活に他人の援助が必要な場合、その死亡まで、本人の賃金の75％相当額を労災障害補償金として支給する。完全に労働能力を喪失して退職し、飲食や日常生活に他人の援助が必要でない場合、労働能力の回復あるいは死亡まで、本人の賃金の60％相当額を労災障害補償金として支給する。部分的に労働能力を喪失しているが、なお勤務できる場合、企業は適切な職務を与え、あわせて労働能力の喪失の程度に応じて、本人の賃金の10～30％相当額の労災障害補助費を老齢補助費の受給期間あるいは死亡まで支給する。(47) ただし、復職後の賃金と労災障害補助費の合計が、以前の賃金を超えてはならない。

(b) 私傷病に対する医療 (13条)

疾病や業務外の負傷(原語は「疾病或非因工負傷」、以下、「私傷病」という)の場合、診療費、手術費、入院費、通常の医薬費は企業が負担する。貴重な医薬費と入院時の食費および通院費は本人が負担する。私傷病による欠勤が6か月以内の場合、企業は賃金を支払わなければならないが、その額は、勤続年数に応じて、本人の賃金の60～100％相当額とする。(48) 欠勤が6か月をこえる場合、労働保険基金より、復職あるいは症状固定あるいは死亡まで私傷病救済費(「疾病或非因工負傷救済費」)を支給するが、その額は本人の賃金の40～60％相当額とする。(49) 症状が固定し、完全に労働能力を喪失して退職し、賃金あるいは私傷病救済費の支給が停止された場合、労働保険基金より、私傷病障害救済費(「非因工障害救済費」)を支給する。その額は以下のとおりである。飲食や日常生活に他人の援助が必要なときは、本人の賃金の50％相当額を、飲食や日常生活に他人の援助を必要としないときは、本人の賃金の40％相当額を、労働能力の回復あるいは死亡まで、支給する。部分的に労働能力を喪失し、なお勤務可能な場合には、救済費は支給しない。私傷病が治癒し、労働能力が回復したことが医療機関により証明されたときは、企業は適切な職務を与えなければならない。また、労

働者が扶養する直系親族の傷病については，診療費を免除し，さらに手術費と通常の医薬費の半額を企業が負担する。貴重な医薬費，通院費，入院費，入院時の食費は本人の負担とする。

(c) 葬祭料・遺族補償金 (14条)

① 労働者が労災により死亡した場合，全従業員の平均賃金の3か月分を葬祭料として企業は支払う。このほか，労働保険基金より，当該労働者が扶養していた直系親族の人数に応じて，毎月，遺族補償金を支給する。その額は，死亡した労働者本人の賃金の25～50％相当額とする。[50] ② 労働者が私傷病により死亡した場合，労働保険基金より，葬祭補助費を支給する。その額は，企業全従業員の平均賃金の2か月分とする。このほか，労働保険基金より，当該労働者が扶養していた直系親族の人数に応じて遺族救済費を支給する。その額は，死亡した労働者本人の賃金の6～12か月分とする。[51] ③ 労災により労働能力を喪失して退職したのち死亡した場合，①に従い，葬祭料および遺族補償金を支給する。④ 定年後死亡した場合あるいは私傷病により労働能力を喪失して退職したのち死亡した場合，②に従って葬祭補助費と遺族救済費を支給する。⑤ 労働者が扶養する直系親族が死亡した場合，死亡した者の年齢が，10歳以上のときは，全従業員の平均賃金の2分の1を，1歳以上10歳未満のときは，全従業員の平均賃金の3分の1を，労働保険基金より支給する。1歳未満の場合は支給しない。

(d) 老齢補助費 (15条)

男性労働者が満60歳に達し，通年の勤続年数が25年以上で，当該企業における勤続年数が5年以上の場合，定年退職して，老齢補助費（老齢年金）の受給ができる。女性労働者が満50歳に達し，通年の勤続年数が20年以上で，当該企業での勤続年数が5年以上の場合，同様の待遇を受ける。その額は，《労保実施細則》26条によれば，当該企業での勤続年数が5年以上10年未満の場合50％，10年以上15年未満の場合60％，15年以上の場合70％とされる。

また，特殊な労働条件下での勤務（坑内，低温・高温下での勤務，身体健康

に有害な業務）の場合，定年退職の条件が緩和され（男性満55歳，女性満45歳），早期に老齢補助費の支給を受けられる。

ただし，退職条件を満たしていても，当該企業の必要により継続して勤務する場合，そのままの賃金を受け取るほか，労働保険基金より，当該企業での勤続年数に応じて，在職老齢補助費の支給を受ける。その額は，本人の賃金の10～20％相当額とする。⁽⁵²⁾

(e) 出産補助費（16条）

女性労働者の出産に関して，企業は，産前産後休暇として，合計56日の休暇を与え，⁽⁵³⁾その間は従前の賃金を支給する。難産あるいは双子の出産の場合には，さらに14日間の産休を与え，賃金も支払う。女性労働者が妊娠7か月未満で流産したときは，医師の意見に基づき，30日以内の休暇を与え，⁽⁵⁴⁾その間は従前の賃金を支給する。女性労働者の妊娠出産に関わる検査・出産費用は，13条（私傷病に対する医療費）に基づき支出する。産休満了後も勤務できない場合，医療機関の証明を経て，その間の待遇は13条に基づき処理する。女性労働者あるいは男性労働者の妻が出産したときは，労働保険基金より，出産補助費4元を支給する。

(f) 労働保険事業

このほか，各企業の工会および中華全国総工会は，企業と共同で，療養院，保養所，養老院，孤児院・保育園，障害者施設などの運営を行う労働保険事業を展開する。

(4) 労働保険の統計的実態

以上のような労働保険制度であるが，その導入当初の実態について数字を中心に概観してみる。1952年末における労働保険加入企業数は3927で，その労働者総数は241万3494人である。これに，鉄道事業64万917人と郵便電話事業13万1520人が加わり，総数318万5931人となる。同年の労働者数が1603万人であることからすれば，⁽⁵⁵⁾労働者数から見た加入率はそれほど高くない。これは，適用対象が比較的規模の大きい企業（従業員100人以上）とされているためであろう。

そして，労働保険に関する費用の賃金総額に対する比率を見ると，労働

保険料が賃金総額の3％であり，さらに，企業が直接支出しなければならない費用は賃金総額の6％となっている（1952年）[56]。両者を合計しても賃金総額の9％程度であり，それほど高額というわけではない。ただし，以下の点を留意しなければならない。

つまり，企業は労働保険の費用と賃金以外に，企業福利の名目で，様々な手当の支払いや現物の支給を行っている（例えば，住宅手当・暖房手当・食事手当などの支払い，制服，毛布，石鹸などの支給，風呂や散髪の無料提供）[57]。さらに，労働者食堂や企業内の娯楽・保養施設の設置，労働者住宅の建設などにも巨費を投じなければならないのである。

また，同年における労働保険基金からの支出総額1235億3508万元のうちで，最も多く支出している項目は，老齢補助費で307億4609億元（24.9％），次いで，私傷病により6か月をこえて就労不能の状態にある者に対する私傷病救済費が270億556万元（22.6％），労災で死亡した場合に扶養していた直系親族に支払われる遺族補償費が261億8271万元（21.2％），私傷病による障害で就労不能となった者に対する私傷病障害救済費が69億3981万元（5.6％）となっている（カッコ内は支出総額に占める割合）[58]。

ここで，支出額第1位の老齢補助費について付言すれば，当時の中国の平均寿命は40歳前後であり，平均寿命が退職条件の年齢に達するのは，1960年ころのことであった。したがって，これでも，当時の老齢補助費の受給者は比較的少なく，1953年改正前の老齢補助費の支給基準は，本人の賃金の35～60％相当額とされていた（改正後は本人の賃金の50～70％に引き上げられた）ため，給付総額も抑制されていたといえよう[59]。

他方，企業が直接支出しなければならない費用は，総額5529億4290万元となっており，支出の多い順に，医薬費・治療費2947億118万元（53.3％），私傷病による6か月までの欠勤に対する賃金1510億560万元（27.3％），産前産後休暇期間中の賃金532億1035万元（9.6％），労災による傷病の治療期間中の欠勤に対する賃金222億3677万元（4.0％）となっている（カッコ内は支出総額に占める割合）[60]。

第二節　社会主義計画経済下での労働立法の展開

一　第1次5か年計画期
1　人事管理の強化
(1)　第1次5か年計画の実施

　新民主主義期においては，経済復興を主眼としていたため，一部の企業では，人事管理や規律が厳格に守られていないという情況が生じた。また，第1次5か年計画の実施と大規模な経済建設にあたって，一般の労働者だけでなく，農村戸籍の労働者を臨時工として採用することが活発となり，その適切な管理が必要となった。これに対し，1954年7月14日，政務院は《国営企業内部労働規則綱要》(以下，《労働規則綱要》という)[61]を公布するなど，労働者の採用・異動・解雇の手続および企業と労働者の基本的な職責，労働規律違反の処分等について定めた。

　まず，《労働規則綱要》は，次のように定めていた。採用に関して，採用を希望する労働者は，企業に対して，従前の勤務先が作成した過去の勤務情況についての文書，あるいは，現地の人民政府労働行政機関が発行した証明書を提出しなければならない。初めて就業する場合，その居住地区の政府機関が発行した証明書あるいは学校が発給した証明文書を提出しなければならない。これらの証明書がない者を採用することはできない。特に，企業の責任者の任用と異動は，直属の上級行政機関の決定に基づかなければならない。

　つぎに，労働者の新規採用や職場の配置転換にあたって，企業は，労働者に対して，勤務制度，内部労働規則，安全技術規程，生産衛生規程，防火規則およびその他の労働者の正常な労働を行うための規則について説明しなければならない。さらに，機械，旋盤，設備，工具の使用方法についても説明しなければならない。

　また，労働者を採用する際，企業は，当該労働者の技術の熟練度，生産経験および仕事の割り当てを考慮して，その賃金額を確定しなければなら

ない。労働者の技術の熟練度とその担当する職務を考慮して，試用期間を定めることができる。工人の試用期間は最長1か月，職員の試用期間は最長3か月を超えてはならない。

そして，工人が離職あるいは転職を希望するときは，2週間前までに企業の責任者に通知しなければならない。職員が離職あるいは転職を希望するときは，1か月前までに通知しなければならない。これら職工の離職あるいは転職には工場長あるいは経理の承認がなければならず，承認がない場合は，労働規律に違反したものとして取り扱う。

さらに，企業が理由なく労働者を解雇することを禁ずる。労働者を解雇するときは，解雇の情況と理由について明記した証明書を発給しなければならない。労働者は企業の解雇決定に不服の場合，所属する工会組織あるいは現地の人民政府労働行政機関に労働紛争の処理を申し立てる権利を有する。

また，農村労働力の採用と統一的な労働力管理について，建設部門や鉱工業企業における臨時工に対する労働契約制度に関する立法が制定された。例えば，1954年5月，労働部は《建築工人調配暫行辨法》と《関於建築工程単位赴外地招用建築工人訂立労働合同辨法》があるが，これらは，「建設労働者の配置・分配は，（建築）プロジェクトの所在地区の労働行政部門が統一管理を行う」ことや臨時工に採用についても現地の労働行政部門の審査・承認が必要であることなどを定めていた。また，「建築業単位が外地に赴き臨時工を採用するときには，雇用期間の長短にかかわらず，雇用単位と労働者あるいは労働者代表は，作業所が所在する地区の行政部門の採用規定に照らして労働契約を締結し，厳格に遵守するものとする」と規定していた。(62)

(2) 社会主義改造の達成

《労働規則綱要》などの一連の施策により，一時的に人事管理の強化が進められたが，第1次5か年計画も終わりに差し掛かる1956年頃になると，各企業では，計画目標を達成させるために大量の労働力の補充が必要となった。

また，一方では，社会主義への改造が急速に進み，1956年に，政府は，社会主義改造の達成を宣言するに至った。これは同時に，「失業」の消滅の宣言であり，これ以降，中国では，もはや「失業」は存在しないというのが政府の公式見解であった。すなわち，「失業」とは資本主義国に固有の現象であり，「完全雇用」はプロレタリア独裁ないし社会主義の優越性の象徴でもあった。実際に，1949年には23.6％，1952年には13.2％に達していた「待業率」であるが，1957年時点では5.9％まで下がり，政府が「失業」問題を一定程度解決した，あるいは解決の目処が立ったと認識していたとしても無理はなかったといえる。しかし，都市部の失業問題は依然として十分には解決されていなかった。

そこで，企業が計画外で労働者を採用することを一定の範囲で認めることとしたが，これにより，採用が急増した。そのため，策定された賃金計画を大きく上回る労働者数を企業は雇用することになり，計画や経営が混乱することとなった。

こうした事態に対して，1957年1月，国務院は，《国務院関於有効地控制企業，事業単位人員増加，制止盲目招収工人和職員的現象的通知》を発し，企業の採用自主権を一律に停止し，労働力の配置に対してコントロールを強化した。また，「臨時工の採用期間については，1か月を超えてはならない。臨時工の採用に当たっては，労働契約を締結しなければならない。既存の臨時工と新規採用する臨時工は，契約に照らして取り扱い，正式の労働者に転換することはできない。」とした。要するに，統一分配制度により正規労働者の配置を政府の管理下に置くと同時に，臨時工の採用については，限定的に実施することとし，統一分配制度の強化を図ったのである。

2 職場規律の強化

《労働規則綱要》は，職場規律の強化を目的として，懲戒処分について定めている。各企業は，《労働規則綱要》が定める内容と企業の実情に基づき，企業の労働規則を制定する。その際，工会の同意と現地の労働行政部門の審査，ならびに直属する上級主管機関の承認が必要とされる。また，国営

企業以外の私営企業や各種機関においても，《労働規則綱要》の主旨に基づき，企業内の労働規則を制定し，同様に，工会（ないし労働者）の同意，労働行政部門の審査，上級主管機関の承認の手続きを踏まなければならないとされた。(67)したがって，《労働規則綱要》は，当時の労働規則のモデルを示している。以下，《労働規則綱要》が定める内容を概観する。(68)

職場規律に違反した労働者に対して，その情状に応じて，企業は，①警告，②記過（過ちを記録すること），③記大過（大きな過ちを記録すること），④賃金の比較的低い職務への降格，降級の各処分を科しうることが規定された。

特に，職場規律に重大な違反をし，企業に重大な損失を与えた場合,「開除」処分を科すこととし，場合によっては，人民法院において法に従い処理する。「開除」処分とは，企業と労働者の労働関係を解消させる効果を持つ処分で，最も重い懲戒処分である。

また，正当な理由のない遅刻・早退，勤務時間中の職務懈怠，怠業，無断欠勤については，情状を考慮して，「開除」を含めた適切な処分を科しうることとされた。なお，これらの処分については，後述する。

3　従業員代表大会制度の実施と労働協約制度の廃止

新民主主義期において，企業民主管理制度として，公有制企業では，企業管理委員会と従業員代表会議が，私営企業では，労資協議会議が設けられていた。しかし，第1次5か年計画実施中に，企業における業務執行力を強化して生産力を増進するために，企業長（工場長）単独責任制度が実施された。これにより，経営の主な事項は，企業長ないし工場長が決定することになり，企業管理委員会や従業員代表会議はその機能を失った。その結果，企業の管理部員の官僚主義ないし命令主義が助長された。こうした弊害を除去するために，従業員代表大会（「職工代表大会」）制度が導入されることとなった。

同制度は，全ての労働者により選出された常任代表からなり，企業における共産党組織の指導の下に，定期的に開催される。その権限は，例えば，

① 工場業あるいは企業長の業務報告を聴取し，工場・企業の生産，残務，技術，労働，賃金に関する計画を審査し，それらの各事項に関して建議を行うこと，② 労働者の生活と福利に関する事項に必要な経営の支出を審査すること，③ 上級の企業管理機関の指示と命令に違反しない範囲で決議を行うこと，④ 必要がある場合には上級の企業管理機関に対して指示や命令の変更申立，工場・企業の管理部員に更迭を申請することなどに及ぶ。したがって，従業員代表会議に比し，非常に広範な権限を有していたといえる。

そして，企業の管理と業務，特に労使関係事項は，従業員代表大会により，随時決定されるようになった。その結果，先に見たように，公有制企業の労働条件は，交渉を通じた企業別労働協約の締結により決定されていたが，その機能は，従業員代表大会制度が代替することとなった。こうして，従業員代表大会制度の普及にともない，労働協約制度は廃止されていった。(69)

4 そのほかの制度の動き

まず，労働紛争処理手続は，① 当事者間の協議，② それぞれ属する組織の代表を交えての協議，③ 労働局の調停および ④ 仲裁，⑤ 人民法院による判決という5段階の手続が用意されていたが，これが，①②の2段階に変更された。こうした労働紛争処理手続の簡素化・効率化は，私営企業や公私合営企業の公営企業化や工会に対する共産党の指導の強化によるものと指摘される。(70)

また，社会主義改造の達成は，既存の私営経済の公有制経済への統合も意味していた。つまり，既に述べたように，新民主主義期の労働立法は私営経済と公営経済を分けた二元的なものであったが，公有制経済における労働立法に一元化されることになった。

このほか，同時期における労働立法に関して最も重要な動きといえば，1956年に，労働部において，《中華人民共和国労働法》の起草作業が始まったことであろう。ところが，翌年以降，反右派闘争や大躍進運動などの混 (71)

乱により起草作業は停止してしまった。

二 大躍進運動期

　第1次5か年計画は一応の成功を収めた。引き続き1958年からは第2次5か年計画がスタートし，同年の党大会において「社会主義の総路線」のスローガンが定められた。そして，経済の高度成長で先進国に追いつくこと，集団化と協同化によって共産主義に早くたどりつくことを目標に，大躍進運動が始まった。農村では人民公社が編成され，大衆製鉄運動が盛んになった。そのため，大量の鍋・釜・農機具などが鉄鋼を造るために鋳潰され，木が切り倒され，多くの労働力が浪費された。さらに，1959年から3年続けての自然災害により，中国経済は最悪の状態となった。その後の調整期には，経済立て直しのために，投資規模の縮小，中央集権的な経済管理や人民公社制度の手直しなどが行われた。こうして，何とか1965年頃には，経済を回復することができたのである。

　この時期，労働力の集権的な管理および合理的な使用と分配を行うため，臨時工に関する立法をはじめとしていくつかの法令が公布されている。例えば，1962年10月には，《関於国営企業使用臨時職工的暫行規定》(国営企業の臨時職工の使用に関する暫定規定)を，翌年7月には，《関於従事経常性工作的臨時工転為長期工問題的通知》(恒常的作業に従事する臨時工の長期工への転換問題に関する通知)を，1965年3月には，《関於改進臨時工的使用和管理的暫行規定》(臨時工の使用と管理の改善に関する暫定規定)を公布した。これらは，各企業の臨時工の採用に関して，労働契約の締結を義務づけ，また，鉱山・交通・鉄道等の企業については，「固定工」であれ，農民の臨時工であれ，採用するときには，労働契約を締結するものとし，季節工を使用するときにも，労働契約を締結する旨規定していた。

三 文化大革命期

　文化大革命の動乱により，新しい労働立法がなされないばかりか，既存の法立・法規もまた，その執行が困難な情況となった。「按労分配」(労働

に応じて分配する) 原則も資産階級を産み出す経済的基礎であり, 資本主義の温床であるとして非難を受け, 出来高払い賃金制や奨励金制度などは廃止され, 平均主義的な傾向が全国的に広がった。

ただし, この動乱期においても, 主に臨時工に関して, 若干の労働法規が公布されている。例えば, 1971年11月, 国務院は,《関於改革臨時工・転換工制度的通知》を公布した。この通知によれば, 恒常的な生産・作業ポストでは「固定工」を使用し, ほかに臨時工を採用することはできないとされる。このようなポストに使用されている臨時工は, およそ企業・事業単位の生産・作業に確実に必要であり, 本人の条件が適合すれば,「固定工」に転換することができる。そして, 臨時制・季節性の生産・作業ポストについては臨時工・季節工を使用しなければならないとされた[72]。こうして, 臨時工の「固定工」化が進められ, 契約工制度は, 徐々に縮小していったのである。

また, この時期, 都市の知識青年に対して, 下放政策が実施された[73]。「知識青年は, 貧農・下層中農から階級教育を受けねばならない」あるいは「知識青年は農村に都市の進んだ技術を持ち込み, 農村の現代化を図らなければならない」といったイデオロギー的なスローガンをかかげ, 多数の都市部の青年を, 農山村の生産隊になかば強制的に移住させたのである。こうして移住した青年(下放青年)は, 約1650万人に達したといわれている[74]。これが, その後の労働政策に大きな影響を与えることになった。

そして, この混乱は, 企業における労働保険制度を大きく変容させた。労働保険の運営主体は総工会であったが, 文革の混乱により機能を停止してしまった。そこで, 企業横断的な保険基金の運用は困難となり, 各企業が, 企業の単年度会計から労働保険にかかる給付を直接支給することとなった。加えて, 企業の財政・会計は, 国家財政と一体化しており, 各企業の利潤は国家に上納し, 必要な労働保険にかかる諸経費は国家が企業に支出することになった[75]。

第三節　改革開放前の労働管理制度

　建国からわずか数年で，積極的な立法の展開により，基本的な労働管理制度の枠組は形成され，その後の社会主義改造のなかで，労働管理制度は徐々に変容していった。また，そうした変容が，大躍進運動や文化大革命などの政治運動と連動して起こったため，立法的な手続ではなく，政治的・政策的な決定により進められた。そのため，実態だけでなく，制度的にもその内容は不明確な点を多く残していた。ただし，文革以後の立法から，それ以前の制度の概要を推察することもいくらか可能であろう。なぜなら，改革開放前は，法律等によって明示的に労働条件について定めていなかったが，改革開放後，法制強化の流れのなかで，それまでの慣行を法律や法規・政策文書の中で明示したと考えられるからである。

　いずれにせよ，改革開放前の中国における労働管理制度の大きな特徴は，丸抱えで一企業完結的である点にある。具体的に言えば，統一分配による労働者の雇用の確保と労働関係の解消に対する厳格な規制である。そして，これらが，改革開放後において，改革のターゲットとなるのであり，その意味で，改革前の制度として確認しておく必要があろう。そこで，以下では，改革開放前の労働管理制度について，雇用の入口と出口の局面を中心に検討する。

一　雇用の確保――労働力の統一的分配
1　統一分配制度の形成

　当初，失業問題解決と技術者の効率的配置のために導入された統一分配制度は，その後，一般労働者に広く拡張され，労働力の管理全般が政府により行われるようになった。そして，多くの労働者が統一分配制度を通じて「固定工」として企業に配置されることになり，国家による労働力の統一分配が国家労働力管理の重要な制度となった。

　その後，大躍進運動や文化大革命などの政治的混乱はあったが，基本的

に統一分配制度は維持された。他方，賃金計画外で雇用される臨時工・季節工の採用も認められていたが，これらはあくまで非典型雇用として取り扱われ，時期にもよるが，労働者全体からみればごく一部の存在であった。

こうした統一分配制度は，労働者の雇用保障や「失業」の根絶といったプロレタリア独裁ないし社会主義政治体制を反映する政策のひとつの具現化であった。そして，当時の中国における失業問題の解決策は，失業給付などによる救済ではなく，「以工代賑（仕事を与えて，救済に代える）」の原則にそって，無理にでも職を分配するという方法であった。

他方で，計画経済の実施にあたって，賃金分配や人員配置を計画的に行う必要があり，国家による統一的な労働力の管理が行われたのも必然であった。さらに，経済発展のため重工業重点政策を実施し，内陸部にも大規模な経済建設を行うにあたって，大量の労働力を効率的に投下する方法として，国家が統一的・計画的に労働力を管理分配する制度は十分合理性を有していた[76]。つまり，政治体制と経済体制双方からみて，国家による統一分配制度は一定の整合性・合理性を備えていたといえよう。

2 統一分配制度の有効性

ところが，実際には，労働力の供給過剰という問題が生じた。戸籍管理によって農村からの労働力の移動を制限したにも拘わらず，それでもなお都市部の労働力は過剰であった。労働力供給過剰の原因の一つは，単純に人口の自然増によるものである。中国の都市人口は，1952年7163万人であったが，1970年にはその倍の1億4424万人に達していた[77]。

また，各企業において，企業福利の一環として公共食堂や託児所などを設置し，家事・育児労働の社会化を実施したことにともない，女性の家事・育児の負担は大きく軽減された。そして，共産党が実施した男女平等政策もあいまって，女性の労働力化が加速し定着した[78]。この点も労働力の供給過剰の一因として作用したのである。

さらに，政治的混乱（反右派闘争，大躍進運動，文化大革命など）や自然災害（1950年代末の大飢饉），ソ連との関係悪化による技術移転の停滞などに

より，経済発展は伸び悩むこととなった[79]。同時に，こうした経済状態を受けて，労働力の増加に反して，その受け皿は思ったほど拡大しなかった。

こうした労働力の供給過剰状態が続くなか，政府は，経済の効率性よりも社会主義の理念を重視し，表面上，失業者を顕在化させないように，統一分配制度を通じて無理な労働者の分配を行っていった。その結果，生産性に見合わない過剰な労働力を企業は抱え込むことになったのである。そして，企業では，1人当たりの労働生産性が低下する一方で，賃金総額は増加するといった事態に陥った。

そして，この労働力の供給過剰問題は，文革期において「知識青年上山下郷運動」に結びつくことになる。「知識青年上山下郷運動」ないし「下放」政策は，都市の青年によって農村に知識を持ち込み，社会主義農村を建設することと，都市の青年が農村で農民から労働を学ぶこと奨励するという目的で実施された，都市青年の農村移住の政策であった。イデオロギー的側面が強調され，実に1650万人にも上る都市部の青年が，文革中，半強制的に農村部に移住させられたのである。しかし，その実態は，都市部での就職難と住宅難を農村に押しつける政策であったともいわれる[80]。この政策により，都市部の「待業」問題は急場をしのぐことができたが，これにより，文革後の労働政策は大きな影響を受けることになった（第一編第二章第一節参照）。

3 統一分配制度下における労働条件決定

社会主義改造が基本的完成を達成するまで，私営企業と国営企業が併存していたため，私営企業と国営企業とは異なる労働条件の決定方法が採られていた。すなわち，私営企業では，労働者と使用者との間で，労働条件について協議し，労働契約を締結する一方，国営企業では，労働者が生産管理に参加する制度を実行し，工場長指導の下に工場管理委員会を設立して，労働条件を決定した（《共同綱領》32条）[81]。

そして，その内容をみると，私営企業における集団契約は，労働者の労働条件に関する規定が中心となっている。例えば，採用や解雇の手続，就

業規則の制定手続と内容，賃金，労働時間，福利厚生等を必要記載事項とする。また，公営企業においては，労働者の経営参加が原則となっていた。労働者の代表からなる企業管理委員会ないし従業員代表会議によって，企業経営に関するあらゆる事項(例えば，生産計画，人事，賃金，福利厚生など)が討議されることとされた。

　そして，第1次5か年計画以降，私営企業の公有化が進み，私営企業が消滅する1956年の社会主義改造の基本的完成以後は，従業員代表大会によって，労働条件だけでなく，企業経営に関する様々な事項が決定されることになり，労使の交渉による労働条件決定方式は消滅することとなった。したがって，当時の中心的な労働条件決定方式は，従業員代表大会制度ということができる。

　また，主要な労働条件のひとつである賃金については，国家ないし地方政府が，計画に基づいて決定し，一般に，賃金等級を8つに区分した「8級賃金制」がとられていた。時期によって，奨励金(ボーナス)や各種手当の割合が増減するが，基本的にはこの「8級賃金制」に基づいて各企業の賃金が定められていたのである。そして，休憩・休暇などについても，政府が規定していた。

　このほか，職業訓練については，建国後からたびたび，職業教育訓練の強化が政策として強調されてきた。しかし，実際は，高等教育としての技術専門学校や大学(中国の大学は，建国後，単科大学的に改組され，それぞれが専門的な大学教育を行っていた)を通じて専門的な教育を受ける者はわずかであり，多くは，中等教育程度であって，専門的な技術訓練を受けないまま，配置されることも多かった。基本的には，企業内のOJTにより，当該企業に適した職業訓練が行われていたのである。ただし，生産設備は，1960年代までにソ連から輸入されたものか，建国前のものが多く，高度の技術を要する設備も少なかったうえに，その後の設備の革新もほとんどなく，技術水準は停滞していた。さらに，職場組織は年功的であり，賃金も仕事の内容や成果をほとんど反映せず，硬直的な賃金制度がとられていた。また，他企業への異動も極めて制限されており，積極的な職業訓練はあま

り実施されなかった。

二　労働関係の解消
1　労働関係解消の諸類型

　既に述べたように，建国直後の抱え込み政策以降，統一分配などを通じて雇用の確保を図る一方で，労働関係の解消については，原則として禁止されてきた。そして，その例外として，規律違反等に対する懲戒的解職，営業停止にともなう解雇，辞職，定年退職，傷病にともなう労働能力の喪失による退職が，労働関係の解消措置として存在していた。

　しかし，社会主義改造達成以後，企業と国家の財政的一体性を担保として，営業停止はありえないものとなった。また，労働者の離転職には工場長あるいは管理者の承認がなければならず，他方で，企業は，従前の勤務先が作成した過去の勤務情況についての文書がない者を採用することはできないとされていたため，労働者の一方的な辞職は認められていなかった。したがって，実際には，労働関係解消の態様としては，「退休」（定年退職）と「退職」（傷病にともなう労働能力の喪失による退職）ならびに規律違反や無断欠勤に対する「開除」と「除名」があるのみであった。

　以下では，これらの労働関係解消の態様について検討する。

2　定年退職（「退休」）
(1)　定年退職の要件

　定年退職については，《労働保険条例》15条において，男性は，満60歳，生涯の就労年数が25年以上で，当該企業における勤続年数が5年以上であり，女性は，満50歳，生涯の就労年数が20年以上で，当該企業での勤続年数が5年以上と定められていた。

　しかしながら，前述のように，労働保険は文革の影響により，その運用は混乱し，企業ごとの運用となっていた。こうした事態に対して，文革後の1978年6月の立法ではあるが，国務院は，《関於工人退休，退職的暫行辦法》[87]（以下，《退職辦法》という）を公布し，定年退職の取り扱いを改めて規

定した。

これによれば、定年退職の要件としては、大きく4類型に分けられる。① 男性は満60歳で、生涯の就労年数が10年以上、女性は満50歳で、生涯の就労年数が10年以上の場合、② 坑内、高所、高温下その他特に過重な労働あるいは身体健康に有害な業務に従事する労働者で、男性満55歳、女性満45歳に達し、就労年数が10年以上の場合、③ 男性満50歳、女性満45歳に達した就労年数が10年以上の者で、医師の証明と労働鑑定委員会の確認を経て、完全に労働能力を喪失したと認められる場合、④ 業務上の災害により、医師の証明と労働鑑定委員会の確認を経て、完全に労働能力を喪失したと認められる場合である。

このように、労働保険においては、労災給付（12条）や医療給付（13条）でカバーされていた③④の類型も、「退休」に含まれている。これは、文革期において労働保険制度が混乱していたことの証左でもあろう。基本的な定年年齢は、男性満60歳、女性満50歳であり、変化はない。

ただし、《労働保険条例》では認められていた継続雇用ないし再雇用については、《退職辦法》では、まず1条において、定年条件を満たすときは退職すべきであると定め、11条において、退職後は引き続き残留してはならないと定めている。

(2) 定年退職後の処遇

《退職辦法》2条によれば、①②③の場合には、就労年数20年以上のときは、本人の基準賃金の75％相当額、就労年数15年以上20年未満のときは、同70％相当額、就労年数10年以上15年未満のときは、同60％相当額とされる。さらに、建国前に革命運動に参加していた者については、同80％相当額とされる。

そして、④の場合には、飲食や日常生活に他人の援助が必要なときは、本人の基準賃金の90％相当額および一定額の介護費用を受給でき、飲食や日常生活に他人の援助が必要でないときは、同80％相当額を受給できる。

なお、《労働保険条例》においては、「養老補助費」と呼んでいたが、《退職辦法》では、「退休費」という。また、《退職辦法》9条は、退職生活費

は企業が負担することを定めている。

3　傷病にともなう労働能力の喪失による退職（「退職」）

「退職」とは，「退休」の要件は備えていないが，医師の証明と労働鑑定委員会の承認を経て，労働能力を完全に喪失したと認められる者が退職することである。「退職」後は，本人の基準賃金の40％にあたる生活費の給付を受ける。労災については「退休」の取り扱いを受けるので，ここでの傷病は，私傷病ということができる。《労働保険条例》においては，私傷病に対する医療給付の一環として，本人の基準賃金の40～50％相当額が支給されていた。

これらの場合，「単位」との労働関係は終了するが，「単位」の成員としての身分は維持され，老齢年金を受給するほか，医療費などその他のサービスや配給は継続して，企業から受給する。

4　懲戒処分としての労働関係の解消（「開除」）

(1)　職場規律

「開除」処分は，重大な職場規律違反に対する処分であり，労働関係の解消という帰結をもたらす。以下では，まず，職場規律に関する定めおよびそれに違反した場合の処分についてみたうえで，最も重い処分である「開除」処分について検討する。

(a)　職場規律に関する具体的規定

主な労働条件について，政府が定める一方，労働規律についても，各企業の就業規則（労働規則）の基準を規定するために，政府は，《労働規則綱要》のほか，《関於国家行政機関工作人員奨懲暫行規定》（公務員の褒賞と懲戒に関する暫定規定，1957年１月）等を定めていた。[88] これらの規定は，処分対象となる行為だけでなく，その処分の内容においても具体性や明確性を欠いていた。

そこで，改革開放前の職場規律および懲戒処分に関する状況を知る手掛かりとして，改革開放後ではあるが，労働者に対する各種処分を定めた

1982年4月国務院公布の《企業職工奨懲条例》（企業労働者賞罰条例、以下、《賞罰条例》という）および1983年1月労働部公布《関於企業職工奨懲条例若干問題的通知》（《賞罰条例》の若干の問題に関する通知、以下、《賞罰通知》という）がある。(89)《賞罰条例》は、それまで明文化されていなかった社会主義計画経済下における職場規律とそれに対する処分について、改革開放後における法制強化の路線の中で立法化されたものと解しうる。したがって、以下では、これらの規定をもとに、改革開放前の職場規律および解職（「開除」）を含めた処分の内容について検討する。

(b) 規律違反行為の態様

これらによれば、規律違反ないし非違行為の態様は、① 労働規律違反、遅刻・早退の常習、無断欠勤、怠業、生産任務・作業任務に対する怠慢、② 作業分配・人事異動・指揮命令に対する正当な理由のない拒否、理不尽な諍い・騒動・喧嘩の惹起による生産秩序・作業秩序・社会秩序に対する混乱、③ 職務怠慢、技術操作規定・安全規程違反、指揮・規則違反による生命・財産への侵害、④ 作業に対する不誠実、頻繁な不良品の生産、設備工具の破損や原材料・エネルギー源の浪費による経済的損失の発生、⑤ 職権濫用、政策法令違反、財経規律違反、脱税、納付利潤の着服、奨励金の乱発、国家の資材の浪費、公益に対する損害、私利の企図、国家と企業の経済的利益に対する侵害、⑥ 横領・窃盗、投機的取引、闇取引、贈収賄、恐喝、その他重大な規律違反行為、⑦ その他の重大な非違行為などがあげられる。(90)このほか、企業（「単位」）の各種規則（住居規定、計画出産規定等も含む）に違反した場合も、処分を受けることがある。(91)

また、長期にわたる無断欠勤や頻繁な無断欠勤に場合には、企業から「除名」処理される。

(c) 処分の類型

そして、《賞罰条例》では、処分の種類として、「警告」、「記過」（過ちを記録すること）、「記大過」（大きな過ちを記録すること）、「降級」（等級を下げること）、「撤職」（職位を下げること）「開除」および「留用察看」を規定する（12条）。「開除」処分は最も重い処分であり、企業との労働関係および「単

位」の成員としての身分をも喪失させる（詳細は後述する）。要するに，上記の各種違反行為があった場合には，その情状・程度により段階的に処分が科される。その最も重い処分が「開除」処分であり，これらの各種処分は，直接，労働に付随しない行為に対しても科され，企業の懲戒処分にとどまらず，「単位」の成員に対する処分としての性格を有している。以下では，特に，労働関係の解消をもたらす「開除」処分および「除名」処理について論じる。

(2) 「開除」処分

(a) 「開除」の効果

上述のように，「開除」とは，労働者が法定の規律に違反した場合，あるいは，職場秩序に反する非違行為を行った場合に，注意教育を経ても態度を改めず，かつ行為の情状が重大で，その他の処分ないし経済的処罰ではその行為の重大さを処分するに足りないとき，当該労働者に科される最も重い処分である。要するに，懲戒解雇に相当する処分である。[92]

「開除」処分の効果として，企業での職を失うほか，「単位」の成員の身分も喪失する。したがって，これまで享受してきた賃金と各種社会サービスを受けることができなくなってしまう。「開除」処分を受けた者が，いずれかの「単位」への所属を希望する場合，大都市から中小都市へ，沿海地区から内陸あるいは辺境へ，都市から農村への原則に従って，移住することになる。[93]

(b) 処分の手続

「開除」処分に至る手続については，まず，工場長・企業長（「経理」）が提案し，従業員代表大会（ないし従業員大会）で討議・決定され，企業主管部門と所在地区の労働・人事部門の承認を受けなければならない。[94] 実際には，「開除」処分は，労働者に対する不利益があまりにも大きいので，極めて稀な場合にしか適用されない。多くの場合は，刑事処分を受けるような，非常に重大な非違行為を犯した場合にのみ「開除」処分が科される。

ただし，一般に，「開除」処分を科す場合，「留用察看」と呼ばれる監察期間を経なければならない。この「留用察看」とは，「開除」処分に対する

執行猶予的な措置であり，1〜2年の観察期間を定め，その間の態度が良好であれば，また正式な労働者として復帰し，そうでなければ，「開除」処分となる。監察期間中は，賃金支払いは停止されるが，生活保障のための補助費が支給される(95)。しかし，この間も労働関係は存続し，労働者は継続して労働を行い，「単位」の成員としてのその他の関係も維持される。復帰後の賃金は改めて決定され，もとの賃金より減額されることもある(96)。

また，手続として，「開除」等の処分については，事実を整理し，証拠を収集し，会議での討議を経て，労働組合の意見を聴取し，当該被処分者の弁明を聞いた上で，慎重に決定されなければならない（《賞罰条例》19条）。また，処分の審理は，当該非違行為の日から，「開除」処分については5か月，その他の処分については，3か月を超えてはならないとされている（《賞罰条例》20条）。

5　除籍（「除名」）

「除名」とは，労働者が正当な理由なく無断欠勤し，注意教育を経ても効果がなく，連続無断欠勤が15日を超えるか，あるいは，1年の無断欠勤の日数が合計30日を超える場合，企業が，《賞罰条例》に基づき，労働者名簿から当該労働者を除名することである（|賞罰条例」18条）。したがって，「除名」は，《賞罰条例》11条が定める各種の非違行為や規律違反行為に対する処分ではなく，あくまでも無断欠勤と常習的な欠勤に対してのみ適用される。「除名」の効果は，「開除」と同様であり，「単位」の成員としての身分を剥奪するものである。

また，「開除」等の処分については，前述の手続が履行されなければならないのに対して，「除名」はあくまでも無断欠勤に対する組織管理上の「処理」手続であるとされ，上記の「処分」にかかる手続は適用されない(97)。他方で，「除名」は無断欠勤に対する処理であり，これ以外の事由について，「除名」処理を適用することはできない。

このように，労働者の非違行為がなければ，原則として企業側から労働関係を解消することはできない。ただ，いったん「開除」処分や「除名」

処理を受けると，職場だけでなく，「単位」の成員としての身分も喪失することになる。

三　小　括
1　建国初期の労働立法の特徴

以上のように，中国政府は，建国から数年のうちに，封建的労働制度を撤廃し，新たな近代的労働管理制度の構築を進めていった。注目すべきは，この新民主主義期に形成された諸制度と改革開放後形成された諸制度に多くの類似点が見られることである。例えば，契約や協約を通じた近代的労働関係の確立，労働紛争仲裁委員会を基礎とした労働紛争解決システムの創設(98)，労災・医療・年金を含めた保険制度の形成などである。また，国営・公営企業と私営企業を分けて，それぞれに適用される法律が異なるなどの二元的労働管理は，改革開放後の労働法制の進め方と類似している。

他方で，当時の失業問題の解決と計画経済の実行という制約を受け，統一分配制度の萌芽や解雇の厳格な規制といった，その後の社会主義計画経済下における労働管理制度の根幹をなす制度の形成も見られる。また，1950年6月の《失業救済辦法》により失業給付は支給されていたものの，労働保険制度は，失業をカバーしていない。これは，社会主義を目指す中国にとって，「失業」という保険事故は想定されていなかったということであろう（《失業救済辦法》による失業給付は，旧社会の負の遺産に対する過渡的措置として位置付けられていたといえよう）。

このほか，失業対策における「以工代賑」の考え方と具体的政策は，その後訪れた1970年代末から1980年代初頭にかけてと1990年代中ごろから現在に至る2度にわたる雇用情勢の悪化の際にとられた政策と多くの点で類似している。

2　社会主義計画経済と「固定工」制度

そして，社会主義計画経済時代の中国では，プロレタリア独裁ないし社会主義の理念の下，少なくとも都市戸籍を有する労働者については，雇用

そのものの保障は強く要請され、実践されてきたといえる。これはまた、計画経済の実行においても、一定の合理性を有していた。他方で、国家による労働力の統一管理は、個々の労働者の職業選択の自由や適職選択に対する保障を最終的に排除してしまい、労働者の権利を一面で否定する結果をもたらした。そこには、「労働に貴賤なし」というすべての職業について平等に扱う考え方があったということもあるが、何より、生活すらままならなかった旧中国社会をふまえて、雇用を確保し、生活を保障するということに最大の価値が見出されていたといえる。

ただし、こうした「固定工」制度は、中国の発展途上国としての経済の後進性と労働力過剰という実態の中で、結局は破綻してしまった。政治的な混乱もあったにせよ、中国経済は、社会主義計画経済下において飛躍的な発展を遂げることはできず、毛沢東の死を契機として、経済体制の改革が実行されることになった。

(1) 《共同綱領》の邦訳は、宮坂宏編訳『現代中国法令集』20頁（1993年、専修大学出版局）参照。《共同綱領》は、まずその前文において、中国を「人民民主主義独裁の共和国」とし、さらに「中国の人民民主主義独裁は労働者階級・農民階級・小ブルジョア階級・民族ブルジョア階級及びその他の愛国民主人士の人民民主主義統一戦線の政権であり、労農連盟を基礎として、労働者階級が指導する」と規定した。そして、政治組織たる政治協商会議は、「共産党・各民主党派・各人民団体・各地区・人民解放軍・各少数民族・国外華僑及びその他の愛国民主人士の代表」によって組織され、国家の最高政権機関は全国人民代表大会とされた。
(2) 経済の基礎たる財産について、《共同綱領》3条は、「官僚資本を没収し人民の国家所有に帰し、段階を追って封建的半封建的土地所有制を農民的土地所有制に改め、国家の公共財産と合作社の財産を保護し、労働者・農民・小ブルジョア階級と民族ブルジョア階級の経済的利益及びその私有財産を保護し、新民主主義の人民経済を発展させて、漸進的に農業国を工業国に変えていかなければならない」と規定した。また、経済政策について規定した第4章では、「……個人経済・私人の資本主義経済と国家の資本主義経済を調整して、各種の社会経済要素を国営経済の指導の下に、分担を定めて協力し合い、……社会経済の全体の発展を促進すべき」(26条)とし、

さらに、「およそ国家経済と民政に有益な私営経済事業は、人民政府がその積極的な経営を奨励し、ならびにその発展を扶助すべきである」(30条) と定めていた。このように、資本主義的要素を許容した背景には、社会主義への条件が未成熟であったことが挙げられ、日中戦争とそれに続く国共内戦により荒廃した経済の復興にあたって、さしあたり、国営私営を問わず、国民経済全体の発展・成長が重要であった。また、共産党にとっても、国営化を推し進めるだけの確固たる政治基盤が整っているわけでもなかった。建国直後における国営経済の経済全体に占める割合は、10〜20%に過ぎなかった。小島朋之『中国現代史』(1999年、中央公論新社) 36頁参照。

(3) 木間正道＝鈴木賢＝高見澤麿『現代中国法入門 (第二版)』30頁 (2000年、有斐閣) 参照。

(4) 政治体制に関して、前文は、「わが国人民は中華人民共和国を打ち立てる偉大な闘争において既に中国共産党の指導する各民主的階級・各民主的党は・各人民団体の広範な人民民主主義統一戦線を結成し……わが国の人民民主主義統一戦線は継続してその作用を発揮するであろう」と、1条は、「中華人民共和国は労働者階級が指導し、労農連盟を基礎とする人民民主主義国家である」と規定し、人民民主主義における中国共産党の主導的地位を明確に定めていた。そして、社会主義段階への移行の基本的完了を宣言した1956年9月の中国共産党第8回全国代表大会において、人民民主主義は、「プロレタリア階級独裁の一形態である」と再規定された。

(5) 前文において、社会主義工業化を目指し、経済建設を計画的に進めることを謳い、さらに、15条では、「国家は経済計画を用いて国民経済の発展と改造を指導し、生産力を普段に向上せしめ、人民の物質的生活と文化的生活を改良進歩させ、国家の独立と安全を強固にする」と規定した。

(6) 小島・前掲『中国現代史』18頁参照。

(7) 最終的に1975年1月、新たに《中華人民共和国憲法》(以下、《75年憲法》という) を採択することになるのであるが、《1975年憲法》は、「文革憲法」と俗称されるように、共産党の指導的地位の絶対性、階級闘争・継続革命などが強調され、法規範よりも党の政策が優先するという現代中国法の基本構造を如実に表していた。そもそも、憲法自体が、それを超越する権力の存在を認めており、《1975年憲法》は憲法としての実効性に大きな疑義があるばかりか、文革末期の政治的混乱期に制定されていること、また、条文数も《1954年憲法》の3分の1以下である30か条しかないなど、極めて特異な憲法であった。ただし、《1975年憲法》が、「中華人民共和国は労働者階級の指導する労農同盟を基礎としたプロレタリア独裁の社会主義国」

（1条）であり，「中国共産党は全中国人民の指導的中核」であって，労働者階級は，自己の前衛である中国共産党を通じて国家に対する指導を実現する」（2条）と規定したとは，1950年代末からの中国の政治体制を端的に言い表していたといえる。また，特筆すべきは，《1975年憲法》は，中国憲法史上唯一，労働者のストライキ権を認めた憲法であった。
(8) 1992年4月に新たに《中華人民共和国工会法》が制定され，これにより《旧工会法》は廃止された。
(9) 中国社会科学院中央档案館編『中華人民共和国経済档案資料選編・労働工資和職工福利巻（1949—1952）』（1994年，中国社会科学出版社，以下，『档案資料1949—1952』という）31頁参照。
(10) 国家統計局編『中国統計年鑑（1986）』136頁（1986年，中国統計出版社），伊藤正一『現代中国の労働市場』23頁（1998年，有斐閣）参照。
(11) 1950年6月から1951年6月まで収支状況。前掲『档案資料1949—1952』167頁参照。
(12) 前掲『档案資料1949—1952』208頁参照。
(13) もちろん，支給要件があり，① 解雇時に一定期間の賃金の補償を受けた者はその期間，② 本人或いは家庭内の収入により生計を維持できる者，③ そのほかの機関から救済を受けている者，④ いったん帰郷したにもかかわらず，救済金の受給のために都市に戻った者，⑤ 老齢年金や障害者給付を受けている者，⑥ 支給要件（勤続年数1年半未満）を満たさない者は，失業救済金の支給を受けられない（32条）。また，新たに就業した者或いは「以工代賑」や「生産自救」活動に参加した者，または，職業紹介や「以工代賑」や「生産自救」活動への参加を理由なく拒否した者は，支給を停止される（33条）。
(14) 前掲『档案資料1949—1952』208頁参照。
(15) 前掲『档案資料1949—1952』162，182頁参照。
(16) 前掲『档案資料1949—1952』42頁参照。
(17) 前掲『档案資料1949—1952』61頁参照。
(18) なお，これに基づき，上海商業儲蓄銀行が作成した労資協議書では，その協議書の効力を労働協約の性質に属するものとする合意を定めている（附則27条）。前掲『档案資料1949—1952』70頁参照。
(19) なお，現行の労働協約制度については，彭光華「中国労働法下の労働協約制度」九大法学77号201頁（1999年）を参照。
(20) 労働協約に関して，私営企業と公有制企業と分けて，関係法規が制定されている。こうした二元的な労働法制は，経営参加の関係法規などにも

みられる。なお、1932年施行の《中華蘇維埃共和国労働法》（中華ソビエト共和国労働法）においても、労働契約・労働協約について規定があった（同法では、公営私営の区別はなかった）。向山寛夫『中国労働法の研究』（1968年、中央経済研究所）346頁参照。

(21) 向山・前掲『中国労働法の研究』409頁参照。
(22) 前掲『档案資料1949—1952』45頁参照。
(23) 前掲『档案資料1949—1952』54頁参照。
(24) 前掲『档案資料1949—1952』282頁参照。
(25) 後述の《関於労資関係暫行処理辦法》でも、「労働契約」という文言が明記されている。
(26) 同決議第3章第4節第9項参照。向山寛夫「中国共産党立法資料その3」愛知大学法経論集第20集（1957年）参照。
(27) 前掲『档案資料1949—1952』56頁参照。
(28) 1952年12月11日労働部党組《関於労働力調配工作的初歩意見》（前掲『档案資料1949—1952』265頁）参照。
(29) 東北行政委員会労働局《東北区労働力統一調配工作総結》（前掲『档案資料1949—1952』268頁）参照。
(30) 東北行政委員会労働局《東北区労働力統一調配工作総結》（前掲『档案資料1949—1952』268頁）参照。
(31) 前掲『档案資料1949—1952』282頁参照。
(32) 前掲『档案資料1949—1952』293頁参照。
(33) 1949年9月24日中共中央《関於旧人員処理問題的指示》、1949年12月9日中共中央《関於旧人員処理原則的解釈与指示》など参照。また、このほか、周恩来《当前財経形勢和新中国経済的幾種関係》（1949年12月22日）、毛沢東《関於正確解釈対旧人員"包下来"的政策問題的電報》（1951年4月22日）など。前掲『档案資料1949—1952』274—279頁参照。
(34) 前掲『档案資料1949—1952』284頁参照。
(35) 前掲『档案資料1949—1952』176頁参照。
(36) 当時の産業別工会で代表的なものとして、鉄道、郵便電話、紡績、海員、石炭（「煤砿」）、電力、金属（「五金（金銀銅鉄錫）冶煉」）、機械製造、食品、軽工業、化学、石油、水道、運輸、店員、教育、文芸、マスコミ、国家機関、医務、市政、建築、公共運輸、手工業、財政経済金融、製塩などがある。前掲『档案資料1949—1952』29頁参照。
(37) それぞれ、前掲『档案資料1949—1952』124、126頁参照。
(38) 前掲『档案資料1949—1952』145—147頁参照。なお、その主要30都市

とは，北京，天津，唐山，帰綏（フフホト），瀋陽，旅大，長春，ハルピン，西安，上海，済南，青島，南京，南通，徐州，蚌埠，蕪湖，杭州，福州，アモイ，武漢，広州，鄭州，開封，安陽，沙市，南昌，南寧，重慶，昆明である。

(39) 前掲『档案資料1949—1952』629頁参照。
(40) 前掲『档案資料1949—1952』629頁，中国労働法学研究会編『公民常用労働法律手冊』（2000年，法律出版社）305頁など参照。
(41) 1953年1月2日政務院《中華人民共和国労働保険条例若干修正的決定》。前掲『档案資料1949—1952』694頁参照。
(42) 前掲『档案資料1949—1952』646頁参照。
(43) 1953年1月26日労働部公布《中華人民共和国労働保険条例実施細則修正草案》。中国社会科学院中央档案館編『中華人民共和国経済档案資料選編・労働工資和職工保険福利巻（1953—1957）』（1998年，中国物価出版社，以下，『档案資料1953—1957』という）1027頁参照。
(44) 《労保実施細則》36条において，臨時工，季節工，試用人員の待遇は定められている。それによれば，労災による医療期間の待遇は一般労働者と同じである。労災により労働能力を喪失し，退職した場合，労働保険基金から，本人の賃金の12か月分に相当する額の障害補償金を支給する（36条一）。私傷病の場合，医療期間を3か月とし，その間の待遇は一般労働者と同じ。治療のため勤務できないときは，本人の賃金の50％相当額を企業は支払う。3か月をこえて治癒しないときは，労働保険基金より，本人の賃金の3か月分に相当する額の救済費を一時金として支給する（36条二）。労災により死亡した場合，当該企業における労働者の平均賃金の3か月分に相当する額の葬祭料を支払うほか，当該労働者が扶養していた直系親族に対して，労働保険基金より，遺族補償費を支払う。その額は，遺族が1人のときは，本人の6か月分の賃金相当額を，遺族が2人のときは，9か月分を，遺族が3人以上のときは，12か月分を支払う（36条三）。私傷病により死亡したときは，労働保険基金より，葬祭補助費を支給する。その額は当該企業における平均賃金の2か月分とする。そのほか，扶養していた直系親族に対して，本人の賃金の3か月分の遺族救済費を支給する（36条四）。妊娠出産に関して，検査費・出産費用・出産補助費および産前産後休暇については，一般の女性労働者と同様とする。産休期間中，企業は賃金を支払い，その額は，本人の賃金の60％相当額とする。
(45) 1952年10月12日人事部公布《各級人民政府工作人員退職暫行辦法》，1952年8月24日衛生部公布《国家工作人員公費医療予防実施辦法》，1950年

12月11日内務部公布《革命人員傷亡褒恤暫行条例》，1955年12月29日国務院公布《国家機関工作人員退職処理暫行辦法》および《国家機関工作人員退休処理暫行辦法》など。前掲『档案資料1949—1952』702，706，712頁，前掲『档案資料1953—1957』1066頁—1069参照。
(46) 天児ほか『現代中国事典』(1999年，岩波書店) 464頁（前田比呂子執筆）参照。
(47) 《労保実施細則》13条によれば，復帰後の賃金が従前の賃金より11～20%減少した場合，労災障害補助費は，従前の本人の賃金の10%相当額とする。減額が21～30%の場合，従前の賃金の20%相当額を，減額が30%以上の場合，従前の賃金の30%相当額を支給する。
(48) 《労保実施細則》16条によれば，当該企業において勤続2年未満の場合60%，勤続2年以上4年未満の場合70%，勤続4年以上6年未満の場合80%，勤続6年以上8年未満の場合90%，勤続8年以上の場合100%とされる。
(49) 《労保実施細則》17条によれば，当該企業において勤続1年未満の場合40%，勤続1年以上3年未満の場合50%，勤続3年以上の場合60%とされる。
(50) 《労保実施細則》22条によれば，扶養していた直系親族が1人の場合25%，2人の場合40%，3人以上の場合50%とされる。
(51) 《労保実施細則》23条によれば，扶養していた直系親族が1人の場合6か月分，2人の場合9か月分，3人以上の場合12か月分とされる。
(52) 《労保実施細則》27条によれば，当該企業での勤続年数が5年以上10年未満の場合10%，10年以上15年未満の場合15%，15年以上の場合20%とされる。
(53) 通常の休日や法定の休暇日も含めて計算する。《労保実施細則》31条参照。
(54) 《労保実施細則》34条によれば，最低でも20日は与えなければならない。
(55) 『中国労働統計年鑑（1999）』14頁参照。
(56) 前掲『档案資料1949—1952』722頁参照。
(57) 前掲『档案資料1949—1952』845頁参照。
(58) 前掲『档案資料1949—1952』724頁参照。
(59) ただし，その後，平均寿命の急激な伸びと給付水準の引き上げによって，老齢年金は企業にとって大きな問題となっていく。
(60) 前掲『档案資料1949—1952』725頁参照。
(61) 前掲『档案資料1953—1957』317頁参照。

第1章　社会主義計画経済期の労働管理制度　71

(62)　前掲『档案資料1953—1957』101, 104頁参照。
(63)　1956年，中国は，失業が消滅したことを対外的に宣言した。日本労働研究機構『中国の労働政策と労働市場』(1997年，日本労働研究機構) 196頁（張紀潯執筆）参照。
(64)　国家統計局編『中国統計年鑑 (1986)』136頁 (1986年，中国統計出版社)，伊藤正一『現代中国の労働市場』23頁 (1998年，有斐閣) 参照。
(65)　前掲『档案資料1953—1957』169頁参照。
(66)　当時の規律の乱れを指摘する報告書として，「中共天津市委関於天津工人労働紀律松弛現象的報告」(1953年4月21日) がある。これによれば，紡績管理局管理下の国営企業99工場のうち，同年の1, 2月の欠勤日数が，のべ19万6149日で，これは，4264人が1, 2月全く出勤しないことに相当する。また，1月の欠勤率が，工業部門で6.16%，紡績部門で8.21%，2月のそれは，工業部門で9.33%，紡績部門で9.2%であった。前掲『档案資料1953—1957』321頁参照。
(67)　1953年7月14日中央人民政府公布《関於頒布国営企業内部労働規則綱要的決定》(前掲『档案資料1953—1957』317頁) 参照。
(68)　詳しくは，向山・前掲『中国労働法の研究』429頁参照。
(69)　向山・前掲『中国労働法の研究』426頁参照。
(70)　向山・前掲『中国労働法の研究』428頁参照。
(71)　起草作業には，当時労働部副部長であった毛斉華をリーダーとする起草チームによって行われ，同法の枠組，構成，基本内容，適用範囲などの基本問題が議論された。同時に，同年から全人代常務委員会において，《中華人民共和国刑法》と《中華人民共和国民法》の起草作業も始まった (1958年頃停止)。
(72)　関・前掲『中国労働法講座』36頁以下（陳文淵執筆）参照。
(73)　下放政策は，建国初期においても，都市部の失業問題解決策として実施されていたが，文化大革命時においては，むしろイデオロギーが強調されていた。
(74)　小島麗逸『現代中国の経済』(1997年，岩波書店) 67, 85頁参照。
(75)　林毅夫＝蔡昉＝李周著（関志雄＝李粹蓉訳）『中国の国有企業改革』96頁 (1999年，日本評論社) 参照。
(76)　小島・前掲『現代中国の経済』16頁参照。
(77)　前掲『中国統計年鑑 (1999)』111頁参照。
(78)　小島・前掲『現代中国の経済』83頁参照。
(79)　大躍進期に経済は大きく成長したといわれたが，実際には水増し報告

であり、結局、経済的混乱を引き起こしただけであった。河地重蔵＝藤本昭＝上野秀夫『現代中国経済とアジア』(1994年、世界思想社) 32頁 (河地執筆)。

(80) 小島・前掲『現代中国の経済』67、87頁、日本労働協会『中国の労働事情』92頁 (1987年、日本労働協会) 参照。

(81) 《共同綱領》は、「国営の企業においては、当面の時期労働者が生産管理に参加する制度を実行するべきであり、すなわち、工場長指導の下に工場管理委員会を設立する。私営企業は、労資両利の原則を実現するために、労働組合が労働者を代表して資本家と集団契約を締結するべきである。」と定めていた (32条)。

(82) 向山・前掲『中国労働法の研究』410頁以下、同「中国労働法」(日本労働法学会編『労働法講座第 7 巻 (下)』2267頁、1959年、有斐閣) 2300頁以下参照。

(83) 賃金制度については、日本労働協会・前掲『中国の労働事情』148頁以下、伊藤・前掲『現代中国の労働市場』209頁以下参照。

(84) 例えば、休暇について、1949年12月政務院公布《全国年節及記念日放暇辦法》(全国正月・記念日休日辦法) がある。中国労働法学研究会・前掲『公民常用労働法律手冊』105頁参照。

(85) 伊藤・前掲『現代中国の労働市場』69頁以下参照。

(86) 1996年においてですら、労働者の教育水準は、中卒以下が85.8％を占め、高卒、大卒・専門学校卒がそれぞれ11.3％、2.8％であった。また、40歳以上では、小卒以下の比率が高くなる傾向がある。国家統計局・前掲『中国統計年鑑 (1997)』135、138頁参照。

(87) 中国労働法学研究会編『公民常用労働法律手冊』(1997年、法律出版社) 388頁参照。

(88) 向山・前掲『中国労働法の研究』429頁、前掲『档案資料1953—1957』317頁参照。

(89) 前者については、国務院公報382号332頁、後者については、労働人事部政策研究室編『中華人民共和国労働法規選編』(1985年、労働人事出版社) 314頁参照。

(90) 《賞罰条例》11条参照。

(91) 労働部労働関係と監察司組織編『労働争議処理工作手冊 (第 3 輯)』(1995年、中国労働出版社) 422頁参照。また、計画出産違反の女性労働者に対して、助成保護規定から除外する場合もある。例えば、《上海市中外合営企業労働人事管理条例》14条は、企業が労働契約を解約できない場合に

ついて規定しているが，その一事由として，「計画出産を実行している女性労働者が，妊娠・出産・授乳期にある場合」と定め，また，《湖南省外商投資企業労働管理暫行辦法》16条も，同様に，「女性労働者が妊娠・出産・授乳期にあり，同時に，国家の計画出産法規・政策に適合する場合」には，企業による労働契約の解約を禁止している。このほか，秋山洋子編訳『中国女性』(1991年，東方書店) 17頁以下では，計画出産規定に違反して，職場を追われたケースが紹介されている。

(92) 《賞罰条例》11条参照。袁・前掲『中国的労働法制』168頁以下参照。
(93) 《賞罰条例》22条参照。
(94) 《賞罰条例》13条参照。
(95) 《賞罰条例》14条参照。
(96) 中国では，一般に「8級賃金制」と呼ばれる等級と賃金を相関させた賃金体系がとられていた。したがって，賃金等級を降格することにより賃金を減額することもあった。中国の賃金制度については，西村峯裕「中国外資系企業の労働関係 (1)」産大法学24巻 3 — 4 号115頁 (1991年) 特に125頁以下，日本労働協会・前掲『中国の労働事情』149頁以下参照。
(97) 《労働部の国営企業における《賞罰条例》の関係条文の解釈に関する応答》による。労働部政策法規司編『実用労働法規全書』(1996年，中国労働出版社) 543頁参照。
(98) 建国後しばらくまでは，一貫して，労働は契約労働として取り扱われ，労働契約・労働協約制度が一般的に実施されていた。向山・前掲『中国労働法の研究』423頁参照。

第二章　改革開放政策と雇用政策の展開

第一節　政策転換期の就業促進政策の展開

一　下放青年対策
1　三結合の就業方針

　改革開放政策による政治体制と経済体制の転換は，直ちに既存の労働管理制度や労働法制に影響を与えたわけではない。むしろ，政府が最初に直面した課題は，文革の清算というべき「下放」青年の就職問題であった。前述のとおり，文革期，多くの青年が農村部へ「下放」されていたが，文革の終息にともない，続々と「下放」青年が都市に引き上げてくることとなった。

　ところが，文革により大きな打撃を受けていた都市部の経済は，まだ十分には回復しておらず，「下放」青年に対する仕事の分配は，現実にはできなくなっていた。この時期の公式統計上の「待業率」は，1978年5.3％，1979年5.4％，1980年4.9％であった[1]。

　そこで，政府は，国家による統一的な労働力管理を一定程度緩和し，新たに職業紹介事業を活性化するほか，起業活動を奨励する等，自助努力による就業の確保の促進を呼びかけた。具体的には，新卒者に対する従来の統一分配のほかに，労働行政部門が職業紹介所を設置し，これを通じて仕事を探す方法と，無職者が集団で新たな事業を興す方法，あるいは個人で起業活動を行う方法がとられた（これを「三結合の就業方針」と呼んだ）。

　この政策の実施により，企業は労働計画の範囲内で自由に労働者を募集採用することができるようになった。他方で，労働者個人も自由に職業を選択することが可能となった[2]。

2　入替え採用（「退休頂替」）

　以前から，退職後に自身の子女を同一企業に就職させるという慣行が一部に見られた。こうした取り扱いは，既に1956年頃には始まり，1962年には，退職者が退職後生活に困窮するような場合に，彼らの子弟を替わりに

仕事に就かせることを，国務院は正式に認めるようになった。これにより，あくまでも特殊な事情がある場合に限った取り扱いとしてではあったが，退職者の子女の募集採用は制度として形成されていった。こうした入替え採用を「子女頂替」ないし「退休頂替」という[3]。そして，文革後のこの時期，親が早期に退職して，「下放」先から帰還した子女を企業に採用させることが，広く一般的に行われるようになっていった。

この入替え採用に関して，1978年制定の《退職辦法》10条では，労働者が退職したあと，家庭生活が確実に困難になる場合，あるいは下放先から帰還した子女の就業がない場合，原則としてその1名に限り，採用条件に符合する子女を採用することができると規定していた。これは，下放先から，都市に帰還した「待業青年」に対する政策である。

そして，この職場世襲的な入替え採用の慣行により，退職した親は企業から年金給付を受け，子は賃金を受け取るという，一世帯に対する賃金の二重払いの弊害が深刻化していった。これも企業経営にとって悪影響を与えるものであった。

3　労働服務公司

職業紹介については，1978年から，「労働服務公司」と呼ばれる職業紹介機関を設置し，求人開拓と職業紹介を積極的に行っていった。同機関は職業紹介事業のほか，職業訓練や生産活動も行う総合的な機関であった。また，1986年に中国初の失業保険制度が設立されたあとでは，失業保険の管理運営もその業務の一部とされた。

そして，労働服務公司が営む生産経営活動（「労働就業服務企業」という）については，税制上などにおいて優遇措置がとられていた。こうした職業紹介機関や生産組織は，労働行政部門が設置したものだけでなく，その他の行政部門や各企業が，自身の余剰人員の再就職や職業訓練のために設置したものも数多くあり，1980年代には全国各地に一気に拡大・濫立していった[4]。

二　企業内余剰労働力対策

1　「停薪留職」の意義

「固定工」に重大な非違行為がなければ労働関係を解消することはできず、また、経営悪化を理由として「固定工」との労働関係を解消することは認められておらず、企業から労働関係を解消させることは制限されたままであった。しかし、経済体制改革のなかで、1980年代初頭から、国有企業においても、赤字原因の一つとされる企業内余剰労働力に対して、労働者の自発的意思に基づき離退職を促進する「停薪留職」と呼ばれる施策が実施された。

すなわち、「停薪留職」とは、雇用単位が生産上あるいは作業上余剰となった「固定工」に対して、一定期間の離職を許可し、賃金の支払いを停止する制度である。「停薪留職」は、労働関係を完全に解消させるものではなく、労働関係の暫定的な停止であり、「労働関係の中断」ないし「労働関係の停止」とも呼ばれた(5)。したがって、当該企業との間の具体的な労働関係は存在しないが、「単位」の成員としての身分は維持され、従前のポストは残される(6)。そして、労働者自らがほかの仕事を探してそれに従事することが認められ、期間満了時に復帰か退職かを改めて決することができた。つまり、一種の休業制度といえる。

2　手続と処遇

「停薪留職」に対する立法として、《関於企業職工要求停薪留職問題的通知》が、1983年6月、労働人事部と国家経済委員会から通達された。これによれば、職工が「停薪留職」を要求する場合、本人が書面により申請し、「単位」の指導部の承認を経て、「停薪留職協議書」を作成・締結、企業の主管部門と労働人事部門に報告し登録する。期間は、一般に2年以内であり、その間は昇級せず、各種手当と労働保険等の福利待遇も制限され、「単位」によっては、各種福利に関する一定の費用を徴収することもあった。また、この手続を経ないで、勝手に離職した場合は、「除名」として取り扱われる(7)。

そして,「停薪留職」期間中の職工も,「単位」の成員であるため,「単位」による処分の対象者として扱われる。したがって,犯罪行為や「単位」の規則に違反した場合は,《賞罰条例》に基づいて「開除」を含めた処分がなされる[8]。

前述の「三結合の就業方針」等の改革に見られるように,自発的な起業活動が奨励され,一部,私営経済組織が認められるようになった。これは「待業者」だけでなく,既に職を得ていた「固定工」に対しても認められたのである。若く能力のある労働者が,個人の能力を活かして事業を興し,収入を得るなどする場合に,「停薪留職」の制度により労働関係を中断することが多かった。この制度は,企業内余剰労働力に対する就業促進政策であると同時に,雇用調整としての機能も若干有していた。

三　実態と効果

こうした就業促進政策の結果,「待業率」は,1985年には1.8％にまで低下した[9]。したがって,数字の上では,効果があったように見えるが,実態としては,次のような問題を抱えていた。

すなわち,当時,国営企業自身に労働者を自由に採用する絶対的な権限はなかった。そこで,国営企業で勤務する労働者の子女で,失業状態にある者(「待業者」)を,企業自身が運営する労働服務公司に組織した。さらに,労働就業服務企業を設立して,そこで多くの労働者を雇用することにより,こうした「待業者」の就業問題の解決を図っていた。

しかし,企業が出資した労働就業服務企業は,形式的には独立した集団所有制企業であっても,実際には,親企業の製品の販売やメンテナンス・運送などの関連事業に従事したり,または,親企業内でのサービス業(商店や住宅建設など企業内福利に関する事業)を営んだりするなど,親企業に大きく依存したものであった。その結果,国営企業は,自らの周辺ないし内部に多くの集団所有制企業を配して,そこに多くの余剰労働力を抱え込み,結果的に,自らの経営を悪化させていった[10]。

そして,国営企業の経営再建の過程で,当初は,「停薪留職」のように労

働者の自発的意思に基づいた離職制度がとられていたが，こうした自発的意思による離職制度だけでは，国営企業の余剰人員問題を根本的に解決することはできなかった。

以上のように，労働服務公司をはじめとした，文革の後始末のために展開されたこれらの就業促進政策は，さしあたりの「待業」問題の解決に重点を置いたため，従来と同じように，結局，「待業者」は企業内余剰労働力というかたちで吸収されていった。これにより，本来立て直さなければならない国営企業の経営をいっそう悪化させることになった。

つまり，改革開放政策の下に進められた就業促進政策は，統一的労働力管理の緩和や市場調整メカニズムの導入などの改革をもたらす契機となったものの，その本質は従来と変わることなく，企業経営の改善よりも「待業者」の減少を目的としたものであったといえる。そして，企業内には，多くの余剰労働力が蓄積されていった。こうした余剰人員の削減だけでなく，その根本原因である「固定工」制度の解体が何より重要となった。

また，労働就業服務企業に対する管理が不十分であったため，労働服務公司ないし労働就業服務企業の名で営業し，税の納付を減免されていた様々な生産経営組織が存在し，こうした社会的・経済的混乱を取り締まる必要も生じていた。そもそも，職業紹介や職業訓練を行う機関を整備し，就業促進を図ることが大きな課題であった。

第二節　労働契約制度の導入と展開

一　外資系企業における労働契約制度
1　労働契約制度の内容
(1)　労働契約制度の登場

改革開放後しばらくは，既存の労働管理制度すなわち「固定工」制度に大きな変化はなかった。確かに1980年代初頭から，一部の国営企業において労働契約制度が導入され，少しずつではあるが，「固定工」制度に代わる雇用システムの模索が始まっていた。しかし，まだそれは試験的なものに

すぎなかった。他方で，対外開放政策と経済発展のために，外国資本の導入も徐々に始まっており，このための環境整備として，外資系企業においては，労働契約制度を一般的に実施することが定められた。

すなわち，1980年7月制定の《中華人民共和国中外合資経営企業労働管理規定》2条1項は，労働者の労働条件について労働契約を通じて定めることを規定した。さらに，1984年1月制定の《労働人事部関於中外合資経営企業労働管理規定実施辦法》(中外合資経営企業労働管理規定に関する労働人事部の実施辦法) ではより具体的な規定を置いていた。[11]

これらの規定によれば，労働契約で定める内容は，採用，解雇と辞職，生産と作業の任務，賃金と賞罰，労働時間と休暇，労働保険と福利，安全衛生，労働規律等の事項であり，労働条件全般について労働契約による約定に委ねることとされた。また，外資系企業においては，労働者の非違行為に基づく解雇だけでなく，経済的事由に基づく解雇も認められるようになった。

そして，外資系企業では，新規に採用する労働者については，原則として労働契約を締結することとされた。その締結の方法として，企業と企業の労働組合 (ないし従業員代表大会を通じて) が，集団的に締結するものとされ，比較的規模の小さい企業では，労働者と個別に締結することができるとされた。加えて，締結された労働契約は，地方の労働行政部門の承認を得なければならないとされた。[12]

こうして，外資系企業を中心に労働契約制度は徐々に広まっていった。しかし，外資系企業といっても，当初は，外資単独の企業の設立は認められておらず，原則として，中国の既存の企業との合弁であり，中国側のパートナー企業から引き継いだ「固定工」も数多くいた。実態としても，外資系企業における労働契約制度の普及率はそれほど高くなかったと思われる。[13] なぜなら，外資系企業の労働管理に対する上記の2つの定めは，必要記載事項等いくぶん細かな内容を含んでいたとはいえ，それでもなお実際の運用にあたって不明確な点を多く残していた。

(2) 地方での展開

実際に、本格的に労働契約制度が普及するのは、外資系企業の労働管理に関する規定について、各地方が地方法規を策定して以降のことになる。1980年代の後半から1990年代にかけて、後述のように、国営企業に対する「四つの暫定規定」をはじめとする労働契約制度に関する諸法令・政策が制定・公布され、労働契約制度について一定のモデルが示されたことにより、各地方政府において《合弁企業労働管理規定》や《合弁企業労働管理規定実施弁法》の規定を具体化するような、外資系企業を対象とした労働管理に関する地方法規が相次いで制定された。

例えば、①《深圳経済特区外商投資企業労働管理規定》(1987年8月施行)、②《上海市中外合資経営企業労働人事管理条例》(1988年2月施行)、③《大連市外商投資企業労働管理規定》(1988年4月施行)、④《瀋陽市外商投資企業労働管理規定》(1988年7月施行)、⑤《広東省外商投資企業労働管理規定》(1989年5月施行)、⑥《江西省中外合資経営企業労働管理暫定規定》(1990年12月施行)、⑦《湖南省外商投資企業労働管理暫定弁法》(1991年4月施行)、⑧《南京市外商投資企業労働管理弁法》(1992年5月施行)、⑨《長春市外商投資企業労働管理弁法》(1992年7月施行) などがある。[14]

これらの地方法規が規定する解雇制度は、大枠において共通していた。外資導入の先駆的な地方である①深圳、②上海、③広東の規定を見てみると、外資系企業が職工を解雇できる場合として、「試用期間内において採用条件に適合しないことが明らかになった場合」、「職工が病気に罹患しあるいは業務外で負傷し、規定の医療期間が満了したあとも、もとの業務に従事できない場合」、「職工が重大な労働規律違反を犯し、労働契約規定に照らして解雇すべき場合」、「生産経営あるいは技術条件の変化により余剰人員が生じた場合」、「企業が解散した場合」、「職工が「除名」処理、「開除」処分、労働矯正処分、刑事処罰を受けた場合（自動解除）」を規定する。このほかに、労働契約の中に別途解雇に関する条項を定めることもできた。

また、解雇制限として、「職工が病気に罹患しあるいは業務外で負傷し、規定の医療期間内にある場合」、「職工が業務上負傷しあるいは職業病に罹

患して，治療期間内にある場合」，「治療後，労働鑑定委員会が労働能力の一部または全部の喪失を認めた場合」，「女性職工が妊娠・出産・哺育期にある場合」を定めていた。

　以上が外資系企業の解雇制度の基本的な枠組みであるが，他方，いくつかの相違点も見出すことができる。例えば，経済的理由に基づく解雇に関して，多くの地方法規では，労働組合に対する意見聴取を規定するにとどまるが，職工本人の同意を要件とする地方法規も見られる（④ 瀋陽，⑨ 長春）。また，同様に，経済的理由に基づく解雇の要件について，企業が法的に破産をするか合弁を解消しなければ，認められないとするものがある（⑦ 湖南省）。他の多くの地方法規は，もっと柔軟に，生産技術条件の変化や破産に瀕した場合，経営の困難がある場合に，解雇を認める趣旨となっている。このほか，労働契約の中で別途解雇に関する条項を定めることを認める明文規定を有しないものがある（③ 大連，⑦ 湖南省，⑧ 南京，⑨ 長春）。そして，「開除」処分，「除名」処理，労働矯正処分，刑事処罰の場合に自動解除ではなく，一般の解雇権の内容として規定するものがあるが（⑨ 長春），これは，後述する《労働法》における現行の解雇制度と同じ構造となっている。さらには，「開除」と「除名」については規定していないものもある（⑥ 江西省）。

　また，解雇制限に関して，労働行政部門が認めない場合には解雇できないとするものがある一方で（⑨ 長春），政府の関係規定と労働契約に従って解雇している場合には，いかなる部門，「単位」も干渉することはできないとするものもある（④ 瀋陽）。さらに，計画出産（いわゆる「一人っ子政策」）に従っていることを女性職工の「三期」（妊娠・出産・哺育期）保護の要件とするものがある（② 上海，⑦ 瀋陽）。[15]

　以上のように，各地方で様々な解雇制度が展開され，その中には現行《労働法》の解雇制度に結びつくような部分も見受けられる。これは，序説で述べたように，「漸進主義」的手法による立法パターンの中で，労働法も形成されていることを端的に示している。

2 労働契約制度の意義

従来，社会主義計画経済体制の下では，労働契約に基づく従属労働は資本主義的なものとして否定されていた。賃金その他の労働条件は，労働者自身が企業経営の民主管理の一環として，従業員代表大会において決定するか，政府があらかじめ定めた労働条件基準に従うかであった。

ところが，改革開放により，外資系企業などにおいて，生産財の私有制が一部認められることとなり，従来の社会主義の建前が通用しない場面が出てきた。そこで，まず，外資系企業に限って，労働者の労働条件を企業と労働者の交渉・合意を通じて決定する労働契約制度が導入されたのである。

ただし，適用範囲が外資系企業に限定されていたこと，その外資系企業においても普及率がそれほど高くなかったこと，労働契約条項に基づく解雇や経営悪化を理由とする人員整理が実際にはほとんどなかったことなどを考慮すると，外資系企業における労働契約制度が，実態として機能していたとは言い難い。しかし，外資系企業を誘致するための環境整備と労働制度改革の第一歩としての意義は否定できないであろう。

二 国営企業における労働契約制度

1 根拠規定

当初，外資系企業において試験的に導入された労働契約制度であるが，これを国営企業にも拡大することとした。そして，1986年7月，国務院は，労働契約制度導入に関する「四つの暫定規定」と呼ばれる《国営企業実行労働合同制暫行規定》（国営企業労働契約制実施暫定規定，以下，《労働契約制度実施規定》という），《国営企業招用工人暫行規定》（国営企業労働者採用暫定規定，以下，《採用規定》という），《国営企業辞退違紀規職工暫行規定》（国営企業規律違反職工解雇暫定規定，以下，《解雇規定》という），《国営企業職工待業保険暫行規定》（国営企業労働者待業保険暫定規定，以下，《1986年待業保険規定》という）を公布した。[16]

そして，《労働契約制度実施規定》1条は，国営企業における労働契約制

度導入の目的として,「企業活力の増強, 労働者の積極性と創造性の発揮, 労働者の権益保護」などをあげ, 2条で「企業が……恒常的なポストに従事する労働者を採用する場合は, 国家が別に定める者を除き, 労働契約制度を統一的に実施する」と規定した。さらに, 契約期間に関して, 5年以上の長期工, 1〜5年の短期工, 1年未満の臨時工・季節工に分けられ, 前二者については, 本規定に従い労働契約を締結しなければならないとされる。臨時工・季節工についても従来どおり, 労働契約を締結すべきとする (2条)。

すなわち, 同規定にいう「労働契約制労働者」は, 従来の臨時工・季節工などの非典型雇用としての「契約工」ではなく, 典型雇用の労働者であり, 従来から存在する非典型雇用としての臨時工・季節工も1年未満の「契約工」として想定されているのである。

2 採 用

労働者の採用は, 原則として, 公開募集であり, 面接や各種試験を経て, 優秀者を採用することとされる (《労働契約制度実施規定》4条,《採用規定》2, 5条)。従来, 弊害が指摘されてきた「子女頂替」(入替え採用慣行) は《採用規定》5条により明確に禁止された。

ただし, 大学・技術系専門学校の卒業生および復員軍人 (《労働契約制度実施規定》2条にいう「国家が別に定める者」) については, 1993年まで労働契約制度の対象外に置かれ, 従来どおり, 統一分配によって振り分けられ,「固定工」として採用されていた。[17]

また, 企業は, 前述の「停薪留職」期間満了後に, 復帰を望んだ場合, 継続して雇用する際には労働契約を締結することができた。こうした方法により, 労働契約制度を拡大していったのである。[18]

3 労働条件の決定
(1) 労働契約による労働条件の決定

《労働契約制度実施規定》によれば, 企業と労働者が労働契約を締結する

場合，平等自主・協議一致の原則に基づき，書面により双方の責任，権利・義務を確定しなければならず（7条），労働契約の必要記載事項は，仕事のノルマ，試用期間と契約期間，生産・作業の条件，労働報酬と保険・福利，労働規律，労働契約に違反した場合の責任であり，このほかの事項についても任意的記載事項として約定することができる（8条）。

ただし，現実には，各地方政府が，労働契約書の雛形を作成しており，これに具体的な条件を記入するだけとなっていた。そして，その具体的労働条件は，企業と個々の労働者の交渉というよりも，工場長の経営計画と従業員代表大会の討議を通じて決定されていた。

(2) 従業員代表大会による労働条件の決定

1986年9月には，《全民所有制工業企業職工代表大会条例》が公布された[19]。

前述のとおり，1950年代には，従業員代表大会制度が実施され，企業経営の民主管理の一環として，労働者自身が自らの労働条件を直接決定していた。労働組合（「工会」）は，政治的混乱の波に飲まれ，その機能を停止した。他方，従業員代表大会は，文革中，「革命職工代表大会」と名称を変え，工場長等の幹部に対する批判大会の場として機能していたものの，本来の労働者の意思決定・企業経営管理の機能はほとんど果たしていなかった。

改革開放後の1988年に公布された《中華人民共和国全民所有制工業企業法》[20]に基づき，企業への自主権を委譲する「工場長請負責任生産制」がとられた[21]。従来の国営企業では，経営に関する責任が曖昧であったが，これにより，工場長が経営責任を負うことが明確にされ，経営に関する自主権を大幅に工場長に委譲した。そして，工場長は経営に関する諸事項，例えば，経営の長期および単年度の計画，労働者の職業訓練計画，財務と決算，国庫への上納金（企業所得税も含む）納付後の利潤（資金）の使用方法などについて決定し，実施できるようになった。つまり，工場長は，政府との間で取り決めを行い，生産経営に対して責任を負う一方で，定められた国庫への上納金（企業所得税も含む）を納付すれば，残った利潤は，従業員のボーナスや設備投資などの使用できるようになった。

そして，従業員代表大会は，選挙によって選出されるが，男女比や技術

者・管理職の構成などが決められていた。従業員代表大会は，工場長からこうした経営方針に対する報告を定期的に受け（7条1項），特に，賃金やボーナス，安全衛生，賞罰，福利厚生，人事に関して建議する権利を有する（7条2～5項）。同大会は最低でも年に2回は開催されなければならない（18条）。従業員代表大会閉会時の日常業務は労働組合が行うこととされた。さらに，従業員代表大会において，書面による集団的な契約を締結することもできたが，この書面契約の効力については規定されていない。

また，1988年4月に定められた《中華人民共和国全民所有制工業企業法》（第7期全人代第1回大会可決）は，国営企業のみを適用対象としているが，その52条において，従業員代表大会の権限として，以下の5つを挙げている。① 企業の経営方針，長期計画，年度計画，重大な技術改革案，労働者の訓練計画，運用資金の分配と使用方法などについて，工場長から意見聴取し，審議する。② 企業の賃金調整方法，ボーナスの分配，労働安全衛生措置，賞罰の方法およびそのほか重要な規則制度について審査同意あるいは否決する。③ 労働者の福利基金の使用方法，労働者の住宅の分配方法，およびその他の労働者の生活福利に関連する重大事項について審議し決定する。④ 企業の各レベルで指導する幹部の評議・監督を行い，賞罰と任免の建議を行う。⑤ 政府の主管部門の決定に基づき工場長を推薦し，政府主幹部門に届け出て，承認をもらう。

ここで，労働条件の決定という観点から注目すべきは，①および③であり，少なくとも国営企業では，労働者の労働条件の多くが，従業員代表大会を通じて決定され，特に，各種規則（就業規則）が同委員会を通じて制定されていたことである。労働契約において，労働者の義務として，「企業の規則制度を遵守する」旨の条項を挿入することが多く，これを通じて労働契約の内容となっていると解される。

以上のように，社会主義計画経済時代のような企業経営に対する広範な民主管理が行われたわけではなく，労働者が関与しうるのは労働条件や人事に関する事項とされた。また，集団的な契約の締結など，交渉・合意による労働条件の決定という性格を幾分帯びるようになった。

4 労働関係の解消

(1) 規定の内容

《労働契約制度実施規定》12条は，使用者による労働契約の解約について定める。すなわち，以下の4つのうち1つに該当する場合は，使用者は労働契約を解約できる。① 労働契約制労働者が試用期間中に，採用条件に合わないことが明らかになったとき，② 労働契約制労働者が私傷病により治療を受け，その後，もとの職務に従事できないとき，③《解雇規定》に照らして解雇するべきとき，④ 企業が破産の宣告を受けたとき，あるいは，破産に瀕し法定の再建期間にあるとき，である。

そして，《解雇規定》2条は，労働者の職場規律違反行為などの非違行為を列記し，教育やその他の処分を経ても効果のない労働者については解雇することができると規定していた（その非違行為の内容は，第二編第二章第二節一1参照）。このほか，《解雇規定》2条によれば，「除名」，「開除」の条件にあたる労働者は，《賞罰条例》の規定に従い処分するとされた（《賞罰条例》の内容は第一編第一章第三節二4参照）。また，《労働契約制度実施規定》13条によれば，「除名」・「開除」処分を受けたとき，労働矯正処分を受けたとき，刑事処分を受けたときは，労働契約は「自動解除」されると規定する。この「自動解除」とは，企業の解雇権の行使を待たず，労働契約が解約されるという法定の解除条件付契約としてい理解されうる[22]。

また，《労働契約制度実施規定》によれば，私傷病にかかる医療期間は，勤続年数に応じて3か月から1年の範囲で定める(21条)。医療期間満了後，職場に復帰できず，労働契約を解約する場合および労働契約の期間満了にともなう労働契約の終了の場合には，当該労働契約制労働者の勤続年数に応じて，1年ごとに本人の基準賃金1か月分相当の生活補助手当を支給しなければならない(23条)。産前産後休暇については，90日（うち15日が産前）と定められているが，哺育期間については明確な規定はない。

そして，労働契約を解約するときには，1か月前までに通告しなければならず，企業は労働契約を解約したことについて，上級の主管部門（監督官庁）と現地の労働行政部門に報告しなければならない（16条）。

逆に，同《規定》14条は，使用者が労働契約制労働者との労働契約を解約できない情況として，以下の5つを規定する。すなわち，労働契約の期間が満了しておらず，かつ，12条の規定にも該当しないとき，② 職業病に罹患あるいは業務上負傷したとき，③ 私傷病により，規定の医療期間内にあるとき，④ 女性労働者が妊娠・出産・哺育期にあるとき，⑤ このほか国家が定める条件にあたるとき，である。

以上のように，《労働契約制度実施規定》においては，期間の定めのない労働契約についての規定はなく，一定の契約期間を定めた労働契約を締結するものと思われる。そして，14条が定めるように，契約期間内にあって，12条に定める事由に該当しない場合には，使用者は，原則として労働契約を解約することはできない。ただし，従来，ほとんど解職できなかった「固定工」に比べ，契約期間満了による労働関係の終了や，私傷病による労働能力の喪失と非違行為に基づく解雇が認められることになった。

さらに，従来は，国有企業と国家の財政的一体性により，企業は経営状態が悪化しても破産することはなかった。しかし，1986年制定の《中華人民共和国破産法（試行）》の施行により，国営企業の破産も実際に起こるようになり，これにあわせて「企業が破産の宣告を受けたとき，あるいは，破産に瀕し法定の再建期間にあるとき」にも解雇できるようになった。これにより，労働者に何ら帰責事由がなくても解雇されることになったのである。

(2) 外資系企業と国営企業の規定内容の違い

先に示した外資系企業の解雇制度の基本枠組と《労働契約制度実施規定》が規定する国営企業における解雇制度を比較して，以下の3点を指摘しておきたい。

第一に，外資系企業においては，経営上の問題だけでなく，技術革新により余剰人員が生じた場合でも，経済的理由による解雇の対象になるということである。すなわち，国営企業では，およそ破産の手続きにのってはじめて，経済的理由に基づく解雇を行うという構造になっているが，外資系企業では，技術革新によりポストが削減され余剰人員がでた場合や技術

革新により変化した業務を遂行する能力がない場合にも，解雇が可能となる。

第二に，外資系企業に関する規定の多くでは，労働契約の中で解雇に関する条項を定めうることを明確に規定している点である（《合弁企業労働管理規定》ほか，前述の各地方法規を参照）。《労働契約制度実施規定》には，法定の労働契約記載事項としては，解雇の条件は列記されていない。

第三に，外資系企業も「単位」制度を基礎として，「開除」，「除名」といった場合には，労働契約の自動解除があることである。したがって，外資系企業も，基本的には，単なる経済組織以上の組織であることが要求されている。このように，一般的に，解雇に関して，外資系企業では国営企業よりも柔軟な取り扱いがなされているといえよう。

5　実態と問題点

労働契約制度においては，労働契約および関係法規所定の解約事由にあたる場合や契約期間の満了により労働関係は解消され，解職が極めて困難な「固定工」に比べ，比較的容易に雇用調整が可能となる。しかし，当初，「老人老辦法，新人新辦法」（「固定工」は「固定工」のまま，新規に採用された者には労働契約制度を適用する）の基本方針の下，国営企業における労働契約制度の適用は，新規採用者から行われた。そのため，既に「固定工」として労働に従事している者に対する取り扱いは従前と同じであった。結局，労働契約制労働者の数は，それほど急速には増加しなかったのである。

具体的に，統計から見ると，全企業労働者に占める労働契約制労働者の割合は，1983年が0.6％，1984年が1.8％，1985年が3.3％，そして，国営企業で労働契約制度が本格的に導入されることになった1986年が4.9％であった。さらに，1987年が6.6％，1988年9.1％であったが，天安門事件を契機に，その割合の伸びはやや落ち込み，1989年が10.7％，1990年12.1％，1991年が13.6％であった。(23) このように，徐々に伸びていったものの，それでも企業内において，労働契約制労働者は圧倒的に少数派であった。

そして，同一企業内に，労働契約制度の適用を受ける労働者と従来のま

まの「固定工」が併存し，異なる労働管理が行われるという一企業二制度（「一廠両制」）という新たな問題を引き起こす結果となった。労働契約制労働者に対しても，労働保険や福利，ボーナス等の諸手当，配給品などについて，「固定工」と同様に取り扱うこととされたが（《労働契約制度実施規定》18条），実際には，取り扱いの格差が生じた。例えば，年金は，従来，一企業で労働生活を全うすることを前提に，企業が直接負担してきたが，労働契約制度の下では，その前提が存在せず，年金は，企業だけでなく，労働者自らも拠出して積み立てていく制度が新たにとられた（《労働契約制度実施規定》26～28条）。

一方で，長期の労働契約を締結し，実質的には「固定工」と同様の取り扱いがなされることもあった。また，転職が比較的自由になったため，賃金の高いほうへと労働力が流出し，安定した操業ができなくなることもあった。このほか，労働契約制度の導入で，「固定工」に比べ解雇が容易になったとはいえ，就業圧力の高い情況において解雇することが事実上制限されていた[24]。実際には，正式な手続にそって行われる破産も企業の経営上の理由に基づく解雇もそれほど頻発したわけではなかった[25]。

そして，「待業率」も1984年からの5年間は，1.9％，1.8％，2.0％，2.0％，2.0％と改革開放後でもっとも低水準かつ安定した推移を見た[26]。国有企業の従業員数は年に300万人以上も増加し続け，余剰人員が蓄積されていった[27]。それぞれの年度において，GDPが，前年比で15.3％，13.2％，8.5％，11.5％，11.3％の増加を示しているように[28]，高度経済成長によって，こうした雇用情勢は何とか維持されたのである。

ところが，1989年6月4日，天安門事件が発生し，その後の西側諸国による経済制裁と外資の進出の停滞，ならびに，市場化の加速に対する懸念から，中国政府が経済の引締め政策に転じたこともあり，経済成長は1989年，1990年とともに4.2％にまで一気に低下した。そして，「待業率」は，2.6％，2.5％へと跳ね上がる一方で，企業内の余剰労働力問題がますます深刻となり，新たな改革が求められることになった。

第三節　過渡期の雇用調整措置――「下崗」

一　「下崗」の労働制度改革上の意義
1　市場経済化の加速と余剰労働力の顕在化

　労働契約制度の普及が遅々として進まない一方，市場経済化の過程のなかで，産業構造や経済体制が大きく変化していった。1992年の鄧小平の南巡講話以降，天安門事件後に一時停滞していた中国経済が再び活気を取り戻し，市場経済化の波が中国全土を瞬く間に覆っていった。外資系企業の進出や新技術の導入により，沿海部の都市では繊維・紡績産業から重化学工業へ，さらには通信・電子などのハイテク産業へと主要産業がシフトし，(29)また，設備の近代化により以前ほど人手を必要とはしなくなった。(30)さらに，第三次産業への産業構造のシフトも急速に進んだ。

　すなわち，就業者に占める第一次産業，第二産業，第三次産業従事者の割合は，1978年で，それぞれ70.7％，17.6％，11.7％，1985年には62.5％，21.1％，16.4％，1990年では60.0％，21.4％，18.6％，1995年では52.2％，23.0％，24.8％，1999年では50.1％，23.0％，26.9％となり，第一次産業が大きく減少する一方で，1990年代後半には，第三次産業が第二次産業よりも増加するという傾向を示している。(31)こうした産業構造の変化にともない労働力の産業間移動が不可避となり，場合によっては，一定期間の離職もやむを得ないものとなった。

　他方で，労働力コストが低廉で，行政のコントロールからも比較的自由な郷鎮企業や私営企業の工業製品，(32)さらには近隣諸国からの輸入品が，国有企業中心だった市場を席捲するようになった。(33)このほか，都市部での人件費の高騰などの様々な理由から，企業・工場が都市周辺部や内陸部へ移転するケースも出てきている。企業移転に帯同できない労働者は，離職を余儀なくされるのである。

　そして，労働契約制度の下においては，解雇が明文規定のもとに認められ，それに対する手続が定められている。しかし，労働契約制度が適用さ

れない「固定工」については,「開除」や「除名」,退職等によるほかは,労働関係を解消する手段がなく,企業は雇用し続け,賃金を支払い続けなければならなかった。ところが,市場経済化の進展のなかで,もはや従来どおり「固定工」を雇用し続けることが困難となり,また,労働契約制度の拡大のためにも,「固定工」に対する処遇が問題となった。

ここで,「固定工」問題の解決には,大きく2つの方法が考えられた。すなわち,第一に,「固定工」を労働契約制労働者に転換することであり,第二に,「開除」や「除名」,退職等のほかに,「固定工」との労働関係の解消する措置を新たに設定することであった。

2 労働契約制度の拡大

(1) 労働組織の最適化

こうしたなか,国務院は,1992年6月に《全民所有制工業企業転換経営機制条例》(全民所有制工業企業経営メカニズム転換条例,以下,《転換条例》という)を公布した。従来,国有企業は,採用・人事に関して自主権が制限されており,企業の主管部門のコントロールを受けてきた。しかし,同条例は,一定の制限はあるものの,国有企業に募集・採用・解職をはじめとする包括的な人事権をはじめて与えるものであった。[34]

これに基づき,国営企業では,適正な人員で職場を組織することを目的とした「労働組織の最適化」(「優化労働組合」)政策が実施された。企業は,ポストをいったん清算して(「清崗」),ポストを再評価し(「評崗」),労働者に競争させ,企業側の選考を経て,労働者をポストに就ける(「上崗」)。そして,企業は「上崗」した労働者と労働契約を締結していった。[35] なお,「崗」とは,「崗位」つまり職務上のポストのことである。

(2) 全員契約制

1988年公布の前記《全民所有制工業企業法》による工場長責任制に基づき,政府と企業長(工場長)はその生産経営に関する責任と国庫への納付金の額などを定めたが,一方で,企業内においては,企業長と各部署を統括する管理職との間で,それぞれの職務や責任,賃金,担当する期間等につ

いて取り決め（「聘任合同」），これに従って職務が遂行された。そして，管理職とその部下である一般労働者の間では，それぞれの労働者の職務内容やノルマなどが定められ（「崗位合同」），これに基づき労働者は労働に従事した。こうして，企業内の全ての労働者について，「契約」が締結され，これらの「契約」は書面化された。かかる「全員契約制」は，当初は，一部の企業で試験的に実施されていたが，その後，労働組織の最適化とともに，多くの企業で実施されるようになった。

そして，この一般労働者と管理職との間の「崗位合同」は，個々の労働者の職務，ノルマ，担当する期間，賃金などが定められ，労働契約制度導入の初期段階の態様ということができる。また，企業長と管理職の「聘任合同」も労働契約の一種と解されている。

こうして，労働組織の最適化の過程で，「上崗」した労働者は労働契約を締結し，労働契約制度が広く普及していくことになった。

(3) 労働契約制度の全面的実行

さらに，当初,《労働契約制度実施規定》では，契約期間5年以上の長期工，1～5年の短期工，1年未満の臨時工に分類し，期間の定めのある労働契約を原則としていたが，労働組織の最適化の実施など，労働契約制度の拡大に向けて，1992年5月，国務院は,《労働契約制度実施規定》の労働契約の期間についての規定を改定した。すなわち，期間の定めのある労働契約と期間の定めのない労働契約，および一定の業務の完成をもって契約の期間とする労働契約の3種類とした。

また，労働組織の最適化を通じた労働契約制度の拡大が進むなか，1994年7月に《労働法》が採択され，翌年1月から施行されることとなった。《労働法》は，労働契約制度を前提とした内容であり，そのためにも労働契約制度の一般化が急務となった。そこで，1994年8月24日《労働部関於全面実行労働合同制的通知》を発布した。同《通知》では，「固定工」と労働契約を締結するに当たって，勤続年数が長く，定年まで10年以内の労働者については，期間の定めのない労働契約を締結するものとされた。

そして，当時の理解と解釈によれば，期間の定めのない労働契約は終身

契約とみなされ,事実上,「固定工」としての取り扱いは変わらなかった。[38] 結局のところ,人員合理化なしに企業経営の改善は望めないのであるが,このような解釈の下に,「固定工」に対して労働契約制度は急速に拡大していった。その結果,多くの「固定工」は,実質的には「固定工」とほぼ同じ取り扱いを受ける労働契約制労働者となったのである。

統計的に見れば,労働契約制労働者の全企業労働者に占める割合は,1992年が17.2%,1993年が21.0%,1994年が25.9%と推移し,《労働法》施行の1995年が40.9%,そして,1996年にはじめて半数を超えて51.1%となっている。[39]

3　余剰人員の取り扱い──「下崗」

労働組織の最適化のプロセスにおいて,「上崗」できなかった人員は余剰人員となるが,彼らを直ちに解職することはできない。なぜなら,彼らは本来「固定工」であり,制度上は,定年まで雇用し続けなければならないからである。そこで,企業の従業員でありながら,ポストを離脱した労働者が企業内に滞留することとなり,その数も少なくなかった。

ここで,余剰人員としてのポスト離脱者の問題が,顕在化してくることになった。こうしたポスト離脱者を「下崗(シアガン,xiagang)人員」ないし「下崗職工」と呼ぶ。「下崗人員」とは,「形式上は企業との労働関係を保留しつつ,ポストを離脱した者」[40]である。「下崗」とは,「上崗」の対概念であり,ポストから離脱することを意味する。

より具体的に言えば,「下崗」とは,① 経営上(労働者の個人的な理由による場合は含まず)発生した余剰人員に対して,② 一定期間(多くの場合3年)離職させ,賃金支払を停止し,③ ただし,従業員として企業内福利は保障されるほか,一定の生活手当が支給され,④ 当該期間中に企業の業績が向上すれば職場に復帰し,そうならず期間が満了した場合,企業を辞めさせる制度である。[41]

したがって,「下崗人員」は具体的な仕事をしないが,企業から一定の生活費を支給され,原職復帰を待ちつつ(「待崗」),多くの場合,後述の再就

職サービスセンターに入所し，職業訓練や企業外での求職活動を行う。そして，「下崗人員」は転職・再就職の際に，労働契約を締結することになる。こうして，余剰人員を削減し企業経営を合理化するとともに，「固定工」を労働契約制労働者に転換していくのである。なお，「下崗人員」は，もとの企業との労働関係を依然存続させており，真の「失業者」ではないと解されている。

このように，「下崗」とは，もともと労働組織の最適化と労働契約制度の導入にともない，必然的に生じた「現象」というべきものであったが，これから述べるように，その後の「下崗人員」に対する諸政策の実施のプロセスのなかで，様々な行政的措置が制度化され，雇用調整と再就職促進とが連動した制度として形成されていった。

4 「下崗」の実質的機能

(1) 労働契約制度の変容——「固定工」との同化

本来，「下崗」の対象は，基本的には「固定工」であり，「下崗」は，離職させることが非常に困難であった「固定工」に対して，一定期間の生活を保障しつつ，転職や再就職を促進する制度であった。しかし，「下崗」制度において，原職復帰の可能性は極めて低いのが実情であり，最終的には，「下崗」期間の満了にともない労働関係の終了を余儀なくされることが多かった。したがって，実質的な機能としては，「固定工」に対する雇用調整措置であったが，後述するように，《労働法》上の経済的事由による人員削減よりは，生活保障のために3年間手当が支払われるなど，保障も手厚く，柔軟な雇用調整措置であった。

そして，1992年以降，全面的な労働契約制度の実施により，「固定工」への労働契約制度の拡大が急速に進んだ結果，本来の労働契約制度の性質を変容させることになった。すなわち，1986年以後に新規採用された労働契約制労働者は，労働契約に基づき「固定工」よりも柔軟に雇用調整が可能な労働者であった。しかし，これらの本来的な労働契約制労働も，1992年以降，急速に増加した「固定工」的労働契約制労働者と「同化」してしま

い，実際上，余剰となった労働契約制労働者であっても，解雇することが困難となった。[42]

前述のように，労働契約制度の下においては，労働契約制度に基づき，破産宣告を受けた場合や破産に瀕した場合に，企業経営の悪化を理由とする経済的事由による解雇が，明文規定にもとに認められ，それに対する手続が定められていた。これは，《労働法》だけでなく，《労働契約制度実施規定》においても同様であった。ところが，労働契約制労働者の「同化」により，結局，余剰となった労働契約制労働者についても，「固定工」と同様に，「下崗」によって雇用調整が行われるようになったのである。

(2) 「下崗」制度の適用拡大

これは，「下崗人員」の定義を見れば明らかである。1998年の《労働和社会保障部，国家経済貿易委員会，財政部，教育部，国家統計局，中華全国総工会関於強化国有企業下崗職工管理和再就業服務中心建設有関問題的通知（労部発（1998）8号）》によれば，「国有企業の下崗職工とは，労働契約制度実施前に国有企業の正規職工として労働に参加した者（農村からの臨時工は除く）および労働契約制度実施以降労働に参加し契約期間が満了していない者で，企業の生産経営等の原因によりポストから離脱し，ただし，企業との労働関係は解除されておらず，その他の社会的な職務を獲得するに至っていない人員である」と定義されている。

すなわち，労働契約制労働者に対しても「下崗」制度は適用され，「下崗」は，後述する《労働法》27条が定める経済的人員削減の代替的機能を果たしているのである。つまり，「下崗」は，労働契約制度への転換期における人員合理化措置そのものであり，解雇制度定着への一つの試みということができる。[43] 実際に，国有企業の従業員数も，製造業や建設業を中心に徐々に減少してきており，「下崗」による人員の合理化は着実に漸進している。[44]

5 「下崗」および失業の実態

ところで，「下崗人員」は，形式上は企業との労働関係を保留しており，

その意味で，失業者とは区別される。したがって，失業統計上は就業者である。ただし，定義上は就業者であっても，実態は失業者というべきである。

では，具体的に，「下崗人員」の数についてみてみる（カッコ内は，そのうちの国有企業における人数である）。1995年は，563万5038人（368万3924人）[45]，1996年が814万7998人（541万9636人）[46]，1997年は全体の統計が公表されておらず，国有企業に限っていえば，634万3060人となっている[47]。1998年は995万4228人（691万8442人）[48]，1999年が871万2986人（591万6800人）[49]となっている。また，それぞれの年の失業者数をみてみる（カッコ内は，失業率）[50]。1995年は519万6000人（2.9％），1996年が552万8000人（3.0％），1997年が576万8000人（3.1％），1998年が571万人（3.1％）となっている[51]。つまり，失業者よりも多くの「下崗人員」が存在しており，公表されている失業率は，実質的には，その倍以上の数値となるものと思われる[52]。

さらに，経営悪化により，事実上操業を停止している企業に所属する労働者が存在する。中国の破産法は，国有企業の破産に関して，行政部門の許可を経て人民法院が宣告するという手続を要求している[53]。ところが実際には，破産処理が比較的容易な企業にしか許可は下りず，操業停止のまま放置されることも少なくない[54]。彼らは，失業者でも「下崗人員」でもない[55]。こうした企業の労働者は具体的な仕事もなく，事実上，賃金も減額または不支給となり，また，公的な救済も制限される[56]。

何より，中国の失業統計は，全人口の27％を占めるに過ぎない都市部に限られており，農村部の失業は含まれない。ある調査によれば，農村部では失業者数1億8000万人，失業率は実に31％にのぼるともいわれている[57]。

6 小 括

「下崗人員」について，次のような言い方がある。「60年代70年代上山下郷，80年代回城，90年代下崗」。つまり，60から70年代は農村に「下放」され，80年代に都市に帰還し，90年代には「下崗」された。現在40～50歳台の労働者の人生を簡潔に表現している[58]。これが，「下崗」問題に対する政府

の基本的な歴史認識である。

　こうした雇用政策における歴史認識は，政府の文書からも読み取れる。すなわち，「近年来出現した職工が大量に「下崗」されるという「現象」は，計画経済条件下で実行されてきた就業体制と就業政策の弊害が，経済の転換過程で必然的に明らかになったものであり，それは，長期にわたる重複建設，盲目的建設および企業経営メカニズムの重層的な矛盾が多年にわたって累積されてきた結果である。我々が社会主義市場経済体制と現代的企業制度を構築するためには，このような歴史的過程を避けて通ることはできない」[59]。

　他方で，労働者の視点に立てば，労働関係の解消は，「単位」からの離脱であり，これは労働者（およびその家族）にとって死活問題である。したがって，それに対する抵抗は大きなものにならざるをえない。失業者に対する公的救済制度が十分には整備されていないうえ，「単位」と労働者は，経済的なつながりのほか，社会的・政治的にも結びついている。かりに破産や人員合理化により大量の失業者が発生すれば，社会安定を揺さぶり経済発展の阻害要因ともなりかねない。政府もこの点には慎重な姿勢を示している[60]。こうした事情が人員合理化を難航させているのであり，そして，「下崗」という人員合理化策が採用される所以でもある。

　つまり，「単位」制度に替わる生活保障制度が，十分には整備されていない現状において，「単位」から完全に離脱させる方法での人員削減は労働者の抵抗も大きく，また，社会安定の観点からも得策とはいい難い。そこで，「単位」との関係を維持して一定の生活を保障しつつ，徐々に余剰人員の転職・退職を促す「下崗」によって人員削減が推進されるに至った。そして，国有企業における「固定工」制度は徐々に解体されていくのである。

　以上のように，「下崗」の問題は，労働力の需給の不均衡という建国以来の問題であって，しかも，統一分配制度のもと，政策的に隠蔽されてきたものが，一気に顕在化した現象といえる[61]。

二 「下崗」の法的意義
1 法的根拠

「下崗」については，明確に定める法律規定は存在せず，「下崗」という言葉も，元来，法律上の用語ではない。間接的ながら，制定法上の根拠としては，《転換条例》17条の規定（「…余剰人員に対して，企業は，第三次産業の発展，工場内の配置転換・職業訓練，早期退職およびその他の方式を用いて配置することができる」）や1993年4月公布《国有企業富余職工安置規定》7条（「企業は余剰人員に対して待機させるほか，職業訓練を実施することができ，その期間の賃金待遇は企業自身が決定する」），同8条の規定（「企業は従業員代表大会の同意と企業主管部門への報告を経て，労働者に対して期間付きの休暇を与えることができる。休暇期間中は，企業から生活費の支給を受ける。」）などがある。[62]

これらの規定は，直接的には労働関係の解消を基礎づけるものではない。しかし，従来，労働者に就労不能な事情がある場合を除いて，労働関係を長期間停止・中断するような制度はなく，その意味では，労働者の就労を拒否し賃金の支払いを停止する（代わりに一定の生活費を支給する）ことが可能になったことの意義は大きいといえる。[63]

また，1995年1月施行の《労働法》は，労働契約制労働者に対する経済的理由による解雇について規定しているものの（27条），「固定工」に対する猶予期間付き解職である「下崗」については何ら規定していない。

このように，「下崗」に関して制定法上の根拠が乏しいのは，「下崗」自体が，労働契約制度や社会保険制度が定着し，労働市場が成熟するまでの過渡的な制度として位置付けられているからといえよう。[64]実際には，「下崗」という雇用調整措置は，2003年を目処に廃止される予定である。つまり，「下崗」による生活保障期間が3年とされており，2000年末を最後に，後述の再就職サービスセンターへの新たな「下崗人員」の登録は終了とするとされた。すなわち，「下崗」の「最終バス」は既に出発したのである。[65]

また，中国の立法過程では，実態をまず先行させ，一定の成果をふまえて，立法化するのが通例となっていることもその理由に挙げられよう。[66]そ

して，何より「下崗」が一つの国家的な政策として推し進められると同時に，各企業の政策・戦略の一環として実施されているということも重要であろう。後述のように，「下崗」は，法律・契約規範によるコントロールではなく，雇用促進・失業救済にかかる諸政策と一体となって，行政による雇用政策として実施されている。「下崗」の実態も，各地の実情により様々に異なり，その実施方法などは各地方政府に委ねられている。

2　政策的根拠

明確な法的根拠を欠くとはいえ，近年では《通知》（通達）により，「下崗」に関して中央レベルの指針が示されるようになってきている。特に，1997年以降，「下崗人員」の生活保障や再就職促進に関して，政策的規範が次々と出されている。それらの具体的内容は後述するが，たとえば，再就職サービスセンターの実施（後述）について《労働部，国家経貿委，財政部関於在企業"優化資本結構"試点城市建立再就業服務中心的通知》(1997年8月20日，労部発〔1997〕252号)，《労働和社会保障部，国家経貿委員会，財政部，教育部，国家統計局，中華全国総工会関於加強国有企業下崗職工管理和再就業服務中心建設有関問題的通知》（労社部発〔1998〕8号），「下崗人員」の生活費について《国務院関於在全国建立城市居民最低生活保障制度的通知》(1997年9月2日，国発〔1997〕29号)，《中共中央，国務院関於切実做好国有企業下崗職工基本生活保障和再就業工作通知》(1998年6月9日，中発〔1998〕10号)，《労働部関於建立下崗職工基本生活保障制度的通知》(1998年1月26日，労部発〔1998〕33号)，「下崗」や再就職に関し概括的に触れた《労働部，国家計委，国家体改委，財政部，人事部，公安部，中国人民銀行，国家税務総局，国家工商行政管理局，中共中央辦公廳，国務院辦公廳信訪局，全国総工会関於進一歩做好企業職工解困和再就業工作的通知》(1997年5月22日，労部発〔1997〕166号）などがある。

そして，こうした中央政府による本格的な政策実施の背景には，労働組織の最適化や全員労働契約制といった政策をいち早く実行した上海市などの比較的先進的な工業都市での経験を見逃すことはできない。上海市では，

すでに1990年代前半から，本格的にポストの調整を行い，これにともない発生する「下崗人員」に対する政策を実施してきた。上海市などでの成果が，後に全国各地に広がり，「漸進主義」的に「下崗」による雇用調整政策が拡大していくことになったのである。

3 理論的根拠——「労働関係保留」の理論

中国の労働者にとって，「単位」からの離脱が真に死活問題となることは前述したとおりである。そこで，社会保険制度が整備されるまでの過渡的施策として，労働関係を継続させ，労働者の最低限の生活保障を企業に負担させている。こうした労働関係存続の制度は，最近の研究によれば，「労働関係の保留」[67]と呼ばれ，「下崗」のほかにも存在する。

「労働関係の保留」は，有期のものと無期のものに分けられる。期間を定めずに労働関係を保留する場合として，「固定工」制度下において職業病や労働災害により労働能力を喪失した労働者に対するものがある。企業は，当該労働者との労働関係を保留し，法律等に規定された待遇を継続して付与する義務を負う[68]。この労働関係継続期間は，勤続年数に加算され，定年年齢に達し勤続年数の基準をクリアすれば，定年退職者として企業から年金を受給することになる。

なお，「固定工」制度下において職業病および労災により労働能力を喪失した労働者は「退休職工」と呼ばれ，定年退職者とほぼ同様に扱われる。企業は，「生（出産）・老・病・死・傷・残（後遺障害）」を保障し，出生から死亡までのすべてを面倒見るものとされる。また，業務外の負傷・疾病により労働能力を喪失した者に対しても，保障水準はやや低いが，企業は生活費を支給しなければならない[69]。このように，「固定工」のまま離職した場合，その者に対しては旧来どおり企業（「単位」）が全面的に生活を保障する。

また，期間の定めのある「労働関係の保留」の場合として，「下崗」のほか，企業内早期離職制度がある。これは，定年年齢まで残り5年以内の者[70]であって，本人と企業が同意すれば，定年前に離職させることができる制

度である。企業は最低賃金を下回らない金額を支給すればよい。つまり、5年以内の定年年齢に達するまでの期間を定めて労働関係を保留するのである。定年年齢に達すれば、労働関係は終了するが、企業(「単位」)への所属は継続し、企業から所定の年金を受給することになる。

ところで、労働契約制度の適用される労働者に対する《労働法》上の労働契約の解約制限を参照すると、労働能力の全部または一部を喪失した労働者の生活保障として、業務上の負傷や職業病による場合、使用者による労働契約の解約は禁止され、また、業務外での傷病の場合、法が定める治療期間中において解雇が禁止されている。さらに、法定の妊娠・出産・哺育期間中に、女性労働者との労働契約を解約することも禁止されている。

これらの労働契約制度に基づく解雇制限制度と、「固定工」制度に基づく「労働関係の保留」の制度は、一応区別されるべきものとされる。そして、実態的には類似しているものの、前者は契約関係に基づくものであり、また、労働契約制度は企業の負担軽減を目的としており、「労働関係の保留」の概念を不用意に拡大適用し、企業改革の推進を阻害すべきではないとされている。「老人老辦、新人新辦(従前からの労働者には旧制度を、新しく雇用した労働者には新制度を)」の原則に基づき、新制度は法律・契約規範により規制し、旧制度は行政的にコントロールしつつ、新制度へ切り替えていくのである。

以上のように、期限の有無や期間の長短の差はあれ、「下崗」は、こうした仕事のない、あるいは、仕事のできない「固定工」に対する生活保障制度と類似の制度としても位置づけられる。そして、「下崗」について、同理論を敷衍すれば、「下崗」は、一般に、3年の期間を定めて労働関係を保留するものであり、この保留期間満了後には、労働関係は解消される。後述のように、「下崗」の際には、「下崗待業協議書」を締結し、「下崗」期間中の待遇その他について取り決める。この協議書の性質について、これも一種の「労働合同」と解されている。したがって、「下崗」期間満了にともなう労働関係の解消は、実質的には、解雇とみなされうるが、厳密にいえば、労働契約期間の満了である。つまり、法的に見れば、解雇(《労働法》27条)

の問題ではなく,《労働法》23条にいう労働契約の終了に関わる問題といえる。また,このような意味で,停薪留職も「労働関係の保留」の理論の一類型として把握しうる。

4 レイオフ・一時帰休と「下崗」

ところで,「下崗人員」の英訳は,"Laid-off Formal Employees"である[77]。しかし,アメリカにおけるレイオフは,景気変動にあわせ人員を整理し,労働力需要が回復した場合にリコールする制度であり,いったん雇用を断絶することを原則とし[78],その期間中,失業者として,失業保険制度からの失業給付により所得を補償される[79]。「下崗」は,政治的・社会的な関係や生活上において,なお「単位」との結びつきは強く,その点で「下崗」とレイオフは異なる。また,復帰については,「先任権」に基づき期間や優先順位など,一定の保障を受けるが,中国において「下崗人員」が原職に復帰することは極めて希といえる。

なお,《労働法》27条は,経済的事由による人員削減の手続につき規定しているが,同時に,6か月以内に新たに労働者を採用するときは,従前の被解雇者を優先して再雇用するよう定める。

他方,日本法では,経営上の事由による休業の場合,労働契約は維持され,平均賃金の60％以上の手当の支払いが求められる(労基法26条)。一時帰休は,この労基法26条にいう休業であることは確かだが,「ある従業員を職務に従事させることが不能であるか若しくは適当でない事由が生じたときに,その従業員の地位をそのままにし,職務に従事させることを禁ずる処分」という意味では,使用者の都合による休職とも把握されている[80]。1950・60年代の日本における一時帰休も,多くの労働者が農村出身者であったため,職場から相当期間隔離し帰郷させれば,その間に退職する者も増加し,人員整理と同じ効果をもっていたことも確かである。また,綿紡績産業の衰退など経済構造の転換時には,一時帰休は整理解雇としての機能が前面に押し出されることになり,帰休者が期間満了とともに再雇用されない例も少なくなかった[81]。これらの点は中国の「下崗」と同様の機能・

効果を有するといえる。

　しかし，日本の一時帰休は，長期にわたる場合でも数か月であり，復帰の可能性の点でも「下崗」とは異なるものといえよう。さらに，期間中の手当に関して，後述のように，「下崗」の場合は，従来の賃金のせいぜい20〜40％程度が保障されるにとどまり，この点にも大きな差異がある。

三　「下崗」と再就職
1　「下崗」実施の手続
(1) 「下崗」の手続

　「下崗」に際し，企業には以下のような手続が求められる。企業の指導者層が改革案を策定し，15日以内に労働組合（「工会」）あるいは従業員代表大会に対して，企業の経営状況および「下崗」を実施することについて意見を求める。そして，「下崗」と再就職に関する案を策定する。[82]

　その案の主な内容は，「下崗人員」数，実施手順，「再就職服務中心」（以下，「再就職センター」といい，詳細は後述する）の設立と再就職促進に関する措置であり，労働組合（従業員代表大会）から意見を聴取し，案を周知する。企業は余剰となった労働者と「下崗待業協議書」を締結し，「下崗」期間中の待遇その他について取り決め，「下崗」証明書を発行する。「下崗」する際，企業は再就職センターを設置すべきものとされる。企業は，「下崗人員」の状況，企業の労働組合（従業員代表大会）の意見を含めて，「下崗」登記表を作成し，地方の労働社会保障部門と企業の主管部門に報告しなければならない。[83][84]

　ところで，「下崗」の際，労働者と企業の間で「下崗」期間中の待遇について取り決めがなされるが，こうした「下崗待業協議書」は一種の労働契約と解されている。つまり，「上崗」する際にも労働契約が締結されるが，「下崗」する際にも，一種の労働契約が締結されることになる。そして，「下崗」期間をだいたい3年に定めている。

　法的に理論構成するとすれば，「固定工」であった者は，新たに「下崗」に関する「下崗待業協議書」（労働契約）を締結し，従前より労働契約制労

働者であった者は，労働契約内容を合意により変更する（ポストを離脱して，低額の手当を受け，期間を3年とする労働契約）ということが可能であろう。(85)したがって，「下崗」期間満了にともなう労働関係の解消は，経済的事由による労働契約の解約（解雇）の問題ではなく，期間満了にともなう労働契約の終了（雇止め）の問題ということになる。

　(2)　「下崗人員」の人選

　ここで，人員整理の際に誰を削減するかという人選基準は，ひとつの重要な検討対象となるが，これに対する具体的な法規整は見当たらない。しかし，次に挙げる者は，「下崗」してはならないとされる。すなわち，配偶者が既に「下崗」されている者，離婚あるいは配偶者を亡くした者で未成年の扶養すべき子女がいる者，模範労働者，革命烈士の遺族，現役軍人の配偶者，障害者，省・自治区・直轄市人民政府が定めるその他の者である。(86)

　そして，「下崗」について次のような特徴が指摘されている。第1に，女性労働者の比率が高いことである。女性労働者は労働者全体から見ると約4割を占めるに過ぎないにもかかわらず，「下崗人員」の6～7割は女性で占められている。(87)これは，繊維・紡績等の女性労働者の割合が比較的高い産業が，国有セクターにおいて斜陽期を迎えていること，市場経済化にともない就業コストの高い女性労働者を排斥する傾向が出てきていること，従来の男女平等政策により女性に適さない職場にも女性が進出していたことなどに起因すると考えられる。(88)第2に，「下崗人員」には修学歴の比較的低い労働者が多いことである。中卒以下の者が全体の約7割を占めている。(89)そして，中年層（36～44歳）に修学歴の低い者が多い（中年層は「下崗人員」全体の63％を占める）。この世代は，教育を受けるべき年代を文化大革命の渦中で過ごしたため，充分な教育を受けることができなかったと考えられる。新技術の導入にともなう急速な職場環境の変化は，それに対応できない比較的教育水準の低い労働者を直撃している。

　このように，「下崗」の対象が，①　女性，②　教育水準の低い者，③　中年層に集中しており，基準の正当性・合理性はともかくとして，一定の基準のもとに，前記の者がピックアップされているという事実を示している。

2 「下崗人員」の処遇

ところで,「下崗」中の処遇であるが,「下崗人員」は依然として当該企業の労働者として,生活費を受給できるほか,各種福利待遇を受ける反面,企業内で就労していないにもかかわらず,一定の範囲で企業規則の遵守が求められる(90)。中国の企業が「単位」として生活全般を管理していることにともない,企業規則は,就業に関してだけでなく,生活全般について規定している。例えば,住居使用や出産に関する規則(一人っ子政策の徹底など)までも含む(91)。したがって,「下崗人員」は「下崗待業協議書」および「単位」の各規則を遵守しなければならない。

また,「下崗人員」は,企業との労働関係を維持しており,「下崗人員」に対する生活手当は企業が直接負担しており,日本の労働基準法26条における休業手当に類似の性格をもつものといえる。しかし,実際には,「下崗」に迫られている企業には,生活手当を十分に支払う能力は既になくなっている場合が多く,待業保険制度上の生産自救費などの名目により保険資金から調達し,これを「下崗人員」への生活手当に充当していた。

そして,「下崗人員」の生活手当額に関していえば,その地域間格差が大きく,例えば,1996年における生活手当額は,全国平均では月77元であるが,北京市では250元,黒龍江省では27元,遼寧省では45元であった(92)。また,各地域における生活手当の最低基準が定められていることが多い。ただし,その額は極めて低く,実際には,企業規模などによる格差も大きい(93)。

既述のように,「下崗」は通常3年の期限をつけて所得保障を行う。しかし,実際にはそれでも再就職先が見つからない場合もある。この場合,「下崗人員」は企業との労働関係が終了し,「待業者」ないし「失業者」となり,現地の失業保険管理機構へ登録を行う。そして,さらに失業救済金の支給を受けるのである(最長2年)。失業救済金受給期間が満了しても新たな職に就いていない場合には,民政部門から社会救済金(都市最低生活保障金ともいい,生活保護給付に当たるものと解される)を受給する。すなわち,「下崗」生活手当(3年)→失業救済金(2年)→社会救済金という順序で所得ないし生活の保障がなされる。これは「三本線の保障制度」と呼ばれている。ち

なみに、北京市の1999年の最低賃金は400元、「下崗」生活手当は286元、失業救済金は273元、最低生活保障金は210元であった。また、1998年の上海市では、最低賃金を325元と定め、そのうえで、最低賃金の75％相当額、すなわち244元が「下崗」生活手当・失業救済金の額となっている（両者は同額とされ、それぞれの期間の2年目以降は205元とされている⁽⁹⁴⁾）。

なお、地方によっては、この生活手当の一括受給を認める。つまり、一時金としてまとめて支給することにより、起業活動を促進することに主眼をおいている⁽⁹⁵⁾。こうして「下崗人員」が単独ないし集団で興した私営経済組織については、3年間非課税にするなどの優遇措置がとられる⁽⁹⁶⁾。

3 「下崗人員」の再就職

(1) 再就職センターの概要

「下崗」とは、一方では、余剰人員の合理化を目的とした機能を有するが、他方では、こうした余剰人員の再就職を促進する機能を有する。中国における「下崗」の基本的理解は、本来的には後者にあり、労働者の就職問題として、職業紹介や労働者募集と並んで論じられる。すなわち、一定期間所得や福利待遇を保障し、「下崗人員」に対して職業訓練や職業紹介を行うことにより、再就職を促進する制度として位置付けられるのである。

そして、「下崗人員」は、ポストを離脱した後、再就職サービスセンター（原語は「再就業服務中心」、以下、「再就職センター」という）に組織される。再就職センターとは、「下崗人員」を組織し、彼らの再就職の促進と基本生活の保障をするために、職業紹介や職業訓練を実施したり、あるいは、失業対策事業的な経済組織の運営を行ったりする機関である。

まず、企業は「下崗」を実施する際、雇用調整のための計画案を労働者や労働組合に提示し、意見を聴取しなければならない。その際、「下崗」の実施期間や対象となる人的範囲などについても、計画の中に盛り込むこととされる。そして、原則として、「下崗人員」のために、再就職センターを設立しなければならない。こうして、雇用調整計画の作成と再就職センターの設置を義務づけるということは、企業に対して、人員整理に際し、

離職を余儀なくされる労働者のために，再就職にかかる一定の措置を講ずることを義務づけているということができる。再就職センターは，「下崗」を実施する企業が設立するが，⁽⁹⁷⁾大企業であれば，自社独自に設立することがあり，このほかに，同一地区同一産業で産業別の総工会が中心となって設立することもある。

ただし，再就職センターの運営資金は，政府・社会・企業が負担するとされる。ここにいう「社会」とは，当該地域における失業保険基金からの支出を主とする。このように，企業自身が負う「下崗人員」に対するコスト負担は分散されている。現在，「下崗人員」のほとんどが各地の再就職センターに組織され，実際には，企業から直接生活手当を受け取ることはない。そもそも余剰人員を企業から切り離さなければ，赤字企業の再生は望めないのである。

なお，先にも述べたが，再就職センターへの新たな「下崗人員」の登録は，2000年末をもって最後とされている。

(2) 再就職センターと「下崗人員」

まず，手続きとしては，企業と再就職センター間において，「下崗人員」に対する委託管理契約が結ばれる。この委託管理契約の期間は，通常3年とされ，⁽⁹⁸⁾その間，再就職センターが企業に代わり，生活手当および医療費の支給を行い，就職先の斡旋や職業訓練を実施する。しかし，実際には，独自の職業紹介や職業訓練の施設を持っているのは，一部の産業別組合かあるいはかなり大規模な企業だけである。多くの場合，職業紹介や職業訓練は，それぞれ，地方労働行政部門が管理・運営する人材交流センターや職業教育訓練センターと共同で実施され，再就職センターは「下崗人員」の管理と手当・費用の支払いを行うものと思われる。

ただし，委託管理期間中であっても，「下崗人員」は当該企業の企業内福利を一定の範囲で享受する（たとえば，社宅への居住，子弟の学校教育など）。再就職センターへの移動を拒否する「下崗人員」については，生活手当を支給せず，3年経過後，企業と当該人員との労働関係は解消される。「下崗」および再就職センターへの移動はなかば強制的に行われることになる。

そして，再就職センターが紹介した仕事を，「下崗人員」が正当な理由なく２回拒否した場合，再就職センターは委託管理契約を解約することができる。委託管理契約が解約されたときは，企業と「下崗人員」との間の労働関係も終了するものとされる。また，３年間の契約期間内に再就職に至らなかった場合にも，委託管理契約は終了し，企業と「下崗人員」との労働関係も解消される。企業との労働関係が解消され，「下崗人員」から真の「失業者」となった者は，失業登録をして，失業保険に関する規定にしたがって失業保険金を受給する。失業保険金受給期間が満了しても再就職ができなかった者は，当該地域の民政部門から社会救済金（生活保護手当）を受給することとなる。（前述の「三本線の保障制度」）。

また，「下崗人員」に対する職業紹介や職業訓練において，現在，最も問題となり，取り組みが強化されているのは，彼らの就業に対する考え方をいかに指導教育していくかという点である。「固定工」として就労してきた労働者にとって，失業するということは考えられなかったことであり，国家が雇用を保障することが当然だとする従来の考えに固執する者もおり，また，以前の企業への愛着や再就職先への不安もあって，なかなか再就職が促進されないのである。

4 非正規就業労働組織の展開

(1) 非正規就業労働組織

ところで，上海市などでは，「下崗人員」の雇用の確保策として，「非正規就業労働組織」を組織している。ここにいう「非正規就業」とは，税金の一定期間免除や各種の社会的な負担を免除されるなど，各所有制の企業ないし経済組織に関する法規整の適用を除外された就業形態を指す（労働就業服務企業と類似しているが，労働就業服務企業は企業所得税のみの免除にとどまり，社会保険料等の負担は課される）。

ただし，もともとの意味の由来は，一定の生産活動ないし経済活動を行っているが，政府の承認・登録や保護・管理を受けていない経済組織における就業のことであった。「ヤミ経済」・「地下経済」などと俗にいわれる

経済活動とも通底する「非正規就業」は，公式統計には表れないが，事実上，そこで就業する労働者の生活費を生み出している。つまり，かりに，統計上，失業者とされていても，実際には仕事をし，収入を得ている者も存在することになる。発展途上国に限らず，多くの国々で，そうしたインフォーマルな就業により所得をえて，生計を立てるという現象はみられるのである。

このように，本来の意味にいう「非正規就業」とは，国家の管理下になく，非公式に経済活動を行っている組織での就業ということになるが，現在の中国における「非正規就業労働組織」とは，国家の管理下において，公的な手続きを経て，国家に対する一定の義務（納税・社会保険料の拠出など）の免除を認められた経済組織といえる。また，中国における「非正規就業」とは，「下崗人員」が，地域のコミュニティーサービスや市の環境衛生活動に参加したり，企業における突発的・臨時的労務などに従事したり，手工業・美術工芸などによる生産・販売活動を行ったりすることであり，安定的な雇用・労働関係を形成しえない場合の就業形式の一つであるとされる。

(2) 二種類の非正規就業労働組織

そして，「非正規就業労働組織」は大きく分けて2種類があるとされる。

第一に，「下崗人員」自身が，自発的に，自らの資金をもとに，独立採算で営むものである。前述のように，「下崗人員」に対する生活手当の一括前借りも認められており，起業活動の奨励策の一つといいうる。「非正規」として優遇措置の期間を満了しても経営が順調であれば，その後は，正規の私営企業ないし個人経営組織となる。

これらは，「非正規」であっても，正規の手続きが必要である。まず，その条件として，当該労働組織の人員数の70％以上が「下崗人員」であることが求められる。そして，手続きは，「非正規就業労働組織認可申請書」の提出により始まる。申請書の内容は，服務内容，当該市場の予測・分析，必要な資金・場所・技術の準備状況，人員数および基本収入の予測などである。つぎに，労働組織の規則の策定である。その内容は，組織の趣旨，服務内容とその実施方法，人員の権利義務の内容，資金の調達方法とその

額，収入の分配方法等である。このほか，活動を行う地域におけるいくつかの行政機関の審査・承認を得てから，「非正規就業労働組織証書」の交付を受け，活動を開始する。

そして，「非正規就業労働組織」の享受する優遇措置は，所得税等の税金および老齢年金保険と医療保険の保険料以外の社会的負担の3年間の免除，年金と医療保険の保険料の減額，職業訓練費用の免除，低利の融資などがある。

第二に，当該地区の政府が，再配置の特に困難な「下崗人員」を組織して，地域のコミュニティーサービス（道路や公共施設の清掃，警備，交通整理など）やインフラの整備（緑化事業，道路や公共施設の保全など），または職業訓練実習を行い，一定の所得を保障するものである。これは，まさに政府による失業対策事業であり，およそ非営利的な労働組織と把握しうる。こうした政府主導で実施される公益性の高い失業対策事業的な非正規就業労働組織を，特に，「公益性労働組織」と呼ぶ。

「公益性労働組織」の運営費用は，主に，地方政府の財政負担と失業保険基金の就業促進にかかる支出によってまかなわれる。また，同組織に配置される「下崗人員」は，労働部門の職業紹介所から推薦のあった就職の困難な者とされる。そして，こうして配置された就職困難者1人につき，毎月200元を限度として財政からの補助が支給される。

5 「下崗人員」の就業をめぐる問題——労務契約による就業

「下崗人員」ともとの「単位」（以下，原単位という）との労働契約関係は継続しており，当該「単位」は，社会保険や生活保障にかかる費用を負担している。しかし，往々にして，「下崗人員」は，新たな「単位」（以下，新単位という）で仕事を見つけ，勤務することがある。ここでは，新単位は社会保険料等の負担はせず，档案の管理も原単位に残されたままである。こうした場合，新単位は，軽い負担で労働力を調達することが可能となり，原単位にとっても，効率は良くないものの，「下崗人員」の再就職に資する面がある。実際に，「下崗人員」を非正規に雇用する場合も少なくない。こ

の場合,「下崗人員」と新単位の間の関係は労働契約関係とは異なって,労務契約関係（ないし雇用契約関係）として把握される（詳しくは,第二編第一章第一節二2参照）。

そして,実際には「疑似」労働契約関係として,一般の労働者と同様に勤務する。しかし,いったん紛争が生じると,労働契約関係と労務契約関係は重大な相違を顕在化させる。すなわち,労務契約関係は民事契約関係であり,民事法が適用される。他方で,労働契約関係に対しては労働法が適用され,紛争処理においても独自の手続が用意されている。このような労働契約と労務契約の区別の問題は,裁判実務上,重要な意義を有する。[105]

したがって,紛争処理手続から見れば,労働契約紛争であれば,仲裁前置を原則とし,直接人民法院に提訴することができない。また,労働紛争仲裁は,時効が6か月とされる。他方で,労務契約をめぐる紛争であれば,直接人民法院に提訴することができ,時効も2年間とされ,一定の場合には,時効の中断などの規定の適用がある（《民法通則》135条,139条,140条）。加えて,紛争処理の規範は,当然,労働契約紛争においては,労働関連法を第一義に適用し,適用すべき規定がない場合に限り,民事関連の法規が適用される。労務契約紛争であれば,《民法通則》や《契約法》などの民事法規が適用され,《労働法》の適用はない。

また,労働契約には適用される国家の様々な規制が,労務契約には適用されない。つまり,労働契約の解約に関する規制（解雇制限）や報酬に関する規制（最低賃金規制や通貨払い原則）を受けない。このほか,労働災害が発生しても,民事的に処理される。したがって,労働者保護に関して大きな問題が生じる。

このように,労務契約という概念は,新単位の負担を軽減するとともに,「下崗人員」の再就職の機会を拡大するために,便宜的に利用されている感があり,政府も実際上これを黙認している。これには「下崗」という制度が,過渡的で,数年後には撤廃されることが予定され,さしあたりの余剰人員問題の解決に重点が置かれているという事情がある。

しかし,上記のような問題点も孕んでおり,労働契約と労務契約をより

理論的に区分し，労働者の保護を図るべきであろう。また，こうした問題の背景には，労働契約に対する研究が未成熟であることが指摘できる。つまり，労働契約には一応の定義規定があるものの，何をもって労働契約とするかについて，そのメルクマールが確立していないのである。

6 小　括

　以上のように，「下崗人員」は，形式的には企業との労働関係を維持し，一定の所得保障をしつつ，各企業と労働者の努力により再就職を模索してきた。「下崗」の背景として，市場化にともなう破産・解職による失業者・「下崗人員」の発生はやむなしとせざるをえない一方で，大量の失業者・「下崗人員」の発生は社会安定を脅かし，ひいては経済発展の障害となるおそれがあり，それだけは避けなければならないという政策的な配慮がうかがわれる。そのために，一定の生活を保障するのである。[106]こうした経済発展と社会安定というバランスのうえに「下崗」があるのである。

　当初は，企業からの生活手当の給付と関連する集団所有制企業への再就職が主であった。その後，こうした企業のみによる再就職促進が限界に達し，国家や社会が一定の負担をしつつ，企業から「下崗人員」を切り離して，再就職センターに組織する方法がとられるようになった。

　そして，企業は，雇用調整のための計画を策定し，労働者や労働組合の意見を聴取した上で，余剰人員の再就職のために，再就職センターの設置をしなければならない。他方で，再就職センターを設置した場合には，政府や失業保険から補助金が支出される。「下崗人員」は，企業との労働関係の継続を擬制されつつも，実際には再就職センターから生活手当の支給を受けるのである。そして，それまでの雇用を維持するのではなく，基本的には，再就職をして，もとの企業から辞めていく途を模索することになる。

　また，再就職先は，既存の国有企業ではなく，私営企業や外資系企業あるいは個人経営が中心となっている。こうした非公有制経済の発展は，中国経済の成長に寄与するだけでなく，[107]「下崗人員」に対する重要な再就職ルートを拡大する可能性を有するのである。[108]

ただ，他企業への再就職や起業活動だけでは，もはや「下崗人員」の配置は困難になってきており，地域での失業対策事業が不可欠となっている。実態からいえば，「下崗人員」の再就職よりも新たに「下崗人員」となる者のほうが多く，雇用情勢は悪化している。

また，「下崗」中に支給される生活費はおよそ200元前後であり，国有企業の労働者の平均月収が500〜600元といわれていることからすれば，比較的低水準である。従来，「低賃金・多就業」と女性の高就業率を前提に，夫婦双方の収入により家計を支えるのが一般的であったことを考えると，一方の収入減がもたらす影響は極めて大きいといえる。

四 「下崗」の今後の展開

1 「下崗」の意義と機能

以上をまとめるとすれば，まず，「下崗」とは，単なる経済変動や企業経営の不振にともなう余剰人員の合理化策ではない。すなわち，社会主義中国の負の産物ともいうべき，政策的に隠蔽されてきた余剰人員が，経済構造の転換期において顕在化し，これへの対応として，法律や契約規範によらず，行政主導のもとに各企業ないし産業全体が実施する「固定工」の削減政策である。それは同時に，「固定工」制度の解体や社会保険制度の整備をもその視野に入れた複合的・総合的な雇用政策の一側面でもある。実際に，「下崗」により「固定工」は着実に減少し，労働契約制度は拡大しており，各種社会保険制度も徐々に整備が進められている。

加えて，「下崗」は，市場メカニズムによる経済発展と社会の安定という中国の2つの国策を具現化する政策でもある。つまり，市場経済化による多量の失業者の発生は，社会安定を脅かしかねない。社会保障制度改革も進展しているが，依然として不十分である。市場経済化にともなう破産・解雇による失業者の発生は，もはや止むなしとせざるをえない一方で，失業者の生活安定に配慮し，社会の安定を保たなければならない。そこで採られた苦肉の策が「下崗」なのである。この余剰人員問題は，一義的には企業の責務の下にその対応がなされることになろうが，結局は，国家全体

また，法理論的に見れば，「下崗」に関する「下崗待業協議書」は，一種の労働契約であり，「固定工」は，新たにこの労働契約を締結して，また，労働契約制労働者は，労働契約の内容を変更して，「下崗人員」として処遇されることになる。そして，この労働契約は期間を3年とし，契約期間の満了をもって，労働契約関係を終了させる。すなわち，「下崗」期間満了による労働関係の終了は，解雇の問題としてではなく，労働契約の期間満了の問題として，法理論上，構成されるべきものである。

　総じて，「下崗」は，景気変動にともなう雇用調整というよりは，中国経済の転換点における構造的かつ政策的な企業組織の合理化策の一つといえ，労働契約制度と解雇制度が定着するまでの過渡的制度である。現実に，「下崗」は《労働法》27条が定める経済的人員削減の代替的機能を有している。

　そして，労働・社会保障制度改革全体の中で位置づければ，労働市場の未形成や社会保障制度の未整備を補完する制度として評価しうるものと思われる。「下崗」は，一面では一種の解雇（雇用の喪失）であるが，他面では生活を一定期間保障し，再就職を促進する（雇用の維持・獲得）機能を有しているといえる。何より，中国では，「下崗」とは就業促進政策として位置付けられており，比較的長期にわたる猶予期間を設けることにより，「失業」することなく，転職を可能にする政策である。

　こうした政策は，これまでの一企業完結的な終身雇用慣行，企業の高福利による社会保障機能の代替など，「固定工」制度と「単位」制度を中核とした雇用制度を改革するために，3年間という比較的長期にわたる生活保障期間を設定し，柔軟な労働移動の達成を図るものである。

2　展　　望

(1)　国有企業のリストラ

　現在，国有企業改革の一環として，中小の国有企業の整理が行われている。国有企業改革は，従業員のリストラだけでなく，国有企業そのもののリストラも含んでいる。建国後から私営企業を国営化する際，かなり小規

模の私営企業が国営企業として国営化されたほか、大躍進運動のときにも、地方政府がこぞって小規模国営企業を設立していた。国家を代表する大規模な国有企業もいくつか存在するものの、中小規模の国有企業も数多く存在していたのである。

ここ数年、こうした中小の国有企業を、合併、改組、破産、売却などを通じて、整理してきたが、1998年には、特に、紡績、石炭、冶金、石油化学、建材、機械設備、軽工業等の産業中小国有企業の整理を一気に推し進めた。1998年末の国有工業企業の数は、前年比41.2％減という驚くべき減少を見せた。ただし、このうちの多くは、株式会社化し、工場長や経営者に払い下げたものや、合併による「企業集団」の設立によるもので、実際に破産させたケースはそれほど多くなかった。

そして、朱鎔基首相は、特に国有企業改革を最重要視しており、これこそが社会の安定に直接影響を及ぼし、「社会主義市場経済」システムの樹立に不可欠だからである。そして、国有企業改革が難航している原因は、「人が多い」、「企業の債務が大きい」、「企業が抱えている社会保障機能の負担が大きい」という「三つの重荷」の存在であるといわれる。このうち2つは労働制度改革の問題であり、人員削減と社会保障制度改革の問題である。

人員削減については、「下崗」により徐々に人員削減を行う一方で、失業保険制度の整備と医療・年金の社会保険化に向けた改革が実施された。また、前述のように、国有企業そのもののリストラが断行された。これにともない、国有企業の従業員数は、1997年1億766万人から1998年には8809万人に減少し（18.2％減）、特に、製造業だけに限っていえば、1997年の3011万人から1883万人に減少した（37.5％減）。同様に、集団所有制企業においても大幅な従業員数（917万人）の減少が見られる。他方で、非公有制企業の従業員数は、1997年から1998年にかけて542万人の増加にとどまる。

ちなみに、労働契約制度の普及率は、1997年時点で、52.6％となっている。地域や所有制によって格差が大きく、比較的普及率の高い上海市では67.6％、となりの江蘇省では71.9％となっている。

以上のように、労働・社会保障法制は新たな展開を見せている。他方で、

国有企業の改革も、以前にも増して、強力に進められている。国有企業のリストラにともなう雇用調整は今後も継続して行われ、雇用情勢に大きな改善はしばらくみられないと思われる。1998年の都市部の登録失業者数は571万人（前年より1万人増）で、失業率は前年と同じ3.1％と発表されている。[117] しかし、企業に雇用される労働者の数は、1997年の1億4668万人から1998年には1億2337万人へと2331万人も減少している。定年で退職した者の数も確かに増加しているが、おそらく2000万人ほどは統計上の帰属先が不明であり、未登録の失業者となっているものと考えられる。政府から救済を受けた都市部の生活困難者の数は、1997年の268.3万人から1998年には332.2万人へと増加している。[118]

(2) 近年の立法情況

《労働法》は、1994年7月5日、全人代常務委員会で可決され、翌年1月1日より施行された。これまで述べたように、労働契約制度は、1986年から国営企業に適用され、《労働法》が制定される時点で、既に8年の実績を有していた。そして、市場経済化の進展のなかで、労働契約制度の普及と同時に、国有企業の余剰人員の削減が進められ、《労働法》制定後は、様々な労働立法が整備されていった。

例えば、労働契約関連立法として、人員削減について定めた《企業経済性裁減人員規定》、労働協約について定めた《集体合同規定》、労働契約違反および契約解除の際の補償金について定めた《違反和解除労働合同的経済補償辦法》、賃金について定めた《工資支付暫行規定》などがある。これらはいずれも、《労働法》の制定から施行の間に、労働部から公布されたものである。

また、近年の立法の動向として、労働関連立法から社会保障関連立法へのシフトが特徴的である。つまり、現在の労働・社会保障制度改革の中心は、余剰人員の合理化（「下崗」問題）と失業対策および医療[119]・労災・老齢[120]年金等の社会保険化であるといえる。

例えば、社会保障制度改革に関していえば、労災保険について、1996年労働部公布《企業職工工傷保険試行辦法》が、医療保険について、1998年

第2章　改革開放政策と雇用政策の展開　119

国務院公布《関於建立城鎮職工基本医療保険制度的決定》(都市労働者の基本医療保険制度設立に関する決定)が，年金について，1997年国務院公布《関於建立統一的企業職工基本養老保険制度的決定》(企業労働者の統一的基本老齢年金保険制度設立に関する決定)が制定されている。そして，失業保険制度は，既に1986年から創設され，広く実施されてきた。その後，1993年の待業保険規定および各地方での具体的実践がなされてきた。一方，失業者に占める中年層の比率が年々高くなり，再就職が徐々に困難になっているといわれている。そして，1999年，新たに《失業保険条例》が制定されている。
(121)

(3)　「下崗」の新たな展開——「協議保留」

　すでに述べたように，「下崗」は過渡期の制度として，2000年末をもって，新たに再就職センターに人員を収容することを止めることとなった。したがって，「下崗」には，3年の期限が付されているのであるから，3年後には，「下崗」問題は一応解決される見通しとなったはずである。

　ところが，実際には，3年のうちに再就職を果たすことができない「下崗人員」が数多く存在している。1997年から1998年にかけて，「下崗」が全国で大規模に展開されていったが，当時「下崗」された人員が，現在，ちょうど期間満了を迎え，再就職センターを退所する時期となっている。再就職を果たせなかった「下崗人員」は，これまでの政策によれば，もとの単位との労働関係を解消され，失業者となるはずであった。しかし，現実には，そのようになっていない。事実上，期間を超過して，再就職センターに留まっている者もいるといわれる。現在の雇用情勢を考えれば，再就職はそれほど容易ではない。

　また，再就職できない「下崗人員」のなかには，もとの「単位」との間で，社会保険関係などについて保留する協議を行い，依然として，もとの「単位」との労働関係を維持する者も多くいる。これを「協議保留」ないし「協保」と呼ぶ。社会保険関係など「単位」との関係を保留する理由は，「下崗人員」にとって，労働関係を維持することによって得られる生活手当だけでなく，何より，年金や医療保険などが失われることが主な原因であ
(122)

る。企業に籍を置いていれば，何かのときに頼りになるという意識が，いまなお普遍的に存在している。そのため，実際には再就職を果たした者や起業し経営者となった者ですら，もとの「単位」との間で，「協議保留」を行っている者もいるといわれる。

　他方で，企業にとっても，「協議保留」を行う理由が存在する。「下崗人員」との労働関係を解消するためには，勤続年数に応じた補償金の支払いのほか，それまで企業が納めるべき社会保険料をはじめとした福利厚生の費用などを清算しなければならない。また，実際には，上積みの補償すら求められる場合があり，補償方法や補償基準は，各企業が独自に判断して実施することが多く，企業はその対応に苦慮している。業績のよい企業であれば，十分な補償を支払い，企業のリストラを進めることができるが，経営不振の企業の多くは，補償どころではないのが現状である。[123]

　こうした「下崗人員」の期間満了後の問題は，全国に先駆けて，いち早く「下崗」政策を実施していた上海市などでは，すでに1997年前後には，顕在化していた。そして，この問題を解決するために，上海市では，全国で「下崗」が本格的に実施されることになるこの時期に，「協議保留」の政策が本格的に実施され始めていたのである。その後，現在に至り，その成果が中央政府に承認され，「協議保留」の手法が，全国的に広がりつつある。

　結局，「下崗」は3年間の期限付きではあるが，「協議保留」により事実上延長されることになる。したがって，当初の予定通りのタイムスケジュールで「下崗」が過渡期の役割を終えることはなさそうである。具体的には，それぞれの地域の実情にあわせて，再就職センターは存続することになろう。

(4) 「下崗」の行方

　最後に，今後の展望について簡単に述べておきたい。再三指摘したように，「下崗」は過渡期の制度であり，「固定工」制度も解体されつつある。中国政府は2000年までに国有企業改革に目処をつけることを目指しており，[124]制度的に見れば，「下崗人員」も今後徐々に減少していくことになろう。しかしながら，これは，余剰人員や失業者の問題が解決されたことを意味す

るものではない。今後も余剰人員問題は，中国政府にとってしばらくは頭の痛い問題であり続けるだろうが，将来的には，「下崗人員」問題としてではなく「失業者」問題として，労働契約制度や社会保険制度の中で解決されていくことになると思われる。そして，この余剰人員・失業者問題の解決こそが，中国の経済改革の鍵を握っているとさえいえるだろう。[125]

　現在，失業問題は深刻化し，「下崗人員」も減少しておらず，雇用に対する不安はますます膨れ上がってきている。ただし，こうした雇用に対する不安は，中国の労働者の危機意識を刺激し，企業意識を強く植つけ，勤務態度の反省・改善等の効果も生み，[126]労働に対する価値観を変容させるものと考えられる。すなわち，社会主義市場経済下の「労働」は，制度的にも，意識的にも，社会主義計画経済下の「労働」とは異質なものへと変質しようとしているといえよう。

(1)　国家統計局人口社会科技統計司＝労働社会保障部規劃財務司編『中国労働統計年鑑（1998）』（1998年，中国統計出版社）8頁参照。
(2)　日本労働研究機構『中国の労働政策と労働市場』（1997年，日本労働研究機構）16頁（張紀潯執筆）参照。
(3)　伊藤正一『現代中国の労働市場』（1998年，有斐閣）32頁参照。
(4)　なお，労働服務公司のその後の展開など，詳しくは第二編第四章第二節参照。
(5)　袁守啓『中国的労働法制』（1994年，経済日報出版社）163頁参照。後述する董保華副教授の「労働関係の保留」の理論と基本的に同じ考え方と思われる。
(6)　拙稿「中国における労働契約制度の展開（下）」労働法律旬報1416号23頁（1997年）参照。
(7)　袁・前掲『中国的労働法制』163頁参照。
(8)　張再平『労働争議』（1996年，法律出版社）41頁参照。
(9)　前掲『中国労働統計年鑑（1998）』8頁参照。
(10)　丸山知雄『市場発生のダイナミクス―移行期の中国経済』（1999年，アジア経済研究所）196頁以下参照。
(11)　これらの規定の訳文と解説については，西村峯裕「中外合弁企業労働管理規定をめぐる諸問題」産大法学17巻4号39頁（1984年）参照。

(12) 《中華人民共和国中外合資経営企業労働管理規定》2条2項,《労働人事部関於中外合資経営企業労働管理規定実施辦法》5条2項,3項参照。
(13) 外資系企業の労働契約制労働者の割合を示すデータがないため,はっきりとはいえないが,非公有制企業(外資系企業だけでなく,私営企業も含める)における従業員全体に占める労働契約制労働者の割合は,1984年が8.1%,85年が11.4%,86年が14.5%となっている。国家統計局編『中国統計年鑑(1993)』(1993年,中国統計出版社)117頁参照。
(14) これらの地方法規は,中国外商投資企業労働管理委員会専業委員会編『外商投資企業労働法規彙編』(経済管理出版社,1993年)参照。
(15) 拙稿・前掲「中国における労働契約制度の展開(下)」26頁参照。
(16) 中華人民共和国国務院公報513号739頁(1986年)参照。西村峯裕「中国外資系企業の労働関係(1)」産大法学24巻3・4号115頁(1991年)参照。
(17) 藤本昭編著『中国—市場経済への転換』(1994年,日本貿易振興会)128頁(小林熙直執筆)参照。
(18) 郭軍『労働合同』(1996年,法律出版社)27頁,《関於貫徹執行中華人民共和国労働法若干問題的意見》9(労働部政策法規司編『実用労働法規全書』中国労働出版社,1996年,450頁)参照。
(19) 袁守啓主編『労働法全書』(1994年,宇航出版社)314頁参照。
(20) 宮坂宏編訳『現代中国法令集企業法・税法篇』(1995年,専修大学出版局)118頁参照。
(21) 天児ほか編『現代中国事典』(1999年,岩波書店)294頁(川井伸一執筆)参照。
(22) 王家福=乾昭三=甲斐道太郎編著『現代中国民法論』(1991年,法律文化社)76頁(梁慧星執筆)参照。
(23) 『中国統計年鑑(1997年)』113頁,『中国統計年鑑(1992年)』117頁参照。
(24) 藤本・前掲『中国—市場経済への転換』130頁(小林熙直執筆)参照。
(25) 中国の破産法は,国営企業の破産に関して,行政部門の許可を経て,人民法院が宣告するという手続を要求している(《破産法》8条)。ところが実際には,破産処理の比較的容易な企業にしか許可は下りず,操業停止のまま放置されることも少なくない。許海珠「中国国有企業の破産について」中国研究月報588号1頁(1997年)参照。
(26) 前掲『中国労働統計年鑑(1998)』8頁参照。
(27) 前掲『中国統計年鑑(1999)』144頁参照。その後も増加率はやや低下するものの,1993年までは年々増加している。
(28) 前掲『中国統計年鑑(1999)』57頁参照。

(29) 例えば，上海市の工業生産額における軽工業と重工業の構成比は，1981年の58.1対41.9から1995年には43.8対56.2となっている。上海市の産業構造の変化については，関満博『上海の産業発展と日本企業』(1997年，新評論) 62頁以下参照。
(30) 楊宜勇ほか『失業衝撃波』(1997年，今日中国出版社) 239頁 (張志林・封蕾執筆) 参照。
(31) 『中国労働統計年鑑 (2000年)』15頁参照。
(32) もともとは人民公社の副業的な農産物加工などを営む軽工業企業。現在は，農村部における個人経営企業や協同組合的企業含めて「郷鎮企業」という。詳しくは，小島麗逸『現代中国の経済』(1997年，岩波書店) 103頁，天児ほか・前掲『現代中国事典』306頁 (加藤弘之執筆) 参照。
(33) 河地重蔵＝藤本昭＝上野秀夫『現代中国経済とアジア』(1994年，世界思想社) 66，75頁 (河地執筆) 参照。また，工業総生産額から見ても，国有工業企業の工業総生産額に占める割合は減少し，1980年の76％から1997年には26.5％にまで落ち込んでいる。逆に非公有セクターのそれは，1980年には0.01％にも満たないが，1997年には16％にまで上昇している。『中国統計摘要 (1998年)』99頁の工業総生産値から算出。
(34) 同条例17条。宮坂宏・前掲『現代中国法令集企業法・税法編』133頁参照。
(35) 藤本・前掲『中国—市場経済への転換』135頁以下 (小林熙直執筆)，盧愛紅『下崗…怎麼看怎麼辦』(1998年，経済科学出版社) 42頁以下参照。
(36) 李捷生『中国「国有企業」の経営と労使関係』(2000年，御茶の水書房) 340頁参照。
(37) 1992年5月18日《国務院関於修改国営企業実行労働合同制暫行規定第二条第二十六条的決定》(国務院令第99号) 参照。
(38) 于法鳴主編『下崗職工労働関係問題透視』(2000年，経済科学出版社) 23頁参照。
(39) 『中国統計年鑑 (1997年)』113頁参照。
(40) 中国国家統計局の定義によれば「下崗人員」とは「企業経営等の原因により離職した者で，ただし，名目上はなお企業との労働関係を保留した労働者」である。国家統計局人口与就業統計司＝労働部綜合計劃与工資司編『中国労働統計年鑑 (1997年)』(1997年，中国統計出版社) 583頁参照。
(41) 劉波「中国における労働制度改革と労働契約法制」日本労働法学会誌92号37頁 (1998年) 53頁，拙稿・前掲「中国における労働契約制度の展開 (下)」24頁参照。
(42) 于・前掲『下崗職工労働関係問題透視』23頁参照。

(43) 香川教授は,「下崗」について,「整理解雇を柔軟な処理によって社会主義市場経済の下で定着させる試みといえよう」と評価されている。香川孝三「中国労働法の理解を深めるために」日本労働法学会誌92号27頁（1998年）32頁参照。
(44) 国有企業の就業者数は，製造業において1992年の3526万人から1997年の3011万人へ，建設業において1993年の663万人から1997年の577万人へ減少している。前掲『中国統計年鑑1997』108頁および前掲『中国統計摘要1998』34頁参照。
(45) 『中国労働統計年鑑（1996年）』409頁参照。
(46) 『中国労働統計年鑑（1997年）』405頁参照。
(47) 『中国労働統計年鑑（1998年）』435頁参照。同年は，全体の数字が公表されていない。ただし，他の年の数字から推測すると，全体のおよそ3分の2が国有企業の数字といえ，940万人程度と試算されよう。
(48) 『中国労働統計年鑑（1999年）』441頁参照。
(49) 『中国労働統計年鑑（2000年）』409頁参照。
(50) 中国国家統計局の統計における「失業者（失業人員）」とは，「労働年齢（16歳から，男性50歳，女性45歳まで）において労働能力を有し，調査期間内に仕事がなく求職を行っている（職業紹介機関への登録を要する）人員」であり，「失業率」とは「失業者数を就業者数と失業者数の和で除した数字」である。国家統計局編『中国統計摘要1998』（1998年，中国統計出版社）36, 162頁参照。
(51) 『中国労働統計年鑑（1996年）』91頁,『中国労働統計年鑑（1997年）』89頁,『中国労働統計年鑑（1998年）』93頁,『中国労働統計年鑑（1999年）』83頁,『中国労働統計年鑑（2000年）』頁参照。
(52) 1995年にILOと労働部が共同で行なった「企業余剰労働力調査」によれば，都市部の企業の「隠れ（「隠蔽」）失業率」は18.8％であったという。そして，都市部と農村部をあわせると，失業率27％前後といわれ，およそ2億人の失業者が存在すると考えられる。楊・前掲『失業衝撃波』48頁（張蘇平執筆）参照。
(53) 1986年12月公布《中華人民共和国破産法（試行）》8条。宮坂・前掲『現代中国法令集企業法・税法篇』155頁以下，田中信行「中国破産法の比較研究」（季刊中国研究14号，1989年）参照。
(54) 許海珠「中国国有企業の破産について」中国研究月報588号3頁（1997年）参照。
(55) 操業停止にともない，失業救済金の給付を受けられる場合もあるが（労

働部政策法規司編『実用労働法規全書』中国労働出版社，1996年，545頁参照)，条件が厳しいうえに，制度自体の存在があまり知られていない。NHK中国プロジェクト『中国—12億人の改革開放』』(1995年，NHK出版) 164, 172頁 (菅野利美執筆) 参照。

(56) 古参の大企業や労働集約型の繊維・紡績産業の企業は，多くの従業員・退職者を抱え，「単位」制度にともなうコストから競争力が低下し，経営が悪化している。しかし，こうした企業ほど，多くの成員を抱えるが故に，なおさら破産させるわけにはいかないというジレンマを抱えている。

(57) 楊・前掲『失業衝撃波』48頁 (張蘇平執筆) 参照。

(58) 于法鳴主編『下崗職工労働関係問題透視』(2000年，経済科学出版社) 4頁参照。

(59) 《中共中央，国務院関於切実做好国有企業下崗職工基本生活保障和再就業工作通知》(1998年6月9日，中発 (1998) 10号) 参照。

(60) 1993年《中華人民共和国憲法改正案》7条。宮坂宏編訳『現代中国法令集』(1993年，専修大学出版局) 66頁参照。社会安定のため，労働運動や争議行為に対しても厳しく制限している。原則としてストライキは認められていない。香川・前掲「中国労働法の理解を深めるために」34頁参照。実際には，デモや争議が頻発しているという。中兼和津次「中国における失業問題と国有企業改悪」国際問題466号18頁 (1999年) 参照。

(61) 唐云岐主編『転軌中的震撼』(1998年，中国労働出版社) 109頁以下 (鄭東亮執筆) 参照。

(62) 労働部政策法規司編『労働政策法規彙編 (1993年)』(1994年，中国労働出版社) 253頁参照。

(63) 従来，企業従業員に対する賞罰を定めた《企業職工賞懲条例》では，懲戒として，労働関係を解消させる「開除」・「除名」等の処分はあっても，一定期間就労を拒絶する「停職」や「休職」に相当するような処分は存在せず，労働関係を中断するような制度としては，前述の「停薪留職」や傷病にともなう治療期間が存在した。

(64) 董保華編著『「労工神聖」的衛士—労働法』(1997年，上海人民出版社) 158頁参照。

(65) 于・前掲『下崗職工労働関係問題透視』99頁参照。

(66) 高見澤磨「中華人民共和国における法源」法制史研究40号 (1991年) 105頁，鈴木賢「中国法の非制度創設的性格」法学セミナー 452号14頁 (1992年) 参照。

(67) 董・前掲注(64)書157頁参照。なお，「下崗」の過渡的位置づけという性格

上,「下崗」について理論的説明を加える教科書は極めて少ない。したがって，本研究の「労働関係の保留」理論は，主に，董氏の同書において展開されている理論的整理に依拠している。

(68) 1978年公布《国務院関於工人退休，退職的暫行規定》1条4項，2条2項参照。

(69) こうした業務外の負傷・病気により労働能力を喪失した者が離職することを「退職」という。前掲《国務院関於工人退休，退職的暫行規定》5条参照。

(70) 一般に，男性60歳，女性55歳。日本労働研究機構・前掲『中国の労働政策と労働市場』138頁（張紀潯執筆）参照。

(71) 《労働法》48，49条および1993年労働部公布《企業最低賃金規定》に基づき，現在，各地方別の最低賃金制度を整備中である。一部の都市では既に実施されている。なお，上海市では，最低賃金を月325元とする。また，失業者に対する失業救済金および「下崗人員」に対する生活手当の標準は1年目月244元，2年目月205元とされる。1993年3月公布《上海市労働局関於公布本市98年企業職工最低工資標準，失業救済標準，下崗待工人員生活補貼標準的通知》（上海労働410号14頁）参照。

(72) 董・前掲書159頁，前掲《国有企業富余職工安置規定》9条参照。

(73) 1978年公布《国務院関於工人退休，退職的暫行辦法》によれば，受給要件は，男性60歳，女性50歳，勤続年数10年以上である。給付額は，抗日戦争時に革命運動に参加した者は，本人の基本賃金の90％相当額，解放戦争時に革命運動に参加した者は80％相当額，建国後革命運動に参加した者で勤続20年以上の者は75％相当額，勤続15～20年の者は70％相当額，勤続10～15年の者は60％相当額となっている。そして，本年金は企業が支給すると同辦法（9条）上明記されている。その後，社会保険化への改革が進められ，企業と労働者が共同で負担する基本年金と，企業が全額負担する企業補充型年金，労働者個人が積み立てる積立貯蓄型年金により構成する方針である。1991年公布《国務院関於企業職工養老保険制度改革的決定》および1995年国務院公布《関於深化企業職工養老保険制度改革的通知》参照。年金について詳細は，日本労働研究機構・前掲『中国の労働政策と労働市場』138頁（張紀潯執筆）参照。なお，基本年金も個人口座への積立を原則としている。張琪＝劉雄『社会保障制度改革』（1996年，経済管理出版社）72頁参照。

(74) 1994年12月労働部公布《企業職工患病或非工負傷医療期間規定》（前掲『実用労働法規全書』757頁），1988年7月公布《女職工労働保護規定》8，9条（前掲『実用労働法規全書』203頁），《労働法》29条および1994年9月労働部

公布《労働法の若干の条文に関する説明》29条。労働部労働関係与監察司組織編写『労働争議処理工作手冊（第三輯）』(1995年，中国労働出版社) 104頁参照。

(75) 董・前掲『「労工神聖」的衛士―労働法』158頁参照。
(76) 郭・前掲『労働合同』25頁参照。
(77) 前掲『中国労働統計年鑑 (1997年)』588頁参照。
(78) 中窪裕也『アメリカ労働法』(1995年，弘文堂) 280頁参照。
(79) 加えて，使用者が協約所定の失業給付補助手当を支払う場合もある。小宮文人『英米解雇法制の研究』(信山社，1992年) 394，406頁，バーナード・カーシュ＝白井泰四郎＝岡本秀昭「座談会レイ・オフ制度について」日本労働協会雑誌83号44頁 (1966年) 53頁参照。
(80) 今野順夫「休職・退職・定年」日本労働法学会編『現代労働法講座10労働契約・就業規則』178頁 (1982年，総合労働研究所) 参照。
(81) 山本吉人「合理化のなかの一時帰休制」労働法律旬報577号8頁 (1965年) 参照。
(82) 中国の労働組合と従業員代表大会については，拙稿「中国における労働契約制度の展開（上）」労働法律旬報1415号34頁 (1997年)，香川・前掲「中国労働法の理解を深めるために」32頁，日本労働研究機構・前掲『中国の労働政策と労働市場』328頁以下 (文大永執筆)，彭光華「中国労働法下の労働協約制度」九大法学77号201頁 (1999年) 参照。
(83) 楊漢平主編『労働争議典型案例剖析』(1996年，中国物資出版社) 28頁参照。
(84) 《労働和社会保障部，国家経済貿易委員会，財政部，教育部，国家統計局，中華全国総工会関於強化国有企業下崗職工管理和再就業服務中心建設有関問題的通知》(労部発 (1998) 8号)，人民日報1998年8月24日参照。
(85) 個別的な合意だけでなく，就業規則を根拠に「下崗待業」扱いにすることもある。いずれにせよ，労働紛争が生じたときは，労働契約の問題として処理される。第二編第二章第三節一2 (3) の事例を参照。
(86) 董・前掲『「労工神聖」的衛士―労働法』159頁，馬継紅「対500名下崗職工調査状況綜述」上海工運研究1997年8月号26頁，《労働和社会保障部，国家経済貿易委員会，財政部，教育部，国家統計局，中華全国総工会関於強化国有企業下崗職工管理和再就業服務中心建設有関問題的通知》(労部発 (1998) 8号) 参照。
(87) 資料によって一様ではないが，日本労働研究機構・前掲書205頁 (張紀潯執筆)，喬・前掲論文314頁，劉・前掲論文54頁参照

(88) 産前産後の有給の休暇などを敬遠する傾向が出てきた。秋吉祐子「中国経済開放体制下における女性労働」藤井光男編著『東アジアの国際分業と女性労働』（ミネルヴァ書房，1997年）151頁参照。
(89) 日本労働研究機構・前掲書205頁（張紀潯執筆），喬・前掲論文314頁参照。
(90) 楊・前掲『労働争議典型案例剖析』29頁以下参照。
(91) 労働部労働関係与監察司組織編写『労働争議処理工作手冊（第3輯）』（1995年，中国労働出版社）422頁参照。なお，「下崗人員」ではないが，計画出産規定に違反して，職場を追われることもある。秋山洋子編訳『中国女性』（1991年，東方書店）17頁以下参照。
(92) 海外労働時報277号（1999年）9頁参照。
(93) 上村幸治『中国路地裏物語』178頁（1999年，岩波書店）参照。
(94) 1998年3月公布《上海市労働局関於公布本市98年企業職工最低工資標準，失業救済標準，下崗待工人員生活補貼標準的通知》上海労働410号14頁（1998年）参照。
(95) 舒穎「合力攻堅」（唐云岐主編『転軌中的震撼──中国下崗問題追踪与探索』42頁，1998年，中国労働出版社）48頁参照。
(96) こうした措置は，前記《国有企業余剰労働者配置規定》4条によって示されていた。
(97) 労社部発〔1998〕8号文件参照。
(98) 委託管理契約の期間は，当初，2年を最長とされていた。1997年8月公布《労働部，国家経貿委，財政部関於在企業優化資本結構試点城市建立再就業服務中心的通知》4参照。
(99) 前掲《労働部，国家経貿委，財政部関於在企業優化資本結構試点城市建立再就業服務中心的通知》参照。
(100) 1999年2月公布《国務院辦公廳関於進一歩做好国有企業下崗職工基本生活保障和企業離退職人員養老金発放工作有関問題的通知》国務院公報932号142頁（1999年）参照。
(101) 前掲第9期全国人民代表大会第2回会議での「政府工作報告」の4，国有企業改革の推進において，再就職サービスセンターの任務としてあげられている。
(102) 北村亮介「下崗職員の低い再就職率」海外労働時報271号12頁（1998年）参照。
(103) 盧愛紅『下崗』161頁（1998年，経済科学出版社）参照。
(104) 上海市労働社会保障局『労働と社会保障政策指南』47頁（1998年），または，上海労働427号20頁（1998年）参照。

(105) 馬強「労働合同若干問題研究」『経済法学・労働法学2001年第5期』(2001年, 中国人民大学書報資料中心) 12頁参照。なお, 同氏は, 北京市第二中級人民法院の裁判官である。
(106) 拙稿「中国における『下崗』—国有企業の人員合理化策に関する研究」日本労働研究雑誌469号46頁 (1999年) 参照。
(107) 1999年3月に改正された憲法規定 (15条) において, 私営経済等の非公有制経済は社会主義市場経済の重要な構成要素であることが謳われている。国務院公報937号340頁 (1999年) 参照。
(108) 海外労働時報278号9頁 (1999年) 参照。
(109) 楊・前掲『失業衝撃波』240頁 (張志林・封蕾執筆) 参照。最低賃金より低いことが多い。
(110) 国有企業の平均賃金水準は, 年収で6747元 (1997年) である。前掲『中国統計摘要 (1998年)』40頁参照。なお, 北京・上海では, 1000元を超えている。
(111) 行政的手段を用いて失業者や「下崗人員」を優先雇用させたり, 時には押し付けたりすることもある。中兼・前掲「中国における失業問題と国有企業改革」30頁参照。
(112) 前掲『中国統計年鑑 (1999)』17頁参照。
(113) 1999年2月26日, 国家統計局「中華人民共和国1998年国民経済と社会発展統計公報」によれば, 中国石油天然ガス集団, 中国石油化学工業集団, 上海宝山鋼鉄集団等の大規模企業集団を設立した。国務院公報935号271頁 (1999年) 参照。
(114) 朱建栄『朱鎔基の中国改革』(1998年, PHP研究所) 138頁参照。
(115) 前掲『中国統計年鑑 (1999)』144頁参照。また, 1999年11月筆者が上海市紡績工会において行った聞き取りによれば, 同市の紡績産業の従業員数は, 1993年の55万人から現在17万7000人にまで減少しているという。
(116) 前掲『中国労働統計年鑑 (1998)』35頁参照。
(117) 前掲『中国統計年鑑 (1999)』133頁参照。
(118) 前掲『中国統計年鑑 (1999)』761頁参照。
(119) 医療保険制度改革については, 劉暁梅「市場経済体制下の社会主義中国の医療保障制度改革」賃金と社会保障1246号52頁 (1999年) 参照。
(120) 労災保険の動向については, 彭海奇「中国における労働者災害補償保険法制の成立及び展望」九大法学81号391頁 (2000年) 参照。
(121) 拙稿・前掲「中国における『下崗』」参照。
(122) 「協議保留」については, 于・前掲『下崗職工労働関係問題透視』114頁,

上海市労働社会保障局・前掲『労働と社会保障政策指南』37頁参照。
(123)　詳しくは,『APCニュース・レポート中国動向』59号23頁(2002年,財団法人アジア太平洋センター),人民日報2001年11月29日参照。
(124)　経済体制改革の旗手である朱鎔基首相も,失業問題を重視し,また,2000年頃を目処に一定の見通しが立つことを目指して経済体制改革を推し進めているといわれる。詳しくは,朱・前掲『朱鎔基の中国改革』参照。
(125)　中兼・前掲「中国における失業問題と国有企業改悪」33頁参照。
(126)　日本の一時帰休にも同様の効果が指摘されている。山本・前掲「合理化のなかの一時帰休制」10頁参照。

第二編　労働契約法制と雇用保障

第一章　中国労働契約法の基礎的考察

第一節　中国における労働法論争

一　民法・経済法論争

1　はじめに

　日本の労働法学においては，一般に，労働関係が契約関係であることを公理としている。すなわち，労働者が使用者に対して労働を提供し，使用者がこれに賃金を支払う合意を労働契約と呼び，民法では，こうした契約について「雇用」という名称で，典型契約のひとつとして規定している。そして，この契約は，契約の目的と主体が同一のものに属するという特質を有しているため，使用者が「労働」を使用することは，同時に，契約の相手方である労働者を使用することになり，使用者と労働者の間には，法構造的な使用従属関係が生じる。実際の労働関係においても「従属労働」は様々な弊害を産み出し，市民法の契約原理ではこれに適切に対処することができないため，戦後，労働基準法はこの契約について，独自に「労働契約」という契約概念を設定し，現代的な政策目的を盛り込んだ規制を行ってきている。結果，労働契約において，市民法の契約原理は様々な形で修正を受けている。つまり，ここで，労働法（労働基準法）は，一般法たる民法の特別法として位置付けられる。

　しかし，計画経済下の中国では，労働関係が契約関係であることを否定してきた。そもそも，法は，全てが公法とされ，私法としての民法は存在しなかった。かかる意味で，中国において，契約法が形成されるまでには，大きな法理論の転換が必要であり，労働契約法の形成も，日本をはじめとする資本主義諸国とは，本質的な相違をともなうといえよう。

　以下では，中国における労働契約法および契約法全般について検討するが，まず，1980年代，中国の契約法は，経済契約をめぐって，いわゆる民法・経済法論争のなかで活発に議論されてきた。この論争は，中国の契約法の構造や民事契約と労働契約の関係を探るうえで，ひとつの有用な視点

を与えてくれると思われるので，以下，簡単に紹介する。

2 経済契約制度

　中国政府は，建国当初，各種の経済関係を安定させ，生産と流通を組織化し，同時に，契約制度の実施を通じて，資本主義商工業と個人商工業等の私営経済を計画経済の軌道に組み入れるために，生産と流通の分野において，幅広く契約制度を推し進めていった(2)。そして，企業の公有化と経済の計画化が進み，企業間の取引や物資の移動に関して，企業間で，名目上，契約が締結され，履行されることとなっていた。しかし，これらの契約の内容は，国家が策定する経済計画によって決定され，企業間で自由に取り決めることはできなかった。ここでの契約は当事者の自由意思を反映したものではなく，事実上，計画執行のための便宜的な道具・手段としての契約であった(3)。こうした経済計画に基づく契約を「経済契約」といい，法的性質を帯びて達成することが強制される「指令性計画」に基づいて締結される経済契約は，特に「計画契約」と呼ばれた(4)。

　そして，計画経済の貫徹のため，経済契約は一度有効に成立すると，契約当事者双方に債権債務関係が生じるほか，当事者双方は，契約の履行について，国家に対する義務を負い，双方は実際に契約を履行しなければならなかったのである（実際履行の原則）(5)。したがって，当事者間での協議による変更や解除は，計画秩序に反するため，原則として認められていなかった。かりに契約違反があった場合でも，違約金あるいは損害賠償の支払いによる履行義務の免除はなかった。こうした場合，履行遅滞に対する違約金の支払いが課されることとされ，その違約金の額は法律により定められていた(6)。

　このような計画の統制に基づく経済契約制度は，1950年代後半には既に確立していた。そして，文化大革命の動乱期を経て，改革開放政策下において再構成されることになったが，改革開放後は，法制強化の流れを受け，立法化という形をとっていった。

　まず，1981年12月，国務院が制定した《中華人民共和国経済合同法》(以

下,《経済契約法》という)2条は,「経済契約とは,法人の間で一定の経済目的を実現するために,相互の権利義務関係を明確にする合意である」と規定した。さらに,経済契約は,国家の法律・政策・計画に適合しなければならず(4条),それらに違反した契約は無効となる(7条)。

このように,計画原則を中心とする経済契約制度は,1980年代においても基本的に維持されたのである。当時の憲法が「国家は社会主義公有制の基礎のうえに計画経済を実行する。国家は経済計画の総合的均衡と市場調節の補助作用を通じて,国民経済の均衡を保った協調的発展を保障する。いかなる組織あるいは個人であれ,社会秩序を攪乱し,国家の経済計画を破壊することは許されない。」(15条)と規定していたように,政策転換をしたものの,まだ広範に経済計画が残っていた。

そして,実際履行の原則の効果が最も端的に現れる「契約の解除」に関して,合意解除,計画の変更,当事者の消滅などの場合に,契約の解除が認められてはいたが(27条),国家利益・国家計画が考慮され,計画の主管部門(監督官庁)の承認をえなければならないとされた(29条)。したがって,実際には,経済契約の変更は不可能あるいは非常に困難であった。そして,いったん策定・実行されている経済計画は遡及的に廃止することができないため,明文の規定はなかったものの,解除の効果は,原則として遡及しないと解されていた。また,当時は,契約一般を規整する私法規範はなく,こうした状況下での「経済契約」立法であったことは,その後の中国契約法体系の形成において重要である。

3 民法・経済法論争と民事契約制度

そして,1980年代前半,《経済契約法》が制定される一方で,民法典の起草が進められていたが(結局,民法典として成立することはなかった),その起草過程において,経済法学界と民法学界の間で経済契約に関して活発な議論が交わされた。中国でいう「経済法」とは,国家による経済管理関係・企業経営関係の規整に関する法律規範の総称であり,改革開放後に初めて用いられた用語・概念であった。当時,民事関係法規がほとんど存在しな

い情況から進められた経済法学の体系化は，経済関係・財産関係に関わる法領域のほとんどすべてを取り込み，労働法すらも包含する非常に広範な内容のものであった。

この民法・経済法論争の最大の焦点は，社会主義組織相互間の関係を規整するのは，民法か経済法かという点であった。そして，この論争において，民法によりこれを規整するとする「大民法説」と，経済法により規整するとする「小民法＝経済法論」とが対立していた。結局，議論の収拾を待たずに，1986年4月の《中華人民共和国民法通則》(以下，《民法通則》という)の制定により，立法的にひとつの判断が下され，この論争に終止符が打たれた。つまり，民法の規整対象について，《民法通則》2条は，「平等な主体の公民の間・法人の間・公民と法人の間の財産関係と人身関係」であると規定し，社会主義組織間も含めた平等な民事主体間の財産関係(商品関係)については，民法が規整することとなった。

また，《民法通則》上の契約(以下，民事契約という)は，「当事者の間の民事関係を設定・変更・終了させる合意であ」り(85条)，契約に照らして当事者間に権利義務が発生するとされた(84条)。そして，民事活動は自由意思・公平・等価有償・誠実信用の原則に従うことが規定された(4条)。経済計画との関係については，国家の経済計画を破壊し，社会秩序を乱してはならないとされているものの(7条)，あらゆる民事契約が国家計画の制約を受けるわけではなく，指令性計画に基づく契約が，国家計画の直接の拘束を受けるにすぎない。加えて，指令性計画の範囲に属する生産物は年々減少し，計画から市場へのシフトは急速に進んでいった。

こうしたなか，1993年3月，中国は《憲法》を修正し，「社会主義市場経済」の実行を宣言した。これにともない，契約法の分野では，《経済契約法》の大幅な改正が行われた。その主な内容は，適用範囲の拡大，指令性計画に関する強行規定の全面撤廃，契約内容決定の自由などであった。そして，改正《経済契約法》は，同法が適用される契約を，「平等な民事主体間である法人その他の経済組織，個人工商業者および農村請負経営者相互間において，一定の経済目的を実現するため，相互の権利義務を明確にするため

に締結される契約」と定めた(第2条)。かかる改正から,《経済契約法》は民法の範疇に属すると考えられるようになった。この改正により,経済契約は概ね民事契約に統合されたといってよいだろう。[20]

このほか,中国では,渉外経済契約制度や技術契約制度などの別個の契約制度があったが,こうした各種契約制度を統一的に規定する立法が求められるようになった。そして,《経済契約法》の大幅改正が成立した直後から,統一的契約法の起草作業は進められていった。そして,1999年3月15日,《中華人民共和国合同法》(以下,《契約法》という)の制定として,それは結実した[21]。なお,《契約法》制定と同時に,《経済契約法》,《渉外経済契約法》,《技術契約法》の3法は廃止されている。

この《契約法》は,「本法にいう契約とは,平等な主体である自然人・法人・その他の組織の間における民事上の権利義務関係を設定・変更・終了させる合意である。」(2条)と規定した。また,同法は,23章と附則をあわせて428か条にものぼり,このうち,1章から8章まで総則を定め,9章から23章において15類型の典型契約を定めている。

二　中国における労働契約の意義

1　労働法と経済法,民法の関係

もともと,プロレタリア独裁の中国では,労働者は国家の主人公であり,生産手段の所有者であった。つまり,労働関係の一方当事者である企業の所有者は公民であり,労働者は労働の提供者であると同時に,企業の所有者でもあった。したがって,そこでの労働関係には,搾取や従属の関係は存在せず,労使間における利益の相克や対立構造は想定されていなかった[22]。また,労働契約に基づく従属労働は資本主義国に固有の現象であり,社会主義公有制を達成した中国では,もはや労働契約に基づく従属労働は克服されたとの考えに立ち,中国における労働は「奉仕労働」として把握されていた[23]。そして,企業の管理運営は,全体として経済計画に従う一方,内部的には労働者自身による民主管理を原則としていた。また,個々の企業には党委員会が設置され,末端の政治機構として機能していた。そして,

企業とその上部機関および企業相互間の関係だけでなく，企業内部の関係までも，様々な規則や計画・指令などといった行政的規範により規整されていた。

こうして，従来，労働関係においては，契約関係という概念を意識的に回避し，民事的な規範の適用を排除してきたといえる。さらにいえば，企業間の取引ですら，計画経済のもとでは，計画と行政的規範に基づいていた。すなわち，企業間および企業内部の経済活動の規整は公法的規範に一元化されていたのである。加えて，法は，政策や権力者の指示の劣後に置かれ，労働関係をはじめ社会経済関係に対する法律や契約による規整はほとんど機能していなかったといえる。

そして，改革開放後，前述のように，従来，経済に関するすべての領域を包括していた経済法の領域のうち，対等な主体間の横の関係については，民法の規整対象とされる一方で，経済法の規整対象は，国家の経済管理および国家と企業間の縦の管理関係に限定され，経済法の公法的性格はより明確となった。さらに，企業・組織内部の縦の関係については，労働法により規整されることとされた（ただし，現在でも，労働法という法領域は経済法の一部とする考えは根強い）[24]。労働法の規整対象については，労働関係（労働に従事する過程のなかで発生する労働者と雇用単位との関係）とそれに密接に関係するその他の関係（例えば，労働紛争処理や労働保険に関する関係，労働組合と企業・機関との関係など）と理解された[25]。

また，労働関係に対して，民法の法規整は直接的には及ばないとされた。その理由は，企業・組織内部の経済関係は，対等な主体間の関係ではなく，また，社会主義経済下において，労働力は商品とみなされていないからということである[26]。しかしながら，一方では労働契約制度の導入も進められ，労働関係は，たんに企業内部の縦の関係に基づく行政的な規整を受けるだけでなく，企業と労働者の間の労働契約によっても規整されるようになった。すなわち，労働関係の当事者の関係を，当初かなり形式的にではあったが，合意によって形成・変更・終了するという私法的要素が取り入れられたのである。

2 契約類型としての労働契約

(1) 労働契約と民事契約

改革開放後,「労動合同」の概念が立法上はじめて用いられたのは, おそらく1980年7月26日に国務院により公布された《中華人民共和国中外合資経営企業労働管理規定》(以下,《合弁企業労働管理規定》という) であろう。《合弁企業労働管理規定》2条は, 合弁企業の労働者の労働条件等に関する事項について「労働契約を通じて定める」ことを明記している。すなわち,《経済契約法》上の経済契約と同様に,《民法通則》上の民事契約よりも早い時期に, 労働契約は法律上の概念として登場しているのである。このように, 一般的な民事契約の概念が形成される以前に, 労働契約が法制度上規定されたために, 中国における労働契約制度は独自の発展を遂げてきたといえよう。

そして,《経済契約法》の改正など, 契約法制の再構築のプロセスにやや遅れて, 1994年7月に《労働法》は制定公布されることになる。同法は, 労働契約について,「労働者が雇用単位と労働関係を締結する際に双方の権利と義務を明確にする合意」(16条) と定義付けた。他方で, その後, 1999年3月, 契約全般を射程とした《契約法》が制定され, 同法は,「本法にいう契約とは, 平等な主体である自然人・法人・その他の組織の間における民事上の権利義務関係を設定・変更・終了させる合意である。」(2条) と規定した。

このように,《契約法》上の契約にしろ,《労働法》上の労働契約にしろ, 当事者間の権利義務関係を「合意」[27]により形成することに変わりはない。また, 既に1993年において, 労働紛争の裁判管轄が経済廷から民事廷へ移管され[28], 労働関係の取り扱いも変化してきている。そして, 労働契約が契約の一類型であること, あるいは, 労働契約が契約に共通する特性を有していることは, 労働法の学説においても認められているところである[29]。

しかし, 他方で, 民事契約を規整する民法と労働契約を規整する労働法は, それぞれ排他的に適用され, 民法と労働法は異なる法領域であるとの解釈が一般に主張されている[30]。したがって, 民事契約と労働契約は異なる

第1章　中国労働契約法の基礎的考察　　*139*

法規整を受ける別個の契約制度と理解されてきた。すなわち，民事契約は私法原理により規整される。一方，労働契約を規整するのは労働法であって，その労働法は伝統的に公法的性格を有する経済法（行政法）の一部として理解されてきた。ここに，中国における労働契約の契約法としての位置付けの複雑性・困難性が垣間見られる。(31)

(2)　労働契約と雇用契約

ところで，労働契約（「労動合同」）という用語は，既に1980年代初頭には，法律上のものとなっていたが，他方で，「雇用合同」という用語も，同じ《合弁企業労働管理規定》のなかですでに登場していた。すなわち，《合弁企業労働管理規定》12条において，「合弁企業の外国籍の労働者の雇用，解雇，辞職，報酬，福利と社会保険等の事項は，すべて雇用契約の中で規定する」と定めていた。また，社会主義社会における「労働関係」との対比において，「雇用関係」あるいは「労資関係」といった概念は，資本主義社会における使用従属や搾取をともなう労働者と使用者の関係として理解されてきた。こうした「雇用」という用語が持つ資本主義的な文脈のなかで，雇用契約の概念も理解された。すなわち，合弁企業という私的主体と中国公民ではない外国人労働者との関係については，社会主義的労働関係とは異なる資本主義的雇用関係として把握され(32)，雇用契約と労働契約の違いは，契約関係にある主体が，社会主義的な属性を有しているか否かにあった。したがって，労働契約は，あくまでも使用従属のない社会主義的関係に立脚するものであり，雇用契約は，資本主義的な使用従属関係を基礎とする契約関係として解するのが，1980年代の理解であった。(33)

しかしながら，こうした改革開放初期の雇用契約に対する解釈は，必ずしも法律上はっきりと定着したわけではなく，《労働法》において労働契約の定義規定が置かれたのとは対照的に，雇用契約を定義する規定は存在しなかった。

実際に，1999年に制定された《契約法》が定める15の典型契約の中に，労務供給契約の類型として，請負契約（15章），委任契約（21章），運輸契約（17章），仲介（「居間」）契約（23章）が規定されているものの，労働契約な

いし雇用契約は含まれていない。これは，言い換えれば，中国における労働契約が，《契約法》2条が定める①「平等な主体」間，②「民事上の」関係という定義のいずれかもしくは双方に適合しないからとの理解も可能であろう。

ただし，このことに関して興味深いのは，1995年1月に全人代常務委員会法制工作委員会に提出された《中華人民共和国契約法（起草稿）》および1997年5月に出された《中華人民共和国契約法（意見聴取稿）》においては，雇用契約（「雇用合同」）の名称で，典型契約のひとつとして規定されていた点である。[34] 最終的に，1998年8月20日付の《中華人民共和国契約法（草案）》の段階で「雇用合同」の章は削除され，立法化は見送られた。

その削除理由として，前述のように，民事法たる《契約法》は企業・組織内部の関係には適用しないということと，現在，《労働契約法》の起草が進められており，労働契約と雇用契約の関係が不明確ということの2点が大きな理由のようである。[35] 結局，雇用契約について，未だに明確な実定法上の定義規定は存在しない。

(3) 労働契約と労務契約

そして，労務契約（「労務合同」）も，雇用契約同様，実定法上明確に定義されていない概念である。「労務合同」という用語は，もともと《合弁企業労働管理規定》の実施細則を定めた1984年1月労働人事部公布の《関於中外合資経営企業労働管理規定実施辦法》のなかでみられる。そこでは，合弁企業と労働者の間で労働契約を締結するほか，「合弁企業は労働者の募集・採用・解雇等の事項について，人員を供給する組織あるいは地区労働服務公司と労務契約を締結することができる。」と定めていた（労働服務公司とは，職業紹介や職業訓練などを行う機関である）。つまり，同《辦法》が定める労務契約とは，本来，労働者供給を目的とした契約であって，労働者と企業が締結する契約ではなかった。

しかし，現在では，労務契約は，労働者供給契約だけでなく，《契約法》が定める請負契約，委任契約，運輸契約，仲介契約等を包含する概念として理解されており，[36] 労務提供者と労務受領者との間の契約も，労務契約の

範疇に含まれることになった。また，《労働法》において適用除外されているベビーシッターとの契約も，労務契約に含まれている。いずれにせよ，労務契約は，労働契約とは異なり，民事法により規整される。

このように，雇用契約や労務契約という概念は，典型契約として法律上規定されているわけではない。しかし，現実には，実務上，《労働法》の適用されない労働契約に類似した非典型の労務供給に関する民事契約関係について，労務契約ないし雇用契約といった用語が用いられることがあり，紛争処理にあたっては，民事法規が適用される。他方で，労働契約をめぐる紛争については，特別の紛争処理手続が定められており，これに従う。

ただし，労働契約について定義規定があるといっても，労働契約と雇用契約・労務契約を区別するメルクマールは，それほど明らかというわけではない。この点については，後述する（中国における労働契約の特質）。

(4) 労働契約に対する《契約法》の適用可能性

では，労働契約には《民法通則》や《契約法》をはじめとする民事法規範は適用されないのであろうか。また，労働契約のほか，《保険法》や《担保法》，《特許法》，《著作権法》など，独自の契約制度を規定する法律が存在するが，これらの契約類型も《契約法》には盛り込まれていない。そして，これらの契約類型については，次のような起草者の見解が示されている。
(37)

まず，1998年8月の第9期全人代常務委員会第4回会議における全人代常務委員会法制工作委員会副主任・胡康生による「《中華人民共和国合同法（草案）》に関する説明」によれば，「《保険法》，《担保法》，《労働法》，《著作権法》等の法律が，契約の特殊な問題に対して具体的に規定しているので，《契約法》の典型契約では特別の規定を置いていないが，上述の法律が定めていない場合には，《契約法》総則の規定を適用する」とされる。ここ
(38)
では，《労働法》が列挙され，労働契約への適用の可能性が明示されている。

つぎに，1999年3月9日第9期全国人民代表大会第2回会議における全人代常務委員会法制工作委員会主任・顧昂然による「《中華人民共和国合同法（草案）》に関する説明」によれば，「《海商法》，《保険法》，《担保法》，

《著作権法》等のいくつかの法律は，海上運輸，保険，保証，著作権使用等に対する契約の特殊な問題について規定しているが，これらについて，《契約法（草案）》はその他の法律が契約について定める場合，その規定に従う旨定めている」と説明された。さらに，同じく顧昂然主任による「各種契約の法律規定と適用問題——契約法（草案）」の紹介九」の「第三　その他の法律が定める契約」によれば，「《商標法》，《特許法》，《著作権法》，《保険法》，《担保法》等の法律は，関連する契約の特殊な問題について具体的に定めている。《海商法》，《鉄道法》，《航空法》は海上運輸，鉄道運輸，航空運輸について，専門的に規定している。《契約法（草案）》総則の規定は，無名契約，その他の法律が定める契約を含めた全ての契約に対して，適用しなければならない。各則については，その他の法律が別に定める場合には，当該法律の規定による。」とされる(40)。これらの見解では，《労働法》が列記されていないが，「等」に含まれるとすれば，明示的に排除されていないと解することもできよう。

また，《労働法》の解釈適用において，全面的に民事関係法規の適用を排除しているわけではない。例えば，同法17条は，労働契約の締結・変更にあたり，法律や法規に違反してはならないと定めているが，ここにいう法律・法規には，労働関係立法だけでなく，民事法も含まれると解されている(41)。また，労働契約に対する債務不履行や労働に関連して引き起こされた不法行為に対する損害賠償については，《民法通則》の規定が適用される(42)。加えて，訴訟法上から見れば，労働紛争に関する訴訟手続は，《労働法》のほか，《中華人民共和国民事訴訟法》に従う。

3　小　括

総じて，従来，労働関係は企業内部の縦の関係として捉えられてきたが，労働契約制度の導入により，企業と労働者の権利義務関係を合意により形成するという，これまでと異なる規整方法が取り入れられていることも事実である。こうした労働法制および労働契約法制が行政的規整から私法的規整にシフトしていく過程を，中国では，「公法の私法化」と呼ぶことが

第 1 章　中国労働契約法の基礎的考察　143

ある。これは，これまで資本主義諸国が，労働関係を私法上の契約として捉え，それに対して公法的な修正を加えるという，私法の公法化のなかで労働法制を形成してきたのとは対極にある現象といえる。

そして，中国における労働契約が契約法としての共通性を有すること，または，《契約法》などの民事法の規範が労働契約にも適用されうることは，以上で理解できよう。しかし，労働契約は，一定の範囲で民事法の規整を受けつつも，原則として，独自の契約制度として発展・形成してきた。では，中国の労働契約の特質，言い換えれば，労務契約などの民事契約との違いはどこにあるのだろうか。この点について，以下で検討する。

三　中国における労働契約の特質

これまで述べてきたように，中国の労働契約概念は，日本をはじめ資本主義諸国の雇用契約ないし労働契約とはその発想において異なる点が見られる。つまり，資本主義市場経済における労働契約に対して，社会主義市場経済における労働契約の特質とは何であろうか。これらの問題に関する中国の学説が指摘する点を整理してみると，次のような点が挙げられる。

1　労働契約の内容・性質における特質
(1)　労働契約当事者の特定性

労働契約の当事者は，《労働法》16条が定めるように，一方は労働者，すなわち労働能力と権利能力を有する公民であり，もう一方は労働力の使用者，すなわち生産手段の経営管理権限を有する雇用単位であり，企業，事業，国家機関，社会団体等の単位および個人経営者を指す[44]。そして，労働の過程とはその労働者の提供する労働力（人的要素）と雇用単位の有する生産手段（物的要素）の結合作用の過程である。こうした当事者の属性のために，実際の労働過程の中で，経済的従属関係が生じることになる[45]。

他方，請負や委任，運送，仲介などの労務供給に関する契約，すなわち労務契約において，労務提供者は自然人だけでなく，法人やその他の組織でもよい。また，自己の生産手段を用いて労務の提供を行い，危険負担に

関しても労務提供者が負うとされる。こうした点で，労務契約において従属関係はない。

(2) 労働契約の目的（客体）の単一性——労働行為

労働契約の目的(客体)は，労働行為そのものである。したがって，必ずしも労働の成果の実現ではない。労務契約は，労働行為を通じて履行される債務ではあるが，一定の労働の成果・結果を目的とする[46]。したがって，労働契約と労務契約は，目的においても異なるとされる[47]。また，労働行為が労働者の人格と不可分であることから，労働契約においては，経済的従属関係が生じると同時に，人格的にも使用従属関係が生じる。

(3) 集団性・組織性

労働契約の締結により，労働者は雇用単位の組織の中に組み込まれ，雇用単位の成員となる。雇用単位から見れば，自らの成員に対する組織と管理の権利を掌握することになり，労働者個人の労働は，集団労働の中に組織化されることになる。こうして，労働者は，雇用単位の成員として，身分上あるいは組織上，雇用単位に対して従属することになる[48]。

(4) 報酬の性質

労務契約における報酬は，商品交換における価値(価格)と同様の性質を有し，その価格は市場の変動と直接的に連動する。そして，その額の決定は，商品の価格決定と同様のルールに従い，コスト（費用）に一定の合理的な利潤を加えたものであり，一回限りのあるいは分割による支払いがなされる。他方，中国において「労働」は商品ではなく，労働契約における報酬は，市場の需給情況を直接的に反映するものではない。そこでの報酬は，生活消費財の分配方式の一種であり，「按労分配」（労働に応じた分配）の原則に基づき，持続的・定期的支払いがなされる[49]。

また，労働契約関係において，一定の条件のもとで，第三者に対する物質的利益を包含することがある。例えば，社会保険や企業内福利を通じて，労働者が扶養する直系の親族に対する給付が行われる。また，最低賃金の基準は，多くの国でそうであるように，中国でも，労働者が扶養する家族の生活費を考慮して決定される。このように，労働契約の内容は，第三者

に対する利益をも考慮した上で決定され，締結される。したがって，単に，賃金の支払いだけでなく，社会保険や福利厚生にかかる費用も企業は負担する。

(5) 労働契約の附合性

　労働契約は諾成契約であり，当事者の意思の一致により成立する。しかし，同時に，実際の締結においては，雇用単位による主要な労働契約条項の提示に対する労働者の同意のプロセスとなる。したがって，非常に附合性の高い契約といえ，こうした労働契約の高符合性も，社会化された労働生産プロセスの下では，一定の合理性を有する。すなわち，契約の締結や履行に際しての取引コストを引き下げる。ただし，往々にして，労働者は，全面的に受け入れるか，拒否するかの選択しかない。かかる意味で，労働者の契約に対する自由意思は制限されることになり，また，不平等な交渉を強いられることにもなる。そこで，労働契約においては，労働協約や労働基準規制立法によって，労働関係を社会的に標準化して規整し，労働者の権利を保障する。

　なお，中国では，募集要綱（「招工簡章」）について，一種の特殊な広告ではあるが，一般の広告が，「申込みの誘因」に当たるのに対して，募集要綱は，採用条件などの内容を含む労働契約の草案であり，たんなる申込みの誘因にとどまらず，契約の申込みとしての特性を有していると解されている。そして，雇用単位による労働契約条項の提示に対する労働者の同意のプロセスは，雇用単位による契約の申込みと労働者による承諾という法律行為として理解される。

2　労働契約の制度的特質

(1) 労働契約の認証制度

　労働契約の認証制度とは，労働行政部門が法により労働契約の内容について審査を行う行政監督・行政サービス制度である。主に，労働契約内容の適法性，真実性，履行実現性などを審査し，これにより，労働契約の履行確保や労働紛争の予防を図り，社会労働関係を安定・調和させ，労働契

約当事者の適法な権益を保護するとする。もともと，1986年7月制定の《労働契約制度実施規定》30条において，「労働行政部門は労働契約の履行状況について監督し，審査する責任と権限を有する」と定められていた。また，1989年8月31日労働部が公布した《関於労働合同鑑証的通知》(労働契約の認証に関する通知) において，「締結された労働契約は一律に労働部門に送り認証を得なければならない」とされ，1992年10月22日には，《労働合同鑑証実施辧法》(労働契約認証実施辧法，以下，《認証辧法》という) が労働部において制定された。

そして，《認証辧法》によれば，およそ全ての労働契約について (4条)，労働契約の認証制度は実施され，労働契約の当事者適格，その内容の適法性と明確性，当事者の自主性・平等性などについて審査する (5条)。ただし，当事者に対する認証を受ける義務や認証と労働契約の効力の関係などについて，《認証辧法》は定めていない。また，2条は，労働契約認証制度の性質について定めているが，そこでは，「一種の行政監督・行政サービス措置」であるとする。したがって，認証そのものは，必ずしも労働契約の効力発生要件とはなっていないといえよう。

(2) 労働契約の書面化

以上の認証制度を現実に運用するためには，当然，労働契約は書面化されなくてはならない。そして，《労働法》19条は，労働契約を書面の形式をもって締結するよう定めている。加えて，そこでは，7項目にわたる必要記載事項も定められている (契約の期間，職務の内容，労働安全衛生と労働条件，報酬，職場規律，労働契約終了の条件，労働契約違反の責任)。書面の要式性については，労働紛争の防止や労働行政部門による管理監督の利便性などが根拠とされるが，書面化されていない場合の法的効力は，規定されていない。

実際には，書面による契約書がなくとも，事実上の「労働関係」があれば，労働者に労働法上の保護は与えられる。事実上の労働関係があるにもかかわらず，企業が労働契約書の締結や作成を怠っている場合には，労働行政部門による改善命令が出される。また，裁判例などにおいても，事実

第1章　中国労働契約法の基礎的考察　*147*

上の労働関係があるときには,「労働契約を締結せよ」といった判決が出されることがある。この場合，労働行政上の監督の観点から，書面作成を課しているということになろう。したがって，私法的に見れば，権利義務関係は形成されているのであった，書面性は，必ずしも私法上の労働契約関係の成立要件とはいえなくなる。

　ところで,《契約法》においても，書面化を要求する契約類型がいくつか存在する。そして,《契約法》10条は,「当事者による契約の締結は，書面の形式，口頭の形式およびその他の形式による。法律・行政法規が書面の形式を採用しているときは，書面の形式を採用しなければならない。当事者が書面の形式を採用するときは，書面の形式を採用しなければならない。」と定める。では，かかる《契約法》上，書面で締結しなければならない契約類型において，書面で締結されない契約の効力はどうなるのだろうか。これについては，当該契約の効力を否定するのが一般的な見解といえる。ただし，当事者の一方が既に主要な債務を履行し，相手方がこれを受領しているときは，当該契約は成立すると解されている。(56)

　こうした理解からすれば，労働契約関係において，既に労働者により履行され，雇用単位が受領した労働については，労働契約が成立すると解することが可能となる。ただし，継続的契約関係である労働契約関係において，一部が履行されたからといって，残りの契約期間について，労働契約関係が成立するかについては，直ちには断じえないだろう。

　そして，中国における学説において，労働契約に対する理解は混乱が見られる。例えば，董保華副教授は，中国において,「労働契約に対して，二つの側面から理解が可能である。一方で，労働契約は労働契約書として理解され，それはまさに一種の行為モデルとみなされる。他方で，労働契約を労働契約行為とみなし，一種の労働法律事実として，労働契約の締結・履行・終了および変更・解除を通じて，労働法律関係を生成・変更・消滅させる。我が国の学者および立法部門は前者の理解に傾斜しており，外国の立法は後者の理解である。その分岐は，口頭の契約，無効な契約，事実上の労働関係の認識に現れてくる。私の理解では，両方の理解を総合した

うえで，後者の理解に重点を置いて我が国の法律規定および法律理論を新たに捉えていくべきである。」と述べられている。要するに，労働契約に対する契約としての観念的な理解が中国において欠如していることに関する董副教授の指摘である。

いずれにせよ，現在の中国において，こうした労働契約の書面性にともなう問題については十分な議論がなされておらず，今後の大きな課題である。

(3) 人事档案制度

档案(dang'an，ダンアン)とは，ファイルや記録一般のことをいい，特に，個人の身上記録を人事档案と呼ぶ。本研究において「档案」とはこの人事档案を指すこととする。档案は，一般農民を除く全ての人民について作成され，人事管理に利用されている。通常，小学校卒業時から档案の記録を開始し，就職時に正式の档案となり，死後まで保存される。つまり，ひとりの人間が所属「単位」を変更するたびに档案も移動し，転校，就職，転職，入党などのたびにその内容が審査される。内容として，本人の出自(出生地・階級・家族)，学業成績，各種賞罰のほか，政治運動・学習に際しての態度や業務能力等に関する責任者の評価，日常の生活態度などが一切記録される。档案は，所属「単位」の党組織の人事部門が管理し，本人はその内容を見ることができない。档案制度は，事実上，党と国家にとって強力な政治的支配の手段となっているのである。

労働制度上からいえば，正規労働者の档案は，その所属する企業が管理している。档案を管理する企業こそが，「単位」制度に基づき，当該労働者の生活全般を保障する主体とみなされる。そして，労働契約は，档案を管理する「単位」と正規労働者の間の正式な労働関係を前提として締結される。

換言すれば，中国において，ひとりの労働者の正規の労働契約関係は，ひとつしか存在しえないのである。かりに，ある「単位」に所属する労働者が，他の「単位」で勤務したとしても，そこでの関係は労務契約関係として理解される。したがって，労働契約関係と労務契約関係の相違は，実

際には，檔案の管理や社会保険・福利厚生の費用負担を実質的なメルクマールとして判断されているようである。そして，こうした労働契約と労務契約をめぐる理解は，近年，裁判実務において大きな問題となっている。なぜなら，両者は，同じ労働を通じて債務を履行する契約であるにもかかわらず，紛争処理に適用される法律・法規が異なり，また，紛争処理手続が異なるからである（労働契約紛争には，後述のように，特別の処理手続が用意されている）。なお，労働契約と労務契約をめぐる今日的課題については，第一編第二章第三節三5の「下崗」の項において，検討したところである。

このように，中国における労働契約は，様々な制度との関連の下に理解されており，実体的な書面を重視している。こうした理解は，労働契約の契約論的理解を阻害するおそれがあり，労働管理制度としての側面を過度に強調するものといえる。

第二節　労働契約をめぐる紛争の処理システム

中国では，市場経済化にともなって雇用調整システムの確立が急務となっている。すなわち，それは，離職に関する規範の設定とその運用システムの構築である。前者は，国家機関が定める立法などの公的規範と，労働契約・労働協約・労働慣行等による労使間で設定された解雇に関する自主的規範も包含する。後者は，具体的規範の公正な適用と適正な利益調整を担保する紛争処理システムの創設とその実践である。以下では，労働契約をめぐる紛争の具体的処理規範と労働紛争解決手続について概観する。

一　労働紛争処理規範
1　労働紛争処理規範としての法源

中国において，労働紛争処理規範としての労働法の法源は，主に以下の8つのカテゴリーに分類される(59)。

(1)　憲法

第一に，最高法規たる《中華人民共和国憲法》である。特に，42条は公

民の労働の権利と義務を，43条は労働者の休息の権利を，44条は退職者の社会保障を，45条は公民の社会保障を受ける権利を，48条は男女同一労働同一賃金を含む男女の平等な権利を規定している。

(2) 労働法律

第二に，全国人民代表大会およびその常務委員会が制定・批准した規範——通常，法律だが，辦法，規定もある——である。周知のとおり，全人代は，日本における国会にあたるものであり，第9期では2979人の人民代表が召集され，毎年3月，2週間程度開催される。全人代常務委員会は，その常設機関であり，委員長，副委員長，秘書長，委員若干名で構成される。労働関連の法律——「労働法律」と呼ぶ——として，全人代可決のものは，《中華人民共和国工会法》，《中華人民共和国婦女権益保障法》(第4章労働の権益)などがある。また，常務委員会可決の労働法律として，《中華人民共和国労働法》，《中華人民共和国鉱山安全法》などがある。また，全人代常務委員会の批准を経て，国務院が公布した規範として，《関於工人退休，退職的暫行辦法》(労働者の退職に関する暫定辦法)，《関於職工探親待遇的規定》(労働者の帰省休暇に関する規定)などがあり，これらも労働法律として取り扱われる。さらに，契約や不法行為に関して，《民法通則》や《中華人民共和国合同法》(契約法)，訴訟手続きに関して，《中華人民共和国民事訴訟法》なども重要な規範といえる(いずれも，全人代可決)。

(3) 労働法規

第三に，国務院が，《憲法》や《労働法》などに基づき制定した規範である。国務院は，中国の中央政府であり，最高の行政機関である。国務院の定めるこうした規範を「行政法規」と呼び，これは，日本の政令にあたるものと解される。労働法に関する行政法規を特に「労働法規」と呼ぶ。現行の労働法規は40あまりで，代表的なものとして，《中華人民共和国企業労働争議処理条例》，《企業職工賞罰条例》，《中華人民共和国労働保険条例》，《失業保険条例》，《国有企業富余職工安置規定》，《国務院関於職工工作時間的規定》などがある。なお，国務院は，1954年までは政務院と呼ばれており，《労働保険条例》などは政務院が制定したものである。

(4) 地方労働法規

第四に，地方（省・自治区・直轄市）の人民代表大会およびその常務委員会が，上位規範に基づき定める規範である。これらを「地方法規」といい，労働法に関するものを特に「地方労働法規」と呼ぶ。省・自治区人民政府所在地区の市および国務院の批准を受けた比較的大きな市（例えば，大連市など）でも，同様に，地方労働法規を制定することができる。これらの地方労働法規は，省・自治区人大常務委員会の承認を受けなければならない。

(5) 労働規章

第五に，国務院の各部門（日本の各省庁），労働法関係でいえば，労働行政部門——時期によって行政組織の変動があり，労働部，人事部，労働人事部，労働和社会保障部(現在)——が，労働法律や労働法規に基づき制定する規範である。これを「労働規章」と呼ぶ（日本の省令に当たるものと解される）。《労働法》制定にあわせて労働部が定めた《企業経済性裁減人員規定》，《集体合同規定》，《外商投資企業職工管理規定》，《違反和解除労働合同的経済補償辦法》，《違反労働法有関労働合同規定的賠償辦法》などがある。

(6) 地方労働規章

第六に，上記の地方法規を制定することができる地方の人民政府（労働和社会保障局など）が，上位規範に基づき定める規範である。労働法に関するものを特に「地方労働規章」と呼ぶ。主に，地方労働法規や労働規章の実施細則を定める。前述のように，立法のフィードバックシステムを円滑に操作するにあたって，比較的下位の規範である地方法規・地方規章などの地方別の規範や通知・決定・復函などの行政的規範が重要な意義を持っている。また，上位規範は細則を規定していな場合もあるので，実際の紛争処理にあたって，具体性を備えた下位規範の機能は大きいといえる。

(7) 政策文書

第七に，その他の規範性を有する文書がある。これは国家機関が法律・法規・規章に基づき制定する法律・法規・規章以外の労働政策に関わる規範である。例えば，通知，決定，復函などの文書であり，通達にあたるも

のと解される。政府機関や行政機関だけでなく、上級の人民法院が下級の人民法院に対して、法律の解釈基準などについて指示を出す場合もある。

(8) 国際労働条約

第八に、国家が批准したILO条約である。中国では、既に19のILO（中国語では「国際労工組織」）条約に批准している（批准した順に、7号、11号、14号、15号、16号、19号、22号、23号、26号、27号、32号、45号、59号、80号、159号、100号、144号、170号、122号、このうち7号から80号までは中華人民共和国建国前に批准し、残り5つについては1987年以降に批准）[63]。ただし、現実には、国内法の整備が必要であり、実際の労働紛争において、国際条約を実質的な処理規範として用いるのは困難であろう。

2 労働協約・就業規則・労働契約

(1) 労働協約

労働協約（原語は「集体合同」）に関する立法として、《労働法》(33, 34, 35条)のほか、1994年12月5日に労働部が公布した《集体合同規定》（労働協約規定、以下、《協約規定》という）がある[64]。

まず、《労働法》33条1項によれば、「企業の労働者は、企業と……労働協約を締結することができる。労働協約の草案は、従業員代表大会あるいは労働者全体の討議に付さなければならない。」と定め、同条2項は、「労働協約は労働組合代表者と企業が締結する。労働組合のない企業では、労働者が推挙した代表と企業が締結する。」と定めている。

ここで、労働協約の締結当事者は労働者であって、必ずしも労働組合ではない。また、実際の妥結に関して、従業員代表大会ないし労働者全体に付議しなければならないとされており、ここでも、労働組合に限らない。さらに、労働協約の締結については、原則として労働組合（の代表）とされているが、労働組合がない場合には、労働者が推挙した代表者によっても締結されうる。

また、労働協約の効力について、《労働法》35条は、「法により締結された労働協約は、企業と企業の労働者全体に対して拘束力を有する。労働者

第1章　中国労働契約法の基礎的考察　153

個人と企業が締結した労働契約のなかの労働条件と労働報酬などの基準は労働協約の規定を下回ってはならない。」と規定する。要するに，第一に，労働協約の効力は，非組合員にも及ぶことになる。中国では，通常，正規労働者は組合員であるが，臨時工など非正規労働者は非組合員である場合もある。ただし，労働組合は，中華全国総工会系の組合しか認められていないので，企業内は単一の組合であり，第二組合は存在しない。第二に，労働協約の効力は，最低基準としての効力であり，片面的効力と解される。

さらに，《労働法》34条によれば，労働協約は，当事者の合意によってこれを締結したうえで，労働行政部門の審査を経ないと効力を生じないとされる。労働行政部門へ届け出て，15日以内に労働行政部門より異議がなければ，労働協約は効力を生じる。(65)

このように，労働協約は，最低基準として労働契約に対して効力を及ぼし，また，労働協約の内容に雇用単位は拘束され，いったん労働紛争が生じた場合，解決のための規範となる。

(2)　就業規則

職場規律（原語は「労働紀律」）とは，労働者が労働の過程の中で遵守しなければならない労働規則と秩序である。労働規則（原語は「規則制度」あるいは「企業規章」）とは，職場規律を具体的に規則化・制度化したものであり，これが就業規則に当たるものと解される。(66)

そして，雇用単位は法に従い労働規則を制定する権利を有し，また，完全な労働規則の制定を通じて，労働者が労働の権利を享受し，労働の義務を履行することを保障しなければならない（《労働法》4条，89条）。(67)

この企業内の労働規則が如何なる法的効力を有するかについて，《労働法》は明確に定めていない。また，現在の中国労働法学界において，労働規則に関する議論はそれほど十分とはいえない。しかしながら，労働規則に対する法的議論を展開する学説も見られないわけではない。すなわち，王全興教授（中南政法学院）によれば，《労働法》3条2項は「労働者は………職場規律と職業道徳を遵守しなければならない」と定め，また，《憲法》53条も中華人民共和国公民は労働規律を遵守しなければならない旨を定めて

おり，これらを根拠規定として，さらに，以下の3点を理由に挙げ，労働者に対する労働規則の法的拘束力を導く議論が展開される。[68]

　第一に，労働規則は法律規範の延長であり，それを具体化したものである。労働規則の主な内容は，もっぱら関係法規を根拠に制定されたものであり，関係法規が定める内容についての具体的展開である。こうした意義から，労働規則は，労働法律規範を実施する必要な手段であると考えられる。したがって，関係法規に抵触しない範囲において，労働規則に法的な効力を付与すると解すべきであるとされる。

　第二に，労働規則は労働契約の付属文書である。すなわち，《労働法》19条1項は，労働契約の記載事項とひとつとして，職場規律を規定している。職場規律のうち，規則化され，明文化されたものが労働規則である。実際に，これら労働規則を全て労働契約上明記することはしない。一般に，労働契約締結に際して，労働者は当該単位の労働規則を遵守する旨の約定を定める。[69] 同時に，雇用単位は労働規則に従い労働者に対して労働条件と福利待遇を提供する旨の約定を労働契約に盛り込む。こうして，企業と労働者双方が労働規則に拘束されることに同意すること通じて，労働規則は労働契約の一部として法的な効力を付与されるという。

　第三に，労働規則は労働過程を実現する自治的規範である。労働規則の制定は雇用単位の経営自主権を行使する法律行為であると同時に，労働者も労働規則の制定に参与し，労働規則の内容は労働者の同意を経て確定することができる。これは，労働規則が雇用単位と労働者による法律に基づく自律的手段であることを示し，雇用単位と労働者全体の共同意思を反映しており，したがって，法的効力を認めることができる。この実質的根拠は，1988年4月制定の《中華人民共和国全民所有制工業企業法》52条に見られる。すなわち，同条は，従業員代表大会の権限について規定しているが，そのひとつとして，「企業の賃金分配案，ボーナス分配案，安全衛生措置，賞罰の方法およびその他の重要な労働規則について，審査し同意するあるいは否決する」権限を定めている。こうして，従業員代表大会が労働規則の制定や改定に関与し，これに同意することにより，労働規則は個々

第1章　中国労働契約法の基礎的考察　155

の労働者を拘束するとの理論構成である。

　いずれにせよ，労働規則は，労働契約の内容の一部として，労働者を法的に拘束すると解されており，労働紛争処理の重要な規範となる。

(3)　労働契約

　労働契約については，既に述べたところである。書面化や認証制度などにより，労働紛争を未然に防ぐだけでなく，実際に紛争が生じたときには，その処理規範として機能する。

二　労働紛争処理手続

1　労働紛争処理システムの概要

　中国における労働紛争の処理機関およびその手続きは，主に，1993年7月国務院公布《中華人民共和国企業労働争議処理条例》(以下,《処理条例》という)[70]および《労働法》によって規定されている。これらによれば，労働紛争の処理機関として，企業内の労働紛争調停委員会（以下,「調停委員会」という），県・市・市管轄区に組織される労働紛争仲裁委員会（以下,「仲裁委員会」という），中国の裁判所である人民法院の3つが規定されている。以下では，設定された規範を運用し，利益調整と紛争処理を行う前記の各紛争処理機関およびその手続について,《処理条例》と《労働法》の規定に従って概観する。[71]

(1)　調停委員会

　企業内の労働紛争は，まず，調停委員会に持ち込まれ，調停が行われる。同委員会のメンバーは，企業内の労働者代表，企業代表，労働組合代表（企業レベル）により構成され，労働組合代表が主任を務める。労働者代表は従業員代表大会により推挙される。同委員会は，紛争受理後30日以内に，当事者の合意を経て調停を達成するよう努力しなければならない。期限内に不調に終わった場合，当事者は，紛争発生の日から60日以内に，仲裁委員会に紛争処理の申請を行うことができる。

　なお，企業内の調停委員会の設置は，法的には任意であり，調停を経るか否かは当事者の自由である。[72]

(2) 仲裁委員会

そして，仲裁委員会では，当事者の協議による和解の斡旋や同委員会による調停などが試みられるが，不調に終わった場合には，最終的に，仲裁委員会により仲裁裁決が出される。この仲裁委員会のメンバーは，労働行政部門代表，労働組合代表（県・市・市管轄区レベル），企業代表により構成される。主任は労働行政部門代表が務める。

この仲裁手続は，労働紛争を人民法院に提訴するために必要な手続となっている。つまり，労働紛争においては，仲裁前置主義がとられている。

(3) 人民法院

さらに，当事者は，仲裁裁決に不服の場合，これを受領して15日以内に人民法院に提訴することができる。この場合，日本の不当労働行為救済命令に対する行政訴訟と異なり，仲裁委員会の仲裁裁決は訴訟物とはならず，あくまでも，労使双方が原告と被告となって争われる民事訴訟の形式をとる（したがって，《民事訴訟法》に基づく訴訟手続きに服する）。人民法院は中国における裁判所であり，刑事廷，民事廷，行政廷，経済廷に分かれ，労働紛争は民事廷の管轄となっている。組織上，人民法院は，基層人民法院（県・市・自治県・市管轄区）——中級人民法院（地区・直轄市内・省管轄市・自治州）——高級人民法院（省・直轄市・自治区）——最高人民法院の4級に分かれており，通常，2審制である。人民法院では，判決による解決だけでなく，調停（和解）による調整（法院調停）も行われ，むしろ，法院調停のほうが重視され，優先されてきた。

以上のように，個別紛争処理および労働協約の履行過程における権利紛争に関しては，上記の紛争処理機関が管轄権を有し，解決を図る。しかし，労働組合を中心とした集団的紛争については，労働行政部門が紛争の解決にあたる（《労働法》84条）。つまり，労働協約の締結にあたっての利益紛争や労働者集団の権利実現や利益獲得のための集団的行動に対しては，上級の工会組織や労働行政部門が説得・調整を図ることとされている。

第1章　中国労働契約法の基礎的考察　157

2　統計的考察

　調停委員会は，企業内の苦情処理機関といった性格を持つため，処理件数について，正確な数字の把握は困難である。労働統計においても，労働組合の職務・機能を表す数字として記載があるが，その件数は，中国の労働事情や労働者の規模を考慮すると，それほど多いとはいえない。例えば，1997年に調停委員会が受理した労働紛争の件数は7万2594件であり，うち実際に調停が成立したものは4万7528件で，さらに調停をへて仲裁委員会へ申立てられた件数は3579件となっている。他方で，同年の仲裁委員会の受理件数は7万1524件となっており，調停委員会を経ずに仲裁委員会へ持ち込まれる紛争がかなり多い。

　また，1998年の仲裁委員会の受理件数は，9万3649件（このうち，集団的紛争は6767件）となっており，前年比3割ほどの伸びがみられる。さらに，同年において，仲裁裁決を不服として人民法院へ提訴された労働紛争件数は，3693件となっており，これは前年比で55％も増加している。

　一方，1998年の調停委員会の受理件数は4万3219件にとどまっており，前年の6割程度となっている。企業内部の紛争処理能力が低下しつつあることが考えられる。

　そして，仲裁委員会での処理結果を詳細にみると，1998年において解決をみた処理件数のうち34％が調停（和解）であり，実際に仲裁裁決を出したのは28％にとどまる。また，「その他」の処理が38％となっているが，おそらく仲裁委員会外で和解が成立するなどして，仲裁申請を取下げたりしたものと思われる。この「その他」の処理は外資系企業において比較的多く，仲裁委員会に持ち込まれた外資系企業の労働紛争の63％を占める。さらに，人民法院での紛争処理を見てみると，労働紛争の処理のみの統計はないが，労働紛争を含めた民事訴訟のうち，債権債務関係に関する訴訟の44％程度が法院調停により解決し，損害賠償に関する訴訟では，その32％が法院調停による（いずれも1999年）。

3 裁判例の意義

ところで，本編第二章と第三章では，中国の裁判例を扱いながら，労働契約の解約の問題について検討するが，ここで，中国における裁判例の意義について若干ふれておく。

前述のように，中国において労働紛争の多くは，調停委員会や仲裁委員会において，調停手続を中心として解決される。そして，人民法院においても，調停による解決が優先されている。こうした，調停・仲裁においては，紛争の迅速な処理と当事者の事情に応じた解決が優先されるため，そこでの判断は，厳密な意味での法的判断とは一線を画すことになる。結局，人民法院による労働紛争に対する司法判断は，かなり限定的なものとなる。

そして，地方法規・地方規章など，労働関係に適用されるルールも地方ごとに異なることがある。さらに，前述のように，裁判制度は4級2審制とされており，通常，基層人民法院を経て，中級人民法院の判決で裁判は終結する。したがって，地域ごとに異なる判断となる可能性は否定できず，中国全国において，整合的で統一的な判例制度の形成は，事実上，困難といえよう。

また，二以上の地域にわたる労働紛争であるとか，特殊な事案でなければ，高級人民法院に付されることはない。さらに，最高人民法院に上告されることは非常にまれであり，最高人民法院における労働紛争に関する裁判例は極めて少ない。

加えて，裁判例を公表する定期刊行物は，中央レベルで，最高人民法院＝中国応用法学研究所編『人民法院案例選』（人民法院出版社，1992年創刊）および最高人民法院編『中華人民共和国最高人民法院公報』（最高人民法院，1985年創刊），地方レベルで，北京市海淀区人民法院編著『審判案例選析』（中国政法大学出版社，1997年創刊），上海市高級人民法院案例編審委員会編『上海法院案例精選』（上海人民出版社，1994年創刊），『人民法院裁判文書選』（法律出版社，2001年創刊）[82]，『中国審判案例叢書』（法律出版社）[83]などがあるが，公表される裁判例の数はかなり少なく，限定的なものとなる。

このほかに，法学教育用の教材としてのテキストやレビューのなかに，

仲裁例・裁判例を含めた様々な事例が紹介されているが，当事者名や裁判所名・判決日がふせられており，資料としての真実性については，法学研究上，十分とはいえない。また，仲裁例の場合，紛争解決に主眼がおかれているために，厳密な意味での法適用や法解釈が行われない場合があり，これも一定程度参考にはなるものの，やはり検討の際には留意する必要がある。

このように，中国における判例研究は，制度的にも資料的にも制約が多く，また，裁判官の能力に対する法学者からの不信感も強い。[84]こうした事情を背景として，中国の法学界では，裁判例を通じた法理の研究がそれほど盛んではなかった。しかしながら，近年の市場経済化のなかで，特に，経済的取引に関する分野を中心に，裁判例の研究や解釈基準としての判例の形成を求める議論が起こっている。[85]今後，中国においても判例研究が，法学研究において一定程度重要な地位を占めるようになると思われる。

そして，本研究でも裁判例を検討の対象とするが，以上のような判例としての制度的制約があることを前もってお断りしておく。また，本研究では，上記の『人民法院案例選』，『審判案例選析』，『上海法院案例精選』『人民法院裁判文書選・北京巻』において公表された裁判例を主に取り扱い，補助的に，その他の資料を参照することとする。

(1) 民法・経済法論争については，鈴木賢「中国における民法・経済法論争の展開とその意義」北大法学論集39巻4号178頁（1989年）参照。
(2) 王晨『社会主義市場経済と中国契約法』（1999年，有斐閣）13頁参照。
(3) 西村峯裕「中国外資系企業の労働関係(1)」産大法学24巻3-4号115頁（1991年）120頁参照。
(4) 詳しくは，小口彦太＝木間正道＝田中信行＝國谷知史『中国法入門』（1991年，三省堂）153頁（國谷執筆）参照。
(5) 王家福＝乾昭三＝甲斐道太郎編著『現代中国民法論』（1991年，法律文化社）67頁以下（梁慧星執筆），王晨「計画的商品経済における契約について」民商法雑誌99巻1号38頁（1988年）43頁参照。
(6) 履行遅滞や受領遅滞に対して，日毎に，未交付貨物総額あるいは未払い代金総額の0.05％の違約金が法定されていた。1956年7月重工業部公布

の「生産物供給契約暫定基本条款」第33条参照。ここでの違約金は懲罰的な「違約罰」としての性格を有していたといえよう。王晨・前掲『社会主義市場経済と中国契約法』139頁参照。

(7) 全訳は, 宮坂宏編訳『現代中国法令集』(1993年, 専修大学出版局) 177頁参照。

(8) 王＝乾＝甲斐・前掲『現代中国民法論』76頁（梁慧星執筆）参照。

(9) 王晨・前掲『社会主義市場経済と中国契約法』45頁参照。

(10) 佟柔主編『中国民法』(1990年, 法律出版社) 360頁, 王＝乾＝甲斐・前掲『現代中国民法論』76頁（梁慧星執筆）参照。ただし, 非継続的契約関係と継続的契約関係を分けて, 前者については遡及を認め, 後者については遡及を認めないとする学説も存在した。王家福編『中国民法学・民法債権』(1991年, 法律出版社) 358—383頁参照。また, 契約解除の効力は遡及効を持ち, 契約締結前の状態に戻るとする学説もあった。楊振山『中国民法教程』(1995年, 中国政法大学出版社) 453頁（傅県生執筆）参照。

(11) 中国の民法典の起草作業とその内容については, 野村好弘「中国における民法典立法(1)—(7)」法律のひろば36巻6—12号 (1983年) 参照。

(12) 原文では「調整」であるが, 本研究では, 法規整あるいは規整と訳す。「法規整」とは, 法の装置を用いての社会生活のコントロールをいう。菅野和夫『労働法（第5版）』(1999年, 弘文堂) 1頁参照。

(13) なお, 婚姻に関しては1950年に《中華人民共和国婚姻法》が制定されており, その後, 1980年にこれを修正した同名の法律が公布され, 1950年《婚姻法》は廃止された。そして, 2001年, 一部改正が行われている。また, 相続については, 《民法通則》の制定前の1985年に《中華人民共和国継承法》として定められた。

(14) 鈴木・前掲「中国における民法・経済法論争の展開と意義」183頁以下参照。

(15) 訳文は, 宮坂・前掲『現代中国法令集』157頁, 小川竹一＝國谷知史＝田中信行＝通山昭治「資料中華人民共和国民法通則・中華人民共和国民法通則草案」法律時報58巻9号70頁 (1986年) 参照。また, 《民法通則》の制定に関して, 鈴木賢「中国における民法通則制定とその背景(1)—(3)」法律時報60巻3, 5, 6号 (1988年) 参照。

(16) 佟・前掲『中国民法』2頁以下参照。

(17) 鈴木・前掲「中国における民法通則制定とその背景(2)」67頁参照。

(18) 指令性計画生産物の品種数は1984年の123品種から1993年には36品種まで減少した。河地重蔵＝藤本昭＝上野秀夫『現代中国経済とアジア』

(1994年，世界思想社）132頁（藤本執筆）参照。
(19) 王晨・前掲『社会主義市場経済と中国契約法』192頁参照。
(20) 既に，経済契約の民法への帰属は《民法通則》の制定（1986年）により一応解決されていたが，この改正により，経済契約における計画原則から契約自由の原則への転換はひとまず完成されたといえよう。王晨・前掲『社会主義市場経済と中国契約法』184頁以下参照。
(21) 起草過程については，梁慧星（渠涛訳）「中国契約法立法の新しい動向」名城法学44巻3号1頁（1995年），王利明（小口彦太訳）「中国の統一契約法をめぐる諸問題」比較法学29巻2号155頁（1995年）参照。また，1999年制定の《中華人民共和国合同法》については，『中華人民共和国合同法』（1999年，法律出版社）参照。
(22) こうした考えは，集団的労働関係法にも反映される。そもそも資本主義諸国に見られる労使の利益対立がないというのが建前であり，労働組合は党の指導に従い労働者を組織し，生産管理や労働者の教育等を行う準行政機関としての性格を有する。したがって，実際の機能として，企業の福利厚生を管理し，労働者と企業との調整役を求められてきた。何より，ストライキ権は当然に否定されてきたし，これは，現在でも原則として否定されている。市場経済化が進み，実際上は，労使の利益の相克が生じ，現行法上違法ではあるが，労働者による争議が全国各地で頻発しているのも事実である。なお，中国のストライキ権については，拙稿「《中華人民共和国工会法》における労働三権」社会体制と法3号49頁（2001年）参照。
(23) 向山寛夫『中国労働法の研究』（1968年，中央経済研究所）447頁参照。
(24) 鈴木・前掲「中国における民法・経済法論争の展開と意義」178頁，鈴木・前掲「中国における民法通則制定とその背景(2)」67頁参照。
(25) 袁守啓『中国的労動法制』（1994年，経済日報出版社）374頁以下，関懐主編『中国労動法講座』（1005年，改革出版社）2頁以下（関懐執筆）参照。
(26) 佟　前掲『中国民法』7頁参照。
(27) 原語は「協議」であり，動詞としては，「協議する，話し合う」という意味だが，名詞としては，そうした協議の結果としての「取り決めまたは合意」の意味である。他方で，中国語の「合意」は「気に入る，心にかなう」の意である。『中日辞典』（1992年，小学館）1609頁，553頁参照。
(28) 人民法院は，刑事，民事，経済，行政の各審判廷に分かれており，当初，経済廷が管轄していた労働契約に関する紛争は，1993年《最高人民法院関於労働争議案件受理問題的通知》で民事廷に移管することとされた。

(29) 例えば，李景森主編『労働法学（第2版）』（1995年，北京大学出版社）96頁，董保華『労工神聖的衛士──労働法』（1997年，上海人民出版社）117頁など。

(30) 労働法だけでなく，その他の民法，経済法，行政法などのテキストにおいても，その他の法領域との規整対象の違いがまず論じられることが多い。

(31) また，日本などとは異なり，中国では，労働法の規整領域と民法・契約法の規整領域を重層的にではなく，異なる法領域として（タテ割に）把握するのが一般的である（むしろ，それぞれの法領域をタテ割に把握し，規整理念の違いではなく，それぞれの規整領域の違いを強調する）。これは，伝統的に，労働関係に関する規範が経済法として公法（行政法）的性格を有していたことが建前としてあるが，実際には，中国法学会における縄張り意識，あるいは行政部門間の縄張り意識によることころが大きいといわれる。労働契約法制以外の例でいえば，商法に関して，「中国の法学界では，商法という法領域の存在をなかなか認めようとしない。なぜなら，商法という新たな領域を認めてしまうと，民法，経済法，行政法の縄張りが削られてしまうことになってしまうという認識が，中国の法学界にはあるからである」と，北京大学の李黎明助教授（会社法）は述べている。李黎明「中国企業社会改革の現状について」法律時報73巻8号73頁（2001年）参照。同様に，労働契約法が契約法の一部とされ，契約法に統合されるとすれば，これが民法の法領域となり，労働法の縄張りが削られるという意識が働いていると思われる。また，後述の《契約法》制定過程における「雇用契約」の扱いは，労働社会保障部と《契約法》起草を行った全人代常委会法制工作委員会民法室や民法専門家との駆け引きを物語っているといえよう。

(32) これらの「雇用」，「雇用関係」，「雇用労働契約」といった概念については，王益英主編『中華法学大辞典労働法学巻』（1997年，中国検察出版社）91頁参照。

(33) かかる意味で，使用従属関係をメルクマールとする日本の労働契約とは，用語が異なるといえる。

(34) 全人代常委会法制工作委員会民法室『《中華人民共和国合同法》及其重要草案稿介紹』（2000年，法律出版社）88，156頁参照。ちなみに，1995年1月《中華人民共和国契約法（起草稿）》444条［定義］では，「① 雇用は当事者の一方が相手方のために労務を提供し，相手方が報酬を支払う契約とする。② 国家機関，企業，事業単位，社会団体及びその他の組織とそ

の労働者(雇員)が締結した労働契約(労働合同)は,《労働法》に特別の定めのないときは,本章の規定を適用する。」と定めていた。また,1997年5月《中華人民共和国契約法(意見聴取稿)》372条[定義]では,「雇用契約は,労務者が労務を提供し,使用者が報酬を支払う契約である。」と規定していた。

(35) 前掲『《中華人民共和国合同法》及其重要草案稿介紹』166頁参照。
(36) 王全興『労働法』(1997年,法律出版社)148頁,董・前掲『「労工神聖」的衛士——労働法』119頁参照。
(37) ちなみに,《契約法》124条は「本法の各則あるいは他の法律に明文規定のない契約は,本法の総則の規定を適用し,あわせて本法の各則あるいはその他の法律の最も類似する規定を参照することができる。」と定めている。これは,市場経済の進展の中で,新たな契約類型の登場を予定したものであり,無名契約あるいは混合契約の存在を認める趣旨といえる。
(38) 全国人大常委会法制工作委員会民法室編著(孫礼海主編,賈東明副主編)『《中華人民共和国合同法》立法資料選』(1999年,法律出版社)7頁参照。
(39) 前掲『《中華人民共和国合同法》立法資料選』24頁参照。
(40) 前掲『《中華人民共和国合同法》立法資料選』63頁参照。なお,全人代常務委員会法制工作委員会民法室室長・楊明侖による「合同法試擬稿から征求意見稿まで——《中華人民共和国合同法(征求意見稿)》紹介」では,「特許法,商標法,著作権法,担保法,保険法等の法律は,特許権・登録商標権の譲渡,著作権の使用許可および保証,保険等の契約を定めている。《契約法》がこれらの契約について規定するか否かは,主に現行の法律の関係に関する問題である。上述の法律が関係する契約について比較的具体的に規定していることを考慮すると,《契約法》が改めて規定する必要はない。上述の法律が規定していない場合は,《契約法》総則の規定を適用することができる。」と説明されている(時期的には,意見請求稿前なので,1997年5月頃と思われる)。前掲『《中華人民共和国合同法》及其重要草案稿介紹』110頁参照。
(41) 《労働部労働法の若干の条文に関する説明》の17条に関する説明を参照。
(42) 《労働部労働法の若干の条文に関する説明》の99条に関する説明を参照。
(43) 董保華『労働法論』(1999年,世界図書出版公司)23頁参照。
(44) 中国では,使用する労働者の数に基づき,私営経済の主体の名称を異にする。すなわち,8人以上の労働者を使用する私営経済組織を私営企業と呼び,それ未満の労働者を使用するものを個人経営組織ないし個人経営

者と呼ぶ。1988年7月国務院公布《中華人民共和国私営企業暫定条例》2条参照。

(45) 李主編・前掲『労働法学（第二版）』96頁参照。
(46) 董・前掲『労工神聖的衛士──労働法』120頁参照。
(47) 李主編・前掲『労働法学（第2版）』96頁参照
(48) 董・前掲『労工神聖的衛士──労働法』117頁，王・前掲『労働法』146頁参照。
(49) 王・前掲『労働法』149頁，董・前掲『労工神聖的衛士──労働法』120頁参照。
(50) 李主編・前掲『労働法学（第2版）』97頁，董・前掲『労工神聖的衛士──労働法』118頁参照。
(51) 王・前掲『労働法』146頁参照。
(52) 董・前掲『労働法論』165頁参照。
(53) 董・前掲『労働法論』163頁，董・前掲『労工神聖的衛士──労働法』127頁参照。
(54) 関懐主編『労働法』(2001年，中国人民大学出版社) 134頁参照。
(55) 1994年12月26日労働部公布《違反中華人民共和国労働法行政処罰辦法》（中華人民共和国労働法違反に対する行政処罰辦法）3条，16条によれば，法律・法規等の違反に対して，警告や改善命令を出すとされる。
(56) 肖山旬＝魏耀栄＝鄧淑娜『中華人民共和国合同法釈論（総則）』(1999年，中国法制出版社) 104頁参照。
(57) 董・前掲『労働法論』159頁参照。
(58) 天児ほか『現代中国事典』(1999年，岩波書店) 926頁（辻康吾執筆）参照。
(59) 中国労働法学研究会編『新編労働争議仲裁案例』(2000年，法律出版社) 3頁参照。
(60) 天児ほか・前掲『現代中国事典』641頁（川井伸一執筆）参照。
(61) 天児ほか・前掲『現代中国事典』342頁（趙宏偉執筆）参照。
(62) 日本では条例にあたるものと解されるが，中国における「条例」は，中国でいう「行政法規」や「地方法規」の名称として用いられる。
(63) 王・前掲『労働法』42頁参照。
(64) 中国の労働協約制度については，彭光華「中国労働法下の労働協約制度──労働協約の締結過程を中心に──」九大法学77号201頁（1999年）が詳しい。
(65) 彭・前掲「中国労働法下の労働協約制度」204頁参照。

(66) 李主編・前掲『労働法学（第2版）』240頁参照。なお，労働紀律に関連する用語として，「労働規章」，「企業規章」，「規章制度」，「労働規則」等の言葉がある。
(67) 《全民所有制工業企業転換経営機制条例》第17条参照。
(68) 王・前掲『労働法』226頁参照。
(69) 馮彦君『労働法学』（1999年，吉林大学出版社）123頁参照。
(70) 邦訳は，宮坂宏編訳『現代中国法令集企業法・税法篇』（1995年，専修大学出版局）191頁参照。
(71) 詳しくは，楊坤「中国の労使紛争処理法制」日本労働法学会誌92号59頁（1998年），同「中国における労使紛争処理システムと労働組合の役割(1)〜(5)」労働法律旬報1491号50頁，1493号42頁（2000年），1497号33頁，1507号53頁，1508号26頁（2001年）参照。
(72) 楊・前掲「中国における労使紛争処理システムと労働組合の役割(1)」62頁参照。
(73) 仲裁裁決に不服の場合には人民法院への提訴が認められており，したがって，労働紛争仲裁は，当事者双方の合意により第三者に裁決を委ねる厳密な意味での仲裁とはいえない。
(74) この構成は《労働法》81条に基づくものであり，《処理条例》13条は，労働行政部門代表，労働組合代表，政府が指名する経済総合管理部門の代表となっており，構成が異なるが，《労働法》のほうが上位規範であり，かつ新法といえるので，《労働法》による構成が原則と解される。
(75) 楊・前掲「中国における労使紛争処理システムと労働組合の役割(1)」62頁参照。
(76) 木間正道＝鈴木賢＝高見澤磨『現代中国法入門（第2版）』（2000年，有斐閣）126頁参照。
(77) 彭光華「中国の労働協約制度における労働行政」九大法学80号（2000年）参照。
(78) 『中国労働統計年鑑（1998）』（1998年，中国統計出版社）576頁参照。
(79) 『中国統計年鑑（1998）』（1998年，中国統計出版社）782頁参照。
(80) 『中国労働統計年鑑（1999）』（1999年，中国統計出版社）510頁参照。
(81) 『中国統計年鑑（2000）』（2000年，中国統計出版社）760頁参照。
(82) なお，同書は，2000年巻を第1巻とし，北京市高級人民法院編の北京巻，上海市高級人民法院編の上海巻，浙江省高級人民法院編の浙江巻などが刊行されている。
(83) 同書は，2001年刊行で，天津市高級人民法院編の天津法院案例選と青

島中級人民法院編の青島法院案例選がある。

(84)　専門的法学教育を受けていない裁判官が数多くおり，文革による人材養成の中断も大きく影響を与えている。1988年において，ようやく，人民法院の職員全体の約2割が法律専攻の大学・専科学校卒業程度に達した。人民法院の人的力量について，高見澤磨『現代中国の紛争と法』(1998年，東京大学出版会) 85頁以下参照。

(85)　王利明「論中国判例制度的創建（中国における判例制度の設立を論じる）」最高人民法院人民司法編輯部＝中国人民大学民商法律研究中心『判例研究』第1号（2000年，人民法院出版社) 3頁参照。

第二章　雇用単位による労働契約の解約

第一節　中国解雇法の予備的考察

一　現行解雇法制の概要
1　解雇事由
本章では，雇用単位による労働契約の解約，すなわち，解雇法制について検討するが，中国において，解雇は大きく次の3つに分類されるのが一般的である。すなわち，《労働法》25条に基づく予告を要しない即時解雇，26条に基づく予告を要する解雇，そして，27条に基づく経済的人員削減(「経済性裁減人員」)である。また，25条の即時解雇は過失性解雇(「過錯性辞退」)とも呼ばれ，これに対して，26条の解雇は非過失性解雇(「非過錯性辞退」)と呼ばれる。なお，以下では，《労働法》25条，26条，27条が定める各解雇事由について，便宜的に，①から⑧までの番号を付すこととする。

(1)　過失性解雇

まず，25条は，労働者が次の事由の一に当たるときは，雇用単位は労働契約を解約することができると定めているが，その解約事由とは，①　試用期間において採用条件に適合しないことが明らかとなったとき，②　職場規律あるいは雇用単位の規則制度に重大な違反があったとき，③　職務上の過失や私利のための不正行為により，雇用単位の利益に重大な損害を与えたとき，④　法により刑事責任を追及されたときとされる。

(2)　非過失性解雇

つぎに，26条は，労働者が次の事由の一に当たるときは，雇用単位は，30日前までに書面により当該労働者に通知したうえで，労働契約を解約することができると定めている。そして，その事由とは，⑤　労働者が私傷病により，医療期間満了後も，従前の業務に従事できず，雇用単位が再配置した業務にも従事できないとき，⑥　労働者が業務の任に耐えず，職業訓練あるいは配置転換を経ても，業務の任に耐えないとき，⑦　労働契約締結時に依拠した客観的情況に重大な変化が生じ，労働契約を履行できなくなり，労働契約変更について協議しても合意に至らなかったときである。

ここでの「客観的状況の変化」とは，例えば，企業の所在地の移転，合併，企業資産の移転などを指し，また，これには，新技術や新型設備の導入にともなうポストの削減なども含まれる。

(3) 経済的人員削減

そして，27条は，⑧雇用単位が破産に瀕し，法定の再建手続を行いあるいは生産経営上重大な困難が生じ，人員削減が確実に必要なときに，30日前までに労働組合等に経営情況を説明し，意見を聴取したうえで，労働行政部門への報告を経て，人員を削減することができると定める。

2 解雇の手続と制限

(1) 経済的補償

以上の解雇事由のほか，《労働法》は，28条において，「雇用単位が本法24条，26条，27条の定めに基づき労働契約を解約したときは，国家の関係規定により，経済的補償を支払わなければならない。」と定める。ここで，24条は合意解約について定める規定であり，また，26条と27条は，先に述べた解雇事由である。他方で，25条所定の解雇事由の場合に，雇用単位は，かかる経済的補償の支払義務を負わない。なお，経済的補償の具体的支払基準等については後述する。

(2) 特別な解雇制限

さらに，29条では，「労働者が次の各号の一に該当する場合は，雇用単位は本法26条，27条の規定に基づき労働契約を解約してはならない。職業病あるいは業務上の負傷により労働能力の一部又は全部を喪失したと認められた者，私傷病により治療を受ける者で定められた医療期間内にある者，妊娠期・出産期・哺育期間にある女性労働者，法律・行政法規が定めるその他の情況にある者」と定め，一定の場合について解雇を制限している。詳しくは，後述するが，ここで確認しておきたいのは，中国の解雇法制において，解雇を制限する明文上の規定が存在し，特定の場合には，26条と27条に基づく解雇は制限されるものの，25条所定の解雇については，29条の解雇制限は及ばないということである。

(3) 労働組合の異議申立

加えて、30条は、「雇用単位による労働契約の解約について、労働組合が不適当であると認めるときは、意見を述べる権利を有する。雇用単位が、法律・法規あるいは労働契約に違反していたときは、労働組合は改めて処理することを求める権利を有する。」と定める。これは労働組合に解雇手続に関与する権利を付与するものであるが、後述のように、これを根拠として、労働者の解雇に際して、雇用単位には、労働組合への意見聴取義務が課されるとの解釈がみられる。この労働組合への意見聴取義務は、実際の解雇の可否の判断において重要な手続的規制として機能している。

3 予備的検討課題

以上が、現行解雇法制の概要であるが、ここから、つぎの2点について、特に注目しておきたい。

第一に、《労働法》は、法所定の場合に労働契約の解約ができると規定し、さらに、特定の場合に解雇を制限する規定を置いているものの、《労働法》上は、包括的に解雇を制限する明文規定が存在しないことである。いいかえれば、正当な事由がなければ解雇できないとか、解雇を原則禁止するといった明文規定が存在しないということである。

第二に、《労働法》が定める解雇事由は、25条、26条、27条所定の①から⑧までであるが、これらの解雇事由は、その性質によって区分されているというよりは、むしろ、解雇手続と解雇制限とに関連して分類されていると考えられることである。

以下では、第一点目について、包括的解雇規制規定の不存在と実際の包括的解雇規制について確認したうえで、第二点目に関して、①から⑧の解雇事由をその性質から分類し、中国解雇法の再整理を試みる。

二 中国における包括的解雇規制

1 包括的解雇規制規定の不存在

まず、中国の解雇法を検討するうえで、第一点目として、確認しなけれ

ばならないのは,《労働法》は,包括的に解雇を規制する明示的な条文を有していないという点である。つまり,《労働法》は,25条,26条において,「次の事由にあたるときは,雇用単位は労働契約を解約できる」と定め,27条において,「人員削減が確実に必要なときに,……人員を削減することができる」と定めている。しかし,ここから直ちに,《労働法》が包括的に解雇を禁止し,例外的に25条,26条,27条の場合に限り解雇を認めていると解釈することができるわけではなかろう。普通に文言を読む限り,そのような解釈が成り立つと考えられるが,少なくとも,疑問の余地を完全に否定することはできない。つまり,解釈上,25条,26条,27条を例示列挙の規定と解することもできないわけではない。

　ところで,日本でも,特定の解雇事由に関して,労基法上,解雇が禁止されているものの(国籍,信条または社会的身分に基づく差別的な解雇(3条)や申告権行使に対する報復的解雇(104条2項)が禁止され,労基法以外でも,労働組合加入や正当な組合活動(労組法7条1号),育児・介護休業の申出・取得(育介法10条,16条),女性労働者の婚姻・妊娠・出産(均等法8条3項)などを理由とする解雇が禁止されている),包括的に解雇を禁止するまたは解雇に正当事由を求めるなどの法規定は存在しない。したがって,民法の原則により,期間の定めのない雇用契約では,「何時ニテモ」解約の申入れをなすことができ,2週間の経過によってその契約は消滅する(民法627条1項)。この場合,解約事由に関する制限は特にない。すなわち,使用者は「解雇の自由」を有するのである。

　しかし,実際には判例上の解雇権濫用法理が,一般的包括的な解雇規制の機能を果たしている。すなわち,客観的合理的な理由を欠き,社会通念上相当と認められない解雇は,権利の濫用として無効となる[1]。ただし,これはあくまでも,判例上の法理であり,制定法上,解雇を包括的に規制する規定がないことは,日本の解雇法制の大きな特徴といってよい。

　他方で,日本同様に,中国においても,包括的な解雇禁止が法規定上明らかに存在するわけではない。また,判例法理によって解雇を包括的に禁止する解釈が形成されているわけでもない。ところが,中国において,原

則解雇禁止という基本的理解は自明の理とされているようであり、この点に疑問を差し挟む見解は見られない。なぜこのような理解がなされているのかを検証する。

2 包括的解雇規制の解釈根拠
(1) 解雇立法の沿革

前述のように、「固定工」制度の下では、「開除」、「除名」および「退職」等を除いて、中途に、企業と労働者との労働関係が解消されることはなく、その厳格な雇用保障は、中国の労働管理制度の中核であった。そして、「固定工」制度形成期において、特に建国初期の抱え込み政策を実施する過程で解雇禁止の定めが公布されるなど（第一編第一章第一節三5⑵参照）、解雇禁止を原則とする政策がたびたび打ち出されてきた。その意味では、これらの規定は、その後も明示的に改廃されていないのであるから（文革期において事実上失効していたとしても、廃止されていないので、その後効力を回復したと考えることもできよう）、これらが解雇の包括的規制の法的根拠といえなくはない。しかし、これらの規定が現在も効力を有しているかは不明である。

このように、いずれにせよ、中国の雇用システムにおいて、原則解雇禁止は明文規定上のものではなく、現実的要請と社会主義理念を背景に、暗黙のルールとして長年定着していたといえる。しかも、極めて稀な場合にしか、「開除」や「除名」といった取り扱いはなされなかったのであり、労働関係の解消は、定年や労働能力の喪失を除けば、原則としてほとんど認められていなかった。

その後、1986年に国務院が制定した《国営企業実行労働合同制暫行規定》は、12条において、「国営企業が労働契約を解除できる場合として、① 労働契約制労働者が試用期間中に、雇用条件に適合しないことがわかった場合、② 労働契約制労働者が病気に罹患し、あるいは、業務外で負傷し、（法定の）医療期間満了後も、もとの業務に従事できない場合、③《解雇規定》に照らして、解雇すべき場合、④ 企業が破産を宣告され、あるいは、

破産に瀕して法定の再建期間内にある場合」と定めたうえで，14条において，「労働契約の期間が満了しておらず，12条の定めにも合致していないとき」は，企業は労働契約を解約してはならないと定めていた。つまり，12条所定の解雇事由がなければ，企業は労働者を解雇することができないとする実定法上の根拠が示されていた。また，私営企業の労働契約制度に関して規定した《私営企業労働管理暫行規定》(1989年9月労働部公布)においても，同様の条文構造を採用していた。

つまり，「企業が労働契約を解約できる場合」は例外的な場合であり，契約期間満了前において労働契約を解約することは，少なくとも，労働契約制度の導入初期の立法では，明確に禁止されていた。

また，労働契約の期間について，《国営企業実行労働合同制暫行規定》2条は，当初，5年以上の長期工，1～5年の短期工，1年未満の臨時工に分け，期間の定めのある労働契約を原則としていたが，1992年に同条は改正され，新たに，期間の定めのない労働契約も認められることになった。(2)そして，当時の理解と解釈によれば，期間の定めのない労働契約は，すなわち終身契約とみなされていた。(3)こうした解釈により，期間の定めのない労働契約においても，定年以前に，労働契約を解約することは，《国営企業実行労働合同制暫行規定》12条所定の事由がない限り，禁止されるとの理解があったのである。

こうして現在でも，中国における期間の定めのない労働契約の場合には，随意に労働契約を解約することはできず，実定法上の規定ないし労働契約上の約定がなければ，労働契約を終了したり，解約したりすることはできないと解されていると考えることができる(4)。

(2) 契約法の沿革

また，補足すれば，中国における契約法の沿革からも，契約の解約に対する制限的理解を説明することが可能である。すなわち，1980年代，契約法の形成過程において，契約の解除について，一般には，《経済契約法》の規定が援用されていた。そして，その《経済契約法》においては，合意解除，計画の変更，当事者の消滅などの場合に限り，契約の解除が認められ

ていたが，そうした事由の存在だけでなく，国家利益・国家計画が考慮され，計画の主管部門の承認を経なければならなかった。つまり，契約の中途解約は例外的なものとして認識されていた。それは，1986年制定の《民法通則》が，契約の解除について何ら規定していないことにも示されている。

そして，いったん策定され，実行されている経済計画は，遡及的に廃止や変更が困難であったため，かりに契約の解除が認められるとしても，その解除の効果は，明文規定はないものの，遡及しないものと解されていた。[5] 労働契約法制の形成期に，これと並行して論じられてきた経済契約法制においても，契約の解除が原則として禁止される例外的なものと解されてきたのである。

このように，契約法および労働契約法制の沿革やこれまでの雇用システムからみて，労働契約の解約は，原則として禁止され，法定ないし約定の解約事由がなければ，解雇できないと解されてきたといえる。そして，現行法上，期間の定めの有無にかかわらず，企業には「解雇の自由」は認められておらず，包括的に解雇は禁止され，法律ないし労働契約上の根拠がなければ解雇できないと解されている。

三　中国解雇法の再整理
1　条文に基づく分類

以上のように，中国の現行解雇法制において，包括的に解雇は規制され，《労働法》25条，26条，27条に基づく場合については，法律上解雇が認められている。そして，これらの条文に基づく解雇の分類は，つぎのように，解雇手続と解雇制限に関連した分類といえる（解雇手続と解雇制限に関する詳しい内容については，本章第四節で後述する）。

まず，予告の有無である。25条の場合，予告は不要とされているが，26条の場合，30日前までに予告しなければならず，27条の場合，30日前までに，人員削減の実施を前提として，労働組合ないし労働者全体に情況を説明し，意見を聴取しなければならない。また，27条が定める⑧の事由は，

破産などにともなう解雇について，特に手続的に規制を強化したものといえる。

つぎに，経済的補償の支払いの有無である。28条によれば，24条（当事者の合意による労働契約の解約），26条，27条に基づき労働契約を解約するときは，雇用単位は，関係規定に従って経済的補償をしなければならない。経済的補償の額は，原則として，当該企業における勤続年数１年につき，当該労働者の平均賃金１か月相当額とされる。(6) 25条に基づく解雇の場合，雇用単位は，これを支払う必要はない。

第三に，解雇制限の適用の有無である。29条によれば，職業病あるいは業務上の負傷により労働能力の一部又は全部を喪失したと認められた者，私傷病により治療を受ける者で定められた医療期間内にある者，妊娠・出産・哺育期間にある女性労働者，法律・行政法規が定めるその他の情況にある者については，26条および27条に基づき解雇してはならない。他方で，25条に基づく解雇については，これらの解雇制限の適用はない。ここで，25条が定める②③④の解雇事由は，労働者の責に帰すべき事由に基づきなされる解雇であり，上記の法的保護措置を与える必要がないとの趣旨であろう。これに対して，①の解雇事由は，労働者の帰責事由というよりも，試用という過渡的期間の特性を考慮して，即時解雇事由とされていると考えられる（他方で，32条によれば，試用期間中であれば，労働者も即時に理由なく一方的に労働契約を解約できる）。(7) したがって，①の解雇事由は，むしろ，⑥と同様に，労働者の能力に起因する解雇事由ということができよう。

このように，中国の解雇法制では，各解雇類型に即して，法政策的な観点から，保護措置や手続的規制が加えられている。(8) 言い換えれば，《労働法》が定める各条項は，こうした保護措置や手続的規制の観点から類型化されたものであって，必ずしも解雇事由の性質に基づくものではないといえよう。しかしながら，これらの各条項に定められている個々の事情を検討すると，再整理の必要性が強く意識されるのである。

2 解雇事由による整理

(1) 人的事由による解雇と経済的事由による解雇

ひるがえって，日本では，一般に，解雇事由は，労働者の一定の行為（企業内外の非行，正当でない組合活動）に基づきなされる解雇，労働者の傷病・能力不適格等の労働者個人の身体的能力的原因による解雇，企業財政の欠損，事業部門の縮小・廃止等の経済的事由による解雇に分けられる。(9)

また，非違行為による解雇と身体的能力的不適格による解雇をあわせて「人的事由による解雇」と称し，企業財政の欠損，事業部門の縮小・廃止等を理由とする解雇を「経済的事由による解雇」と称することもある。後者は，労働者に何の帰責事由もないのに労働者を解雇することに大きな特色がある。労働者は何ら帰責事由もないのに離職を余儀なくされることになるから，経済的事由によって離職する労働者に対する保護は，労働法上のひとつの重要な課題となる。また，経済的事由による解雇は，通常，一時に相当数の離職者を産み出し，地域あるいは国家規模で，経済や治安の不安定要素となることもある。そこで，諸外国においても，経済的事由による解雇は，政策的な観点から，実態的にも手続的にも規制が加えられていることが多い。

そして，一般に，経済的事由による解雇に対する法規整は，解雇そのものの規制や解雇にともなう手続だけでなく，その後の失業期間中における離職者の処遇や再就職に向けた諸施策と連動的に機能するものでなければならない。解雇規制は，そうした雇用保障政策の第一段階ということができよう。(10)

また，そうした政策的な視点に立てば，このような離職が解雇によるか否かは，必ずしも重要とはいえない。結果としての離職ないし失業に対する対策が，政府には求められることになる。したがって，経済的事由による雇用調整を代替する機能を有する他のシステムの検討も重要である。かかる意味で，中国における「下崗」の問題は不可避的な論点であり，経済的事由による解雇は，「下崗」との関連でも論じる必要があろう。

(2) 解雇事由による中国解雇法の再整理

以上の整理に基づいて，上記の中国の解雇事由である①から⑧を分類すれば，非違行為による解雇は②③④，身体的能力的不適格による解雇は①⑤⑥，経済的事由による解雇は⑦⑧となろう。このように，解雇事由の性質に着目すれば，条文構造にとらわれない検討が必要となってくる。

また，社会主義計画経済時代の中国において，労働関係の解消事由は，労働者の重大な非違行為の場合か，長期の無断欠勤（職場離脱）の場合，そして，老齢や傷病による労働能力の低下・喪失の場合にしか認められていなかった。つまり，労働関係の解消事由として，労働者の非違行為等は既に含まれていたものの，身体的能力的不適格や経済的事由は含まれていなかった（傷病による身体的不適格の場合も，雇用単位から一定の生活費の保障を受け，雇用単位の成員としての身分は維持した）。したがって，身体的能力的不適格や経済的事由といった類型は，改革開放後に登場した新たな解雇事由の類型といえる。特に，経済的事由による解雇の類型は市場経済化の産物であり，改革開放後の中国における労働法の展開過程を，最も特徴的に際立たせるテーマといえよう。

そこで，以下では，中国の解雇法制を上記の再整理に基づき，人的事由による解雇（非違行為による解雇と身体的能力的不適格による解雇）と経済的事由による解雇に分類して，それぞれの内容について検討する。

第二節　人的事由による解雇

一　非違行為による解雇

《労働法》25条によれば，職場規律あるいは雇用単位の規則制度に重大な違反があったとき，職務上の過失や私利のための不正行為により雇用単位の利益に重大な損害を与えたとき，法により刑事責任を追及されたときには，即時解雇が認められる。以下では，それぞれの事由について検討したうえで，裁判例を見ていく。

1　職場規律あるいは雇用単位の規則に対する重大な違反

　職場規律（原語は「労働紀律」）とは，労働者が労働の過程の中で遵守しなければならない労働規則と秩序であり，労働規則については既に述べた（第二編第一章第二節一2）。労働者の非違行為に対する制裁等を定めた《企業職工賞罰条例》(1982年4月10日国務院公布）においても，労働者は職場規律および企業が定めた各種の規則制度を遵守しなければならないと定めていた（2条）。さらに，11条によれば，様々な非違行為を行った労働者に対して，「開除」処分を含めた処分が科される（その非違行為の態様は第一編第一章第三節二に述べたとおりである）。このほか，正当な理由なく，連続して15日以上無断欠勤した場合，あるいは1年間に30日以上の無断欠勤があった場合，企業は当該労働者を「除名」することができる。

　上記のような非違行為により，「開除」ないし「除名」された労働者は，職務を解かれるだけでなく，「単位」からも排除される。このような「開除」ないし「除名」といった処分・処理は，労働契約制度導入以前からのものであるが，「固定工」だけでなく，労働契約制労働者に対しても，同様に適用される。つまり，「開除」処分ないし「除名」処理は，法的効果の側面から見れば，労働者の非違行為を理由として，企業が一方的に労働関係を解消させる懲戒処分としての解雇ということができる。

　また，1986年7月，国務院が公布した《国営企業辞退違紀職工暫行規定》（以下，《解雇規定》という）[11]は，国営企業における労働契約制労働者に対する規律違反を理とした解雇について規定している。そして，その2条によれば，労働者に以下に列記する非違行為があった場合，教育やその他の処分を経ても効果がないときは，労働者を解雇できると規定されている。その非違行為とは，①　重大な職場規律違反により，生産・作業秩序に影響を与えたとき，②　操作規程違反による設備・工具の破損，原材料やエネルギーの浪費によって経済的損失を与えたとき，③　勤務態度が悪く，顧客や消費者の利益に損害を与えたとき，④　通常の配置転換に応じないとき，⑤　刑事処分にまでは至らないものの，汚職，窃盗，賭博，私利のための不正行為を行ったとき，⑥　喧嘩や暴力行為により社会秩序に重大な影響

を与えたとき，⑦ その他重大な過失行為があったとき，である。

この《解雇規定》は，国営企業の労働契約制労働者にのみ適用されるが，同条に基づく解雇も，法的に見れば，労働者の非違行為に対する懲戒処分としての解雇といえる。他方で，これと同時に制定された《国営企業実行労働合同制暫行規定》(以下，《労働契約制度実施規定》という) 13条によれば，労働契約制労働者が「開除」処分や「除名」処理を受けた場合，あるいは，労働矯正処分や刑事処分を受けた場合に，これらの処分が労働契約に及ぼす法的効果としては，「労働契約の自動解除」とされ，労働契約の解約とは一応区別されていた。すなわち，自動解除とは，企業の解雇権の行使を待たずに労働契約が解除されるという法定の解除条件付契約における解除条件の成就として理解されうる。いずれにせよ，その効果として，労働契約関係は解消される。

ただし，現行の《労働法》は，こうした「開除」・「除名」や労働契約の自動解除といった制度は規定していない。刑事処分を受けた場合でも，自動解除ではなく，法律学上では，企業による労働契約の解約の問題として把握される。労働契約制労働者に対しては，職場規律や労働規則違反による即時解雇として，法的には処理されており，現在では，ほとんどの労働者に労働契約制度が適用されている。

以上のように，職場規律や労働規則の違反に対する懲戒処分としての解雇は，《労働法》制定以前，さらには，「固定工」制度下においても存在していた。

そして，《憲法》や労働関連の法律法規により，労働者は企業の労働規則を遵守しなければならないということが定められており，法律や政策に反しない限りにおいて，労働規則は労働者を拘束することが当然視されてきた。こうしたことが，労働規則を労働契約論の中で位置付けるための議論が十分になされていないことの背景にあるといえよう。いずれにせよ，企業内の労働規則が，労働者を拘束し，労働規則に対して重大な違反をしたときには，労働者は解雇される。労働規則の内容が労働契約締結後に変更された場合や労働規則が労働契約締結後に新たに制定された場合でも，同

様に労働者を拘束するものと考えられる。

2　職務上の過失や私利のための不正行為

《賞罰条例》11条1項は,「私利の追求により,国家や企業に経済的な損害を与える行為」(5号),「汚職や窃盗,投機的行為,違法な取引,贈収賄,詐欺恐喝およびその他の違法な行為」(6号),「その他の重大な過失行為」(7号) に対して,「開除」を含めた処分を科すことを定め,《解雇規定》2条1項5号も「私利のための不正行為(「営私舞弊」)」があった場合に解雇できることを規定している。

そして,《労働法》25条3号の定めは,文言上から厳密に言えば,こうした事由の存在に加えて,「雇用単位の利益に重大な損害を与える」ことが要件となっていると解される。とすれば,「重大な損害」とは何かが問題となりうる。なぜなら,故意に不正行為を行った場合だけでなく,職務上の過失により損害を与えた場合にも,その情況や損害の程度によっては,予告も経済的補償もない解雇が認められるということになるからである。したがって,過失の程度ではなく,損害発生の有無ないし損害の程度により,解雇の可否が決定されることになる。

ただし,実際上,これらの事由は,《労働法》25条2号が定める職場規律や労働規則に対する違反とも重複する場合が多い。すなわち,「重大な損害」について,労働部の行政解釈では,「本条にいう重大な損害とは,企業の内部規則によって定められる。企業の類型は様々であり,重大な損害の範囲も千差万別である。故に,重大な損害に対する統一的解釈は難しい。これについて労働紛争が生じたときは,労働紛争仲裁委員会は企業の規則が定める重大な損害について判断する。」と[12]て,結局,労働規則の解釈問題に帰着するのである。したがって,25条2号と3号は,解雇事由として競合することとなり,一般的に言えば,25条2号違反を解雇事由とすることが多い。また,法的議論の上でも,明確に区別して論じられることは少ない。

3 刑事責任の追及

具体的には，人民法院により刑事判決を受けた場合（刑罰は以下のものを含む：主刑として，管制，拘役，有期懲役，無期懲役，死刑，付加刑として，罰金，政治的権利の剥奪，財産の没収），人民法院により《中華人民共和国刑法》32条に基づき刑事処分を免除された場合を指す（《説明》25条）[13]。また，有期懲役に対する執行猶予の場合，あるいは労働矯正処分の場合もこれに含まれる。[14]

4 規定の適用状況

以上のように，人的事由による解雇に関して，まず，就業規則違反や不正行為を犯したり，刑事罰や行政罰を受けたりした場合のような非違行為に対する解雇について規定されている。ただし，これらの非違行為の場合，25条のいずれの号に該当するかについて明確にその区別が意識されているわけではない（特に25条2号と3号）。したがって，以下では，具体的に裁判例で紹介された事案をもとに，どのような場合に非違行為による解雇が認められるか（あるいは認められないか）についてみていくこととする。

(1) 就業規則違反・不正行為

就業規則(労働規則)に対する違反は，25条2号に基づき解雇事由となる。ただし，職務上の不正行為は，25条3号における不正行為であると同時に，通常は，就業規則上も禁止された行為として，就業規則違反ともなる。したがって，実際には，就業規則違反と職務上の不正行為は明確には区別されない。加えて，就業規則違反の場合には，その「重大性」が法律上は要件となるはずである。つまり，軽微な就業規則違反では，解雇事由とはならないし，職務上の過失や不正行為についても，それによる損害の「重大性」が問題となりうる。

したがって，重大な過失(故意)に基づく就業規則違反でなければ，解雇は正当とはいえない。言い換えれば，解雇にあたって，それを正当化しうるほどの重大な不正行為ないし就業規則違反がなければならない。

① 上海ヤオハン事件 (15)

【事件の概要】

原告（X）周志龍は，被告（Y）上海八佰伴（ヤオハン）聯城超市発展有限公司の桂林店営業主任として勤務していた。1996年11月28日正午，1人の障害者の客（A）が桂林店で紹興酒3本等を買い，合計金額は199.8元であった。レジには支払いの客が多く行列をつくっていたため，XはAから200元を受け取り，Aは買い物を終えて桂林店を去った。その日の午後5時ころ，Xは他の1人の従業員とレジに行き支払いをしたが，100元札の1枚が偽札であることがわかった。Xは，その日には立て替えをせず，同日の帳簿には計上しなかった。翌日になって，Xは店長に事情を説明した後，レジで199.8元を支払った。同年12月19日，Xは自らのミスを認めて反省する文書を書いた。同月24日，Yは，Xは直接客から売上金を受け取る権限を持たず，且つ，適時に売上金を清算していないので，これは勝手に売上金を着服したということであり，詐欺の手段を用いて会社の物品を横領したものであり，その行為は従業員勤務規定に対する重大な違反にあたるとして，Xを即時解雇（に相当する処分）にした。XはYでの12月分の賃金を受け取り，1997年1月は出勤せず，労働紛争仲裁委員会にこの処分を取り消すよう求めたが，仲裁委員会は，その請求を却下した。Xはこの裁決を不服として法院に提訴した。

【判旨】

Xは売上金を受領したあと，当日午後にレジで支払いをしたが，偽札が見つかったため適時に清算できず，翌日になって支払った。これによれば，Xが売上金を受領したことは故意ではなく，YのXに対する処分の決定は明らかに不当である。

これは，従業員職務規定に対する違反の事件であるが，確かに，Xは直接代金を受領する権限を有しないのであり，これはYの従業員職務規定に反している。ただし，この行為が，故意に売上金を横領したといえるか否かといえば，事件の状況を考慮すると，やはり故意とはいえないであろう。したがって，かかる行為をもって，解雇を行うことは妥当性を欠くと判断

したものである。つまり，解雇にあたっては，やはり一定の行為の「重大性」が認められなければならない。また，こうした内部規則によって処分を科す場合には，事実を十分に調査し，明確な証拠を得た上でなされなければならない。

他方で，職務上の不正行為について，雇用単位の利益に対する損害の「重大性」が問題となるが，これは単に，経済的利益にとどまらず，企業の社会的信用などに対する損害も含まれる。つまり，短期的・直接的な経済的損失は小さくとも，信用を損なうような行為については，解雇が認められる場合もありうる。

② 中華長沙華天大酒店事件 [16]

【事件の概要】

被告(X)趙暁春は，原告(Y)中華長沙華天大酒店の労働者である。1989年11月，Xの友人ら数名が喫茶に訪れた際，Xは，伝票に少なく記載していたが，後で管理職Aが気づき，その友人に支払いをさせた。1990年3月14日，Aが，Xに，2階の客間に食事を届けるよう命じた際，Xは，その金額が20元であることを知っていたにもかかわらず，客から飲食代27元を徴収し，伝票には20元と記載した。後になって，客から問い合わせを受け，Aは謝罪した。Xは故意に徴収した7元を返還したものの，その行為はYに大きな信用上の影響を与えた。3月17日，YはXに対して解雇する旨を口頭で伝えた。Yはこれを不服として，労働紛争仲裁委員会に仲裁申請を行ったところ，仲裁委員会は，解雇決定を取り消す旨の仲裁裁決を出したため，Yは，Xを解雇したことに違法な点はないとして主張して，湖南省長沙市中級人民法院に提訴した。

【判旨】

長沙市中級人民法院は，「Xは勤務中において，重大な非違行為があり，ホテルの名誉に影響を与えたのであり……YはXを解雇する決定をなすことができる」と判示した。

一審判決後，Xは，Yのなした解雇処分は明らかに重すぎるとして，湖南省高級人民法院に対して控訴したが，湖南省高級人民法院は，「Xは客か

ら余計に金銭を徴収し、Yの名誉を傷つけたのであり、Yが規律を守るためにXを解雇したことは妥当性を欠くものではなく、一審判決に違法な点はない」と判断した。

③ 某市飼料株式会社事件[17]

【事実の概要】

被告（Y）某市飼料株式会社は国有企業である。1993年3月、原告（X）黄某（男性、Yの従業員）は、Yの運送部の運転手として、期間を3年とする労働契約を締結した。入社後半年もたたずに、Xの勤務態度は乱れ、職場規律を無視し、運送部に悪影響を及ぼすようになった。1993年4月5日夜、Xはほか数名と共謀して、Yの燃料倉庫に忍び込み、重油20リットルを盗み、運送部の遅番だった運転手Aに現場を見つかり、処分を受けた。また、1993年8月から、Xは違法な賭博をするようになり、累計で8000元以上の賭け金を賭けていた。最終的に、父母の説得で、自首し、態度がよかったため、刑事処分は免れた。Yは、Xが態度を改め反省する意思を示したため、誓約書を書かせ、それ以上の処分はしなかった。このほか、Xは、同僚のBに交際を申し込んだが、これを拒絶されたため、Bに嫌がらせをした。そこで、BはYの管理職に、Xに注意するよう申し出た。Yは、Xの半年間の態度を総合的に考慮して、規律違反を理由として、Xとの労働契約を解約することを決定し、離職までの期間を1か月とした。Xは、Yの決定を不服として、労働紛争仲裁委員会に仲裁申請をしたが、仲裁委員会はこの請求を却下した。そこで、Xは仲裁裁決を不服として、人民法院に提訴した。

【判旨】

人民法院は以下のように認定した。Xは労働契約締結後1年も経たないうちに、数度にわたって職場規律違反を犯し、多くは情状が軽微なものであり、自首したり、反省したりして刑事処分は免れているものの、Yの規則制度から見れば、Xは何度も違反を犯し、反省していない。したがって、Yは職場規律を粛清し、正常な生産秩序を維持するために、Xに規律違反の解雇を適用し、労働契約を解約する処分を行ったが、これは法律上の根

拠を有するものである。したがって，人民法院は《国営企業辞退違紀職工暫行規定》と《国営企業実行労働合同制暫行規定》の関係規定に基づき，Xの請求を棄却する。

このように，雇用単位に与えた実質的な経済的損失はわずかであるが，名誉や信用を損なうような行為は解雇事由として重く評価される。また，これらの事件では，少なくとも複数回にわたって不正行為が認められ，この点も，裁判において，解雇を有効とする評価につながったものと思われる。

(2) 在職中の競業行為

在職中に競合する企業の経営に携わることは，やはり職場秩序に反する行為として，解雇事由となりうる。特に，《労働法》は，22条において職務上の秘密の保守に関して，特約を設けることを認めるなど，秘密保守や競業避止に関しては，一定の厳しい態度をとっていると考えられる。

④ 上海豊華圓珠筆株式有限公司事件[18]

【事件の概要】

1992年6月30日，原告（X）徐徳昌と被告（Y）上海豊華圓珠筆株式有限公司は，期間の定めのない労働契約を締結した。1995年5月1日，Xは訴外Zと「合資開業契約」を締結し，江蘇省江陰市青陽鎮東村でボールペン工場を設立することを約定し，1万5000元を出資して工場を建設することとした。当該工場では，開業後，Yの製品の模造品を生産し，販売した。Yはこのことを伝え聞き，1996年4月，Xを停職扱いにして調査を行った。1996年8月27日，上海市浦東新区工商業行政管理局第三分局は，XとZが共同で出資し，1995年5月，江蘇省江陰で工場を開設し，模造品を生産した行為は，違法な投機行為を構成するとして，Xに対して1万2000元の罰金を科すことを決定した。Yはこれに基づき，同年12月，Xの行為が違法な行為であり，Yの利益に損害を与えたとして，Yの就業規則の関係規定に基づき，Xに対して労働契約の解約の決定を行った。Xはこれを不服として，上海市浦東新区労働紛争仲裁委員会に仲裁申請を行い，Yの決定を取り消すよう求めた。仲裁委員会はYの決定を維持した。Xはこの仲裁裁

決を不服として，上海市浦東新区人民法院に，従前の職務への復帰を求めて提訴した。

【判旨】

上海市浦東新区人民法院は事実を調査し，以下のように認定した。XはYの労働者であるにもかかわらず，Yの商品の模造品を生産する企業の生産経営の全過程に携わり，この行為は我国の《商標法》および《反不正当競争法》が定める商標等の知的財産権保護の規定に反するだけでなく，《労働法》および労働契約における「従業員は職業道徳と各種職場規律を遵守しなければならない」とする規定にも反する。Yが，Xに対して労働契約解約の決定を行ったことは，適法で合理的であり，不当な点はない。したがって，Xの請求は，事実および法律上の根拠を欠き，法院は支持できない。《労働法》25条2号の規定に基づき，1997年7月15日，Xの請求を棄却する判決を下した。

一審判決後，XはこれをF服として，上海第一中級人民法院に控訴したが，控訴は棄却され，原判決は維持された。

この事件では，在職中の競業行為が職場秩序や職業道徳に反するとして解雇を有効としているが，加えて，模造品の製造販売という不正競争防止法にも違反する行為であり，こうした点も，判断に影響していると考えられる。

(3) 職務上の過失

職務上の過失の評価は非常に困難な側面を有している。どのような場合に，職務上ミスがあったと認められるか否か，あるいはその責任を負うべきか否かは，個々の事案の具体的評価によると解される。特に，25条3号は「重大な損害」の発生を一応の要件としているが，その重大性の判断基準は特に示されていない。つぎの事案は，そうした職務上の過失についての事件であるが，結論として，解雇の効力を否定している。ただし，最終的な判断の根拠は，労働組合への意見聴取を怠ったという手続上の瑕疵を指摘し，これを根拠に，解雇を無効と判断した。したがって，厳密には，職務上の過失の態様については判断していない。

⑤ 上海奥的斯エレベーター有限公司事件[19]

【事件の概要】

原告（X）劉建発（男性、39歳）は、新しく設立された被告（Y）上海奥的斯エレベーター有限公司の機器設置部部長に任命された。1994年2月15日、Yは、当時起こっていたYの製品の設置に関する品質問題および工程管理の問題を理由に、Xを機器設置部部長の職務から解任した。そして、Xに対し、「4日以内にXが辞職を申請すれば、Yは継続して4か月の賃金を支給し、さらに新たな求職のために必要な協力をする」もしくは「4日以内にXの辞職申請がなければ、Yを解雇する」と伝えた。期日が到来したが、Xは辞職届を出さなかったため、YはXとの労働関係を解消した。

Xは解雇を不服とし、上海市労働仲裁委員会に仲裁申請を行った。1995年1月26日、上海市労働仲裁委員会は裁決を下し、YとXとの労働関係は1994年2月23日をもって終了することとした。Xはこの裁決を不服とし、1995年2月9日上海市黄浦区人民法院に訴訟を提起した。Xはわずか3か月間、機器設置部部長を担当しただけであり、近年の品質問題をXに帰責するのは、事実に符合しないこと、YがXとの労働関係を終了したとき、労働組合の意見を聴取しておらず、手続上違法であることなどを主張し、Yとの労働関係の回復を求めた。

【判旨】

黄浦区人民法院は、YがXに対して労働契約の終了を決定する前、労働組合の意見を聴取しておらず、労働契約終了後、労働組合はYに意見を提出していたにもかかわらず、Yはこれを受け入れていなかったことを摘示し、Xの請求を認めた。

Yは判決に不服とし、上海市第二中級人民法院に控訴したが、同法院は、労働者を解雇する際、労働組合の意見を聴取していないのであって、原審の判断は正しく、維持されるべきであると判断し、Yの控訴を棄却し、原判決を維持した。

結局、Xの職務上の重大な過失があったか否かについては、ほとんど判断されていない。これは、Yによる主張が不十分であったこともあるが、

実際の判断において、職務上の過失を判断することが困難であり、この困難を回避するために、手続的な側面から結論を導いたと考えられる。ただし、こうした判断の背景には、立証が明確にはなされていないだけでなく、職務を担当した期間がわずか3か月であり、その間の職務遂行状況からだけでは、解雇を正当化しうるほどの職務上の過失が認められないとの心証が働いたのではないかと思われる。

(4) 根拠の明確性

他方で、非違行為に基づく解雇が、一定の懲罰的要素を含む以上、その根拠はある程度明確にされていなければならない。中国における就業規則（労働規則）の労働契約に対する拘束性についてはすでに述べたが、簡単に繰り返すならば、就業規則は、労働契約の内容の一部として労働者を拘束するとの理論が展開されている。ただし、こうした就業規則の労働契約拘束性が無条件に認められるわけではなく、やはり労働者がその内容を知ることができる客観的状況が存在することが必要である。つぎの裁判例は、解雇をめぐる紛争であるが、このことを明確に判断している。

⑥ 北京月壇大厦不動産開発株式会社事件[20]

【事実の概要】

原告（X）戚曰杰は、被告（Y）北京月壇大厦不動産開発株式会社で運転手として勤務し、1999年5月8日、期間を1年とする労働契約を締結していた。Xは1999年12月27日、月壇ビルの門のところで、Yの車を運転していた際に、顧客と喧嘩となった。2000年1月4日、Yは、Xの行為が、Yの規則に違反し、Yの名誉に影響を与えたとして、Xを解雇する決定をした。この決定は、当日、Xに通知され、同月11日、Xは、解雇にともなう手続を行った。なお、Yの規則（1999年版職員ハンドブック記載）では、「職場規律及びYが制定した規則制度に重大な違反をした場合には、会社は労働契約を解約することができる」とされていた。ただし、Xは当該ハンドブックを受け取っていないと主張した。

Xは、2000年1月18日、北京市労働紛争仲裁委員会に仲裁を申請した。仲裁委員会は、1999年版職員ハンドブックを受け取っていない状況下で、

ハンドブック記載の条項をもってXを解雇することは不当であると判断した。その後，本件は，人民法院に提訴された。

【判旨】

法院は次のように判断した。Yは，就業規則をきちんと整備すべきであり，また，Xに対してハンドブックを交付したという十分な証拠は提出されていない。Xの行為が，Yの名誉に影響を与えたことは認められるものの，Yの規則は，具体的な実施細則もなく，その運用実効性を備えていないのであって，こうした原則的な規定をもって，労働者の具体的規律違反を処理する根拠とはすべきではない。したがって，YによるXを解雇する旨の決定は根拠を欠き，無効とすべきである。

この事件では，判断において，就業規則の「周知性」に問題があるだけでなく，その内容が具体性や明確性を欠いていた点も重視されている。加えて，就業規則違反の態様がそれほど重大ではなかったという点も考慮されたものと思われる。

5 小　　括

労働者の非違行為を理由とする解雇の場合，手続も一定程度考慮されるものの，当該行為の内容についての実態的判断がより重視される傾向が指摘できる。つまり，非違行為の内容や程度を認定し，その行為により解雇という帰結が正当化されるか否かといった点を判断しているように思われる。逆に，解雇が正当化しうる程度の非違行為が認められたときは，手続的な側面はほとんど判断されない。むしろ，そうした非違行為の内容や程度が十分明らかではない場合に（特に，上海奥的斯エレベーター有限公司事件），手続的観点から審査を加えている。

また，北京月壇大厦不動産開発株式会社事件では，非違行為の程度がそれほど重大ではなかったためか，解雇の根拠となる規定が運用実効性を欠いていたことを指摘して，労働者を救済している。職場規律を著しく乱すような場合であったならば，規定の運用実効性は必ずしも重視されることはなかったのではなかろうか。

二 身体的能力的不適格による解雇

1 試用期間中の解雇

(1) 試用期間の意義

試用期間とは，雇用単位にとっては，労働者が採用基準に見合った職業能力や企業適応性を有しているか否かを見極めるための期間であり，他方で，労働者にとっても，自身の適性や当該企業の情況を把握するための期間である。中国でも，労働契約において試用期間を定めることは，広く行われている。

そして，《労働法》21条は，労働契約において試用期間を定めることを認める。この試用期間の定めは任意であり，その設定の有無について制限はない。ただし，同条は，試用期間の長さについて，最長で6か月間と定める。また，労働部の《通知》によれば[21]，労働契約の期間が6か月以内である場合には，試用期間は15日を超えてはならず，労働契約の期間が6か月以上1年未満の場合には，試用期間は30日まで，労働契約の期間が1年以上2年未満の場合には，試用期間は60日までとされる。また，試用期間の設定は，当該労働者を初めて雇用する場合か，労働契約の期間満了後，再雇用する際に，従前の職務と異なる職務で採用する場合にのみ，認められている。すなわち，労働契約の再締結後の職務が従前のままの労働者に対して，試用期間を設定することはできない[22]。

もちろん，試用期間は労働契約期間の一部であり，試用期間中において，労働契約に関する法規整を受けるのは当然である。ただし，試用期間という過渡的期間の特性に鑑み，「試用期間において採用条件を満たさないことが証明されたとき」には，雇用単位は，労働契約を随時予告なしに解約することができるとされている。

(2) 試用期間における解雇の要件と効果

ここで，「採用条件」とは，最低就業年齢等の法定の基本的な採用条件のほかに，採用時に約定等により定められた教育程度（学歴）や技術・能力（資格），身体的能力，性格などを含む[23]。したがって，たんに，定められた職務の遂行能力だけではない。そして，試用期間という過渡的期間の特性

に鑑みると，同じ技術能力や身体的能力の不足を理由とする解雇であっても，試用期間満了後よりも試用期間中のほうが，解雇の正当性は広範に認められるものと解される。したがって，《労働法》25条1号と26条1号および2号とを同列に論じることはできないが，少なくとも，25条1号による解雇事由にはあたらないとされる程度の技術能力や身体的能力の不足を理由として，26条により解雇することは認められないと解することはできよう。

また，試用期間満了後に，労働者の身体的能力的不適格を理由に解雇する場合には，後述のように，再配置を検討しなければならない。しかし，試用期間中においては，労働契約で約定した業務・職務に不適格であれば，それ以外への再配置を検討する必要はない。加えて，試用期間中における解雇の場合，経済的補償金を支払う必要はない。

2　私傷病による勤務不能

私傷病による勤務不能に対して，《労働法》29条2号に基づき，解雇禁止期間としての一定の医療期間が定められている（本章第四節二2参照）。その医療期間は，勤務年数と当該企業における勤続年数に従って，3か月から24か月の間で定められる。しかしながら，この医療期間満了後も，傷病が治癒していない場合，あるいは症状は固定しているものの労働能力が低下した場合など，従前の職務に復帰できないときには，再配置を検討した上で，解雇することが認められる。

ただし，後述のように，26条1号に基づく解雇の場合は，勤続1年につき1か月分の賃金相当額プラス6か月分の賃金相当額以上の医療補助費を支給しなければならない。

3　能力不足による職務不適格

《労働法》26条2号にいう「業務の任に堪えず」とは，労働契約のなかで定めた任務あるいは同種の業務に就く労働者の作業量をこなせないことをいう。要するに，試用期間満了後も勤務を続けているものの，職務遂行能
(24)

力に問題があり，配置転換や職業訓練をしてもなお，一定期間のうちに，もとの職務ないし新たに配置した職務を遂行できない場合には，解雇が認められる。[25]

また，《労働法》25条1号の「採用条件」における職務遂行能力不足と，《労働法》26条2号にいう「業務の任に堪えず」との差異については，あまり明確に論じられていない。いずれにせよ，試用期間満了後において，能力不足・職務不適格が明らかとなった場合には，26条2号の適用しか認められないであろう。

このほか，《労働法》26条の適用において，若干不明な点がみられる。例えば，印刷工場で，植字工として採用された労働者が，視力の低下により，正常な業務の遂行ができなくなった場合には，いずれの条項が適用されるのであろうか。視力の低下が，業務に起因することが証明できれば，これは，《労働法》29条1号により，解雇はできない。また，業務と関係なく私傷病により視力の低下が引き起こされた場合，《労働法》26条1号に基づき取り扱われることになろう。そして，こうした視力の低下を，病気ではなく，たんなる能力の低下として捉えれば，《労働法》26条2号の問題として扱う余地もある。《労働法》26条1号と2号のいずれを適用するかは，解雇手続として大きな差はないが，経済的補償の点で，両者には相違があり，労働者にとって，1号を適用するほうが有利である。

また，こうした事案について，《労働法》26条3号を適用する見解もある。つまり，こうした視力の低下を,「労働契約締結時の依拠した客観的情況の重大な変化」と捉えるのである。後述するが，同号は[26]，企業の移転や合併等の経済的事由を念頭においた規定であると考えられ，人的事由である当該事案への適用には疑問がある。

4　規定の適用状況

障害などにより，当該業務を遂行する上で，身体的に不適格な場合に解雇することはやむをえない。その場合，当該労働者が実際に勤務に堪えうるか否かについて，具体的に審査しなければならない。そこでは，企業側

が要求する基準ではなく，客観的に業務を遂行する能力があるかが判断されている。一定の障害があっても，実際の勤務に堪えうるだけの業務遂行能力が認められれば，解雇することはできない。

① 中国銀行桐廬縣支店事件[27]

【事実の概要】

1987年3月，原告（被控訴人，X）李林珍（女性，27歳）は事故により右腎臓を摘出していたところ，1993年8月，Xは被告（控訴人，Y）中国銀行桐廬縣支店の面接に合格した。その後，Yによる病院での健康診断が行われたが，この際，Xは医者に対して右腎臓を摘出していることは告げず，病院の検査でもこの事実は発見されなかった。同年9月1日，YはXと以下の内容を含む労働契約を締結した。職種は事務，契約期間は5年，試用期間は6か月と定められた。同年12月中旬，YはXが右腎臓を摘出していることを知り，Xに病院で検査を受けさせ，その事実を確認した。1994年2月24日，Yは，Xが右腎臓を摘出しており，これが身体の重大な障害にあたり，中国銀行浙江省分行が定める身体健康面における採用条件に関する規定に違反することを理由として，Xとの労働契約解除に関する決定を行った。Xはこの決定を不服として，同年8月11日，桐廬縣労働局労働紛争仲裁委員会に対して仲裁申請を行ったが，仲裁委員会は，YのXに対する労働契約解除の決定を維持する旨の判断を下したため，Xはこの裁決を不服として，浙江省桐廬縣人民法院に提訴した。

Xは以下のように主張した。医学的臨床の実践から見れば，腎臓が1つ欠けたとしても，腎臓の機能は正常であり，身体の構成に重大な危険はなく，浙江医科大学付属第一病院は，Xの腎臓の機能が正常であり，正常に勤務できることを証明している。銀行の業務の性質から見て，銀行業務は頭脳労働に属し，Xの従事する業務も「銀行会計」であり，会計業務に支障はない。

桐廬縣人民法院が，杭州市中級人民法院法医技術所に鑑定を依頼した結果，正常な生活能力，業務遂行能力および社会活動能力を有しており，その身体状況は重大な欠陥というまでには至っていないとの結論であった。

【判旨】

桐廬縣人民法院は審理を経て以下のように認定した。Xは事故で右腎臓を摘出したが、その身体状況は重大な欠陥という程度までには至っておらず、試用期間中において、Xの身体状況はYが指示した業務を遂行していた。Xは、Yの新採用従業員の身体に関する採用条件を満たすと認めるべきであり、YがXに重大な身体的障害があると認める理由は成立しない。したがって、YはXとの労働契約を継続して履行しなければならない。

Yは一審判決を不服として、杭州市中級人民法院に控訴した。同法院は、審理を経て以下のとおり認定した。Xが事故で右腎臓を摘出したのは事実であるが、重大な障害という程度までには達しておらず、担当すべき業務に適応することができる。原審が法に従い下した判決には不当な点はない。

② 某市金属製錬工場事件[28]

【事実の概要】

原告（X）沈某は、1993年5月、被告（Y）某市金属製錬工場と期間を5年とする労働契約を締結し、Yの溶鉱炉工として勤務してきた。1995年7月8日、Xは休暇を利用して、オートバイで郊外へ出かけた際、乗用車と衝突して、救急車で病院に運ばれた。病院での診断の結果、Xは右腕を粉砕骨折し、脳も損傷を受けていた。治療を受けたが、軽い脳麻痺の障害が残った。1か月後、退院して自宅療養となった。

Yは、Xの病状を検討し、Xが退院はしたものの脳麻痺の後遺症があり、今後は、長時間の体力労働は困難であり、特にXが従事している溶鉱炉の作業は全ての勤務時間にわたって集中力を要し、Xが勤務した場合に、身体的に不適なだけでなく、事故が起こるおそれがある。そこで、Yは、1995年9月1日、Xの私傷病により労働契約を履行できなくなったとして、同年10月1日をもって労働契約を解約することをXに通知した。XはYの労務課を訪れ、医療期間が終わったときには復職を希望する旨を伝えたが、Yはこれを拒否し、適切な経済的補償金を支払う意思を伝えた。

そこで、Xは労働紛争仲裁委員会に仲裁を申請したが、仲裁委員会は、Xの訴えを棄却し、労働契約の解約が適法であると判断した。Xはこれを

不服として，人民法院に提訴した。

【仲裁採決要旨】

Xは，衝突事故により手術をしたが，手術は成功し，身体は基本的には正常に回復しているものの，軽い脳麻痺の後遺症があり，長時間の激しい運動はできず，療養と脳の休息には注意が必要であるが，Xの正常な勤務に影響はないと考えられる。労働能力鑑定委員会の鑑定でも，正常な勤務と生活に影響を与えるものではなく，既に健康も回復しており，従前の業務に従事することができるということであった。Xの医療期間が満了していない状況下で，Yが業務に支障が出ることを憂慮して早急に労働契約を解約したことは，その手続も違法であり，その手順も軽率にすぎる。したがって，YによるXとの労働契約の解約は効力を有しない。

このように，当該労働者が職務を遂行することができるか否かを，実際の障害の程度などを実質的に考慮して，客観的に判断している。そこでは，必ずしも企業が要求する基準に達していなくても，担当すべき業務に適応できれば足りる。他方で，労働能力の低下や能力不足により，現実に，業務に支障を来たす場合には，解雇はやむをえないものと判断されることになろう。

③ 某市教育印刷工場事件[29]

【事件の概要】

1995年3月，被申請人（Y）某市教育印刷工場は，「男女不問，23歳以下，裸眼視力5.0（新国際基準）以上」で植字工を募集し，申請人（X）魏某（21歳）は，これに応募し，採用された。Xは，視神経萎縮を患い，裸眼視力は4.6で，矯正も不可能であったが，応募の際，眼科の医師に視力5.0とする虚偽の証明書を作成してもらい，提出していた。1995年3月5日，XとYは契約期間を5年とする労働契約を締結し，試用期間を5か月と定めた。レーザー植字機を使った植字の業務を担当することになったが，完成原稿にミスが多く，スピードも同期の労働者と大きな開きがあったため，YはXに病院での視力検査を受けさせ，その結果，Xの視力が募集で要求した視力に達していないことがわかった。1995年5月4日，YはXとの労働契

約を解約した。6月2日，Xは，労働紛争仲裁委員会に仲裁申請を行い，労働契約の継続履行を求めた。

【仲裁採決要旨】
委員会は審理を経て，Xの視力が，採用条件を満たさず，また，試用期間内であることに鑑み，Yによる労働契約の解約は適法なものであると判断した。調停も行ったが不調に終わったため，以下のとおり仲裁裁決を出した。YによるXとの労働契約を解約する旨の決定を支持する。Xの仲裁請求を棄却する。

④ 某木材加工工場事件[30]

【事実の概要】
原告（X）聶某は被告（Y）某木材加工工場の労働者であり，契約期間は1994年5月20日から1998年5月20日までであった。契約の定めによれば，木材の測定検査の業務に従事することとされていた。3か月の訓練を経て，Xは正式に工場で勤務することとなったが，Xは，学歴もそれほど高くなく，数学が不得意であり，測定検査の業務に従事することが困難であった。1995年，Yは実際の状況を考慮して，Xの同意を得て，Xを木材運搬の業務につけた。3か月を経て，Xは体格が比較的小さく，通常のノルマを遂行することができなかった。そこで，Yは，30日前に，Xに対して労働契約を解約することを通知した。Xはこれを不服として，労働紛争仲裁委員会に，仲裁申請を行った。

【仲裁採決要旨】
仲裁委員会は，Xが職務を遂行できず，配転をしたあとも職務を遂行できなかったのであるから，Yは《労働法》が定める方法を履行しており，協議しても合意に達することができなかったとして，Yによる労働契約の解約を認めた。

5　小　括

労働者の身体的能力的不適格を理由とする解雇の場合も，当該労働者が実際に勤務に堪えうるか否かについて，具体的に審査しているように思わ

れる。そこでは，企業側が要求する基準ではなく，客観的に業務の遂行能力があるかが判断されている（中国銀行桐廬縣支店事件，某市金属製錬工場事件）。某市金属製錬工場事件では，一見，手続的不備を指摘しているようでもあるが，実質的には，労働能力鑑定の結果，労働能力を有している点が重要であったと解される。他方で，植字工や検査技師にその遂行能力が認められないことが具体的に示された場合には，手続の履行情況はそれほど重視されていない。

　また，《労働法》26条1号，2号は，法規定上，企業には再配置の可能性の検討が求められるが，これについては，それほど厳密に判断されているわけではなさそうである。さしあたり他のポストに従事することができるか否かについて考慮する程度である。

　このように，身体的能力的不適格を理由とする解雇の場合，当該業務の遂行能力については客観的に判断し，手続的な側面については，あまり具体的判断がなされない傾向がある。この点は，非違行為を理由とする解雇と類似するものであり，人的事由による解雇の場合，当該解雇事由について実質的審査が重視される反面，手続的審査は補助的に判断されているということができよう。

　いずれにせよ，従前の「固定工」制度の下では，能力の低下や不足を埋由として，労働関係を終了させることがほとんどできなかった。これに対して，現行法制においては，こうした身体的能力的不適格による解雇を認めており，実際にも，かかる理由による解雇が行われている。

第三節　経済的事由による解雇

一　《労働法》26条3号に基づく解雇
1　26条3号と27条の違い
(1)　要件の違い

　両条項が定める事由は，いずれも，経済情勢や雇用単位の経営をめぐる事由である。では，両者にはどのような違いがあるのであろうか。26条3

号が定める「客観的状況の変化」とは，前述のように，労働部による同条の行政解釈(31)によれば，例えば，企業の所在地の移転，合併，企業資産の移転などを指す。また，これには，新技術や新型設備の導入にともなうポストの削減なども含まれるとされる。そして，27条に該当する場合は除かれる。

すなわち，広く経済的事由にかかわる事由について26条3号が定め，特に，人民法院に破産・整理期間に入ることを宣告されたとき，ないし地方人民政府が定める「重大困難企業基準」に達しているときで，人員削減が確実に必要である場合については，27条が適用される（1994年11月14日労働部公布《企業経済性裁減人員規定》2条，以下《人員削減規定》という）。経済的人員削減の要件としての必要性基準は，極めて厳格であるといえよう。ただし，要件として，被解雇者の人数による区別はなく，両規定とも，単数および複数の解雇者を出す場合であっても，法文上，問題となることはない。

(2) 手続きの違い

26条3号に基づく解雇は，28条，29条，30条の手続きに服するほか，26条が定める「30日前までに，被解雇労働者本人に書面により通知しなければならない」との手続きを履行しなければならない。また，同号が定めるように，当事者間で，変更につき協議をしなければならない。

そして，27条が定める手続きとしては，30日前までに，労働組合あるいは労働者全体に対して，情況を説明し，労働組合あるいは労働者全体の意見を聴取し，労働行政部門への報告が求められる。このように，26条3号に比し，27条はより煩雑な手続を要求している。

(3) 効果の違い

いずれの場合にも，解雇により労働契約関係は解除されるが，経済的人員削減については，次のような定めがある。すなわち，27条2項は，「雇用単位は本条規定に基づき人員を削減し，6か月以内に人員を採用するときは，削減された人員を優先的に採用すべきである」と定める。さらに，採用人数，採用時期，採用条件と優先採用者の概況について，労働行政部門

に報告することとされている（《人員削減規定》7条）。

(4) まとめ

以上のように，27条に基づく経済的人員削減は，その要件が，人民法院による破産の宣告ないし地方人民政府が定める「重大困難企業基準」に達している場合に限定される。人民法院は，破産の宣告については，極めて消極的であるといわれる。加えて，経済的人員削減の手続きは非常に煩雑であるが，一方，26条3号が定める経済的事由による解雇は，30日前の予告，当事者間による契約内容の変更に関する協議，労働組合の意見聴取，経済的補償の支払いという手続きを踏めば，手続上，解雇が認められる。さらに，27条による解雇の効果として，6か月以内に再度募集・採用を行う場合には，削減された労働者を優先的に採用しなくてはならないといった違いがある。

他方で，いずれの条項によっても，集団的解雇が可能であり，被解雇者数の規模による区別はない。また，支払わなければならない経済的補償の水準は同等であり，27条による人員削減を回避して，より簡易な手続きですむ26条3号により解雇することも，法制度上は可能である。つまり，27条の規定は潜脱される可能性を大いにはらんでいるといえる。実際に，27条に基づく解雇を争う裁判例はほとんどないのに対して，他方で，26条3号をめぐる裁判例は，いくつか見られる。

2 規定の適用状況

《労働法》26条3号所定の「客観的状況の重大な変化」の内容は極めて抽象的で多様な状況を包含している。以下では，26条3号をめぐる裁判例を見ながら，26条3号が定める「客観的状況の重大な変化」について検討する。

(1) 営業譲渡

労働契約締結時に依拠した客観的情況に重大な変化が生じ，労働契約を履行できなくなり，労働契約変更について協議しても合意に至らなかったときには，解雇が認められる。企業組織の変動にともなう労働契約内容の

変更については，当事者の合意により決定されるが，実際には，企業側のイニシアティヴが強いといえる。最終的に合意に達しなければ，解雇されることになるからであり，労働者は企業側の提案を呑むか否かの選択を迫られる。とすれば，いかなる場合に，「客観的状況の重大な変化」に該当するかが重要となる。営業譲渡などの企業組織の変更は，同号が想定する典型的な事例である。

① 遠安賓館事件[32]
【事実の概要】
　原告（X）任紅霞（女性，28歳）は，被告（Y）遠安賓館の労働契約制労働者である。1993年8月27日，XとYは期間を6年4か月とする労働契約を締結し，XはYのレストラン部の業務に配置された。同年9月，Yと香港資本のA社は合弁して，レジャー関連事業を業とするB社を設立した。1995年4月になって，Yはレストラン部を廃止することを決め，レストラン部の16名の労働者に対して，B社への異動を決定した。その後，Xを含む16名のレストラン部の労働者はB社での勤務となった。同年12月11日，YはB社に異動させる労働契約制労働者のうちXを含む8名に対して労働契約の変更を要請し，諸条件について説明した。Xは労働契約の変更について何ら意見を述べておらず，労働契約の変更に関する協議書にもサインしないままであったが，他7名の労働者は同月中にYと合意した。同月30日，YとB社は更なる協議を行い，B社がYから異動する16名とレストラン部の資産を受け入れることに合意したが，XはYとの労働契約の変更について合意に達することができず，XはYの客室部の業務への配転を要求した。1996年2月26日，YはXに労働契約の解約を求め，あわせて，Yの労働紛争調停委員会の意見を聴取した。その後，Yの工会，労働紛争調停委員会，遠安県総工会，県労働局が間に入り調停を行ったが，双方は合意を達成できなかった。同年7月10日，Yは正式にXとの労働契約を解約する決定をしたが，Xはこれを不服として，遠安県労働紛争仲裁委員会に仲裁の申請をした。同委員会は，労働契約の解約を適法と判断した。Xはこれを不服として，遠安県人民法院に提訴し，労働契約の維持とYの客室部

への配転を求めた。

【判旨】
　遠安県人民法院は審理を経て以下のとおり認定した。Xは一貫してレストラン部で勤務してきたが，契約期間中において，YはA社とともにB社を設立し，適法な手続きによりレストラン部の労働者をB社に異動させ，Xも実際にはB社内において勤務していた。XとYが労働契約を締結したときに依拠した客観的状況に重大な変化が生じ，Yは，Xと労働契約の変更合意を締結するよう求めたが，これは法律規定にも適合する。Xは労働契約変更を拒絶し，従前の労働契約は継続して履行できなくなった。Yは数回Xと協議したが成果は得られなかったのであり，適法な手続きを経てXとの労働契約を解約したのであり，不当な点はないとして，《労働法》26条3号に基づきXの請求を棄却した。
　その後，Xは控訴したが，宜昌市中級人民法院は審理を経て以下のように認定した。契約履行期間中において，客観的状況の変化が生じ，Yはもとの労働契約の変更を申し出たが，これは法律規定に適合する。YはB社と異動後の労働者の配置や各種の待遇についていずれが負担するかについて合意しており，Xが労働契約の変更合意の締結を拒否したために，もとの労働契約は継続して履行できなくなったのであって，《労働法》26条3号が定める状況に適合する。客観的情況の変化が生じた後，もとの労働契約の関連条項について相応する変更の必要性があり，YはB社に異動した後の労働者の処遇についてもB社と合意し，Yは既に適正な取り扱いを行っており，Xに労働契約の変更を拒否する理由はない。したがって，YがXと締結していた労働契約を解約したことには理由があるとして，Xの請求を棄却した。
　このように，営業譲渡の場合，労働者と企業との間で労働契約の変更につき合意が形成されなければ，解雇に至る。この事件では，労働契約変更後の処遇が，それほど不当ではなかったため，拒否する合理的な理由とはならず，他の労働者が受け入れていることなどが，判断において考慮されたものと思われる。また，手続的にも，労働組合などの関与を求めるなど，

協議にもそれなりの配慮をしている。他方で、Xの求める他の部署への配転については、それほど検討されておらず、判旨も特に問題としていない。ここでは、Xは、採用時から一貫してレストラン部で勤務しており、ポストが特定された労働契約に基づき雇用されていたということであろう。

(2) 企業の所有形態の変更

中国では、国有、集団所有、私有をはじめ、様々な所有形態が認められている。特に、近年では、国有企業の所有形態の変更が多くみられ、これと同時に、合併や営業譲渡などが行われている。こうした企業の所有形態の変更にともなう企業組織の変更において、ポストの削減などが実施され、労働契約内容の変更の問題が生じる。変更に承諾しなければ、26条3号に基づき解雇される場合もある。

② 北京彙安経済発展連合公司事件[33]

【事実の概要】

原告（X）孫愛国は、1993年4月、被告（Y）北京彙安経済発展連合公司に採用され、双方は期間を2年とする労働契約を締結した。1995年4月、双方は2年を期間とする労働契約を再度締結し、終了の期日は1997年4月6日とされた。Xの業務は会計であり、後に会計責任者となり、基本賃金は月1600元であった。1995年12月、Yは名称を変更し、国有企業から連合企業へと企業の所有制の性質を変更した。1996年8月、Yは企業の変更の状況に基づき、労働者と企業が新たな労働契約を締結するよう求め、YはXの業務を会計責任者から二級職員に配転すると命じた。しかし、Xは、新たな労働契約の締結に同意せず、従前の契約の履行を主張した。Xはこれに対して労働紛争仲裁を申請し、Xは、Yに対して、違約に対する損害を賠償し、従前の労働契約の履行を求める仲裁請求を行ったが、北京市海淀区労働紛争仲裁委員会は、これを棄却する裁決（海労裁字（1996）第128号裁決書）を下した。そこで、Xは北京市海淀区人民法院に提訴した。

【判旨】

北京市海淀区人民法院は以下のように判断した。XがYと締結した労働契約は有効であり、双方は契約の約定に基づき履行しなければならない。

企業の性質，名称の変更により，従前の会社の権利義務はYにより引き継がれることになった。Xの業務ポストに対する調整は，双方が締結した労働契約の約定に違反するわけではなく，これは企業の内部管理行為である。YとXが労働契約の変更について協議したとき，Xは変更に同意せず，双方は合意に達することができなかったのであり，これは労働契約を解約したとみるべきである。したがって，《労働法》26条，28条の規定に基づき，労働契約の解約は有効であると判断した。Xは控訴したが，二審の北京市第一中級人民法院はこれを棄却し，原判決を維持した。

このように，単なる企業の所有形態の変更を契機として，ポストの統廃合が行われる場合であっても，26条3号が適用される。そして，これにともない労働契約の変更の申し入れがなされ，これを拒否した場合には，解雇されることもある。《労働法》26条3号の射程はかなり広いということができよう。

また，労働契約の変更にともなって，職務等級が降格される場合であっても，解雇の可否の判断においてはそれほど考慮されない。

(3) 経営状況の悪化

経営悪化による人事異動や処遇の変更も，26条3号の射程範囲となる。この点は，27条との区別が明確ではない。つぎに紹介する事件は，経営悪化にともない，今後の競争環境の熾烈さを理由として，「下崗」していた人員を解雇した事案である。結論として，当事者間の事前の協議や労働組合との協議を怠ったことを理由として解雇を無効としており，競争環境の熾烈さが，「客観的状況の重大な変化」にあたるか否かの判断は必ずしも明確になされているわけではない。こうした経済的解雇の場合には，手続の履行状況から判断する傾向がみられる。

③ 上海必能信超声有限公司事件[34]

【事実の概要】

原告（X社）上海必能信超声有限公司は外資系企業である。被告（Y）賈衛は1993年5月X社に入社し，双方は契約期間を1993年5月11日より1996年5月11日までの3年とする労働契約を締結していた。Yの業務は検査員

であり、契約期間満了後、双方は1996年5月11日からYの法定定年退職年齢までの労働契約を締結した。1996年6月、X社は当該企業における労働者の一時帰休（待崗）に関する規定に基づき、Yの一時帰休取り扱いを通知した。同年7月から、YはX社より毎月一時帰休手当300元を受給した。1997年10月9日、X社はYとの協議を経ないまま、労働組合（工会）の意見すら聴取せず、Yに翌日をもって双方の労働契約を解約することを通知した。10月10日、X社の社長は企業が競争環境の激しい変化に直面していることを理由に、再度書面でYに通知し、双方の労働契約関係を解除し、あわせてYに経済的補償をしたい旨を伝えた。1997年11月より、X社はYに対する一時帰休手当ての支給を停止した。

そこで、Yは、上海市労働紛争仲裁委員会に仲裁申し立てをした。1998年1月13日、仲裁委員会により、X社はYとの労働契約関係を回復すること、X社は本裁決書の効力発生の日より10日以内にYに1997年11月から1998年1月までの一時帰休手当900元を支払うこととする仲裁裁決が出された。X社は裁決を不服とし、同年1月21日法院に提訴した。審理中、X社はYに3か月分の一時帰休手当900元を支給したが、訴訟の取り下げはなかった。

【判旨】
法院は審理を経て以下のとおり認定した。X社は労働契約中で双方が約定した競争環境の激しい変化に直面したことを理由として、Yとの労働契約関係を解除したが、事前にYとも協議せず、30日前までにYと労働組合に対して状況の説明や意見聴取をしておらず、X社の行為は我が国の《労働法》における雇用単位が企業経営状況の変化により労働者の労働契約を解除できる法定要件に違反する。

3　小　括

「客観的状況の重大な変化」とは何か。前述のように、行政解釈によれば、企業の所在地の移転、合併、企業資産の移転などの不可抗力あるいは労働契約の全部または一部の条項の履行を不可能にするその他の情況とされる。

しかしながら，その判断基準について《労働法》は明確な規定を置いておらず，関連する司法解釈も存在しない。また，市場経済化の中で新たな情況が続々と出現する現状において，行政解釈が例示する情況に限定することはできず，要は，裁判例の蓄積を待つほかない。⁽³⁵⁾

そこで，前記3つの事件を見てみると，会社側が主張したのは，①事件では，事業部門の閉鎖および企業資産の移転，②事件は，企業の所有制の性質変更に伴うポスト調整，③事件では，抽象的な競争環境の激しい変化であった。いずれの事案でも，裁判所は，「客観的状況の重大な変化」に該当するか否かについて，緻密な議論をしているわけではなく，比較的広範に，26条3号の適用を認めている。その意味では，同号適用の要件は比較的緩やかであるといえよう。

特に，③事件では，労働者側は，会社が1997年において損失を計上していないこと，賃金もアップされていること，労働者を採用していることなどを挙げ，経営情況の変化が発生していないことを主張していたが，これについては，明確には判断されていない。結論として，本人と労働組合への意見聴取を怠ったことを摘示し，これが《労働法》の規定に違反するとした。また，①事件では，企業内の労働紛争調停委員会の意見を聴取するほか，労働組合も交えて調停を行っているなど，適切に手続を履行している点を，裁判所は評価したものと考えられる。

他方で，契約継続のための交渉について，①事件では，適正な処遇をしたうえで，何度も協議した結果，労働契約の変更について合意できなかったとし，②事件では，会計責任者から二級職員の降格を含めた労働条件の変更の申し出でも，これに同意しない場合には，労働契約の解約もやむを得ないとしている。契約継続のための交渉は，手続として履行したか否かという点からはそれなりに重視されているものの，その代替的労働条件の内容については，不利益な変更であっても認められる。

このようにみてみると，「客観的状況の重大な変化」という要件の該当性よりも，本人への適正な代替労働条件の提示および交渉，労働組合への意見聴取といった手続の履行を重視しているといえる。ただし，代替的な労

働条件の内容については，その合理性や適正性は重視されておらず，手続の履行に重点を置きつつも，その実態的内容については，それほど踏み込んだ判断はなされていないといえよう。

要するに，「客観的状況の重大な変化」の射程が不明確であるために，解雇事由が広範に広がりうる可能性がある。したがって，26条3号に関する今後の裁判例や行政解釈いかんでは，中国の解雇規制法そのものの性格付けが左右されることになる（解雇を厳格に制限しているか否か）。

二 《労働法》27条に基づく経済的人員削減

1 経済的人員削減に関する規定の概要

(1) 要 件

《労働法》27条に基づく解雇は，人民法院に破産を宣告されたとき，ないし，地方人民政府が定める「重大困難企業基準」に達しているときで，人員削減が確実に必要である場合（1994年11月14日労働部公布《企業経済性裁減人員規定》2条）でなければならない。つまり，極めて限定的な場合にしか適用できず，要件は厳格といえる。

ただし，中国の破産法は，国有企業の破産に関して，行政部門の許可を経て人民法院が宣告するという手続を要求している[36]。ところが実際には，破産処理が比較的容易な企業にしか許可は下りないため[37]，操業停止のまま放置されることも少なくない。

また，具体的な「重大困難企業基準」は，地方人民政府が定めることとされ，明らかとはなっていない。実際には，同条の適用について，地方政府の許可・承認が必要であろう。

(2) 手 続

経済的人員削減については，前記《人員削減規定》により，細則が定められている。同規定4条によれば，経済的人員削減の手続きは以下のとおりである。① 30日前までに労働組合あるいは労働者全体に情況を説明し，あわせて生産経営状況に関する資料を提示する。② 人員削減の方策について案を提示する。その内容は，削減される労働者の氏名を明記した名簿，

削減時期および実施の手順，法律・法規の定めおよび労働協約の定めに従った削減される労働者に対する経済的補償の方法を含む。③ 人員削減方策案について労働組合あるいは労働者全体の意見を聴取して，案に修正を加え，完全なものとする。④ 現地の労働行政部門に人員削減方策案と労働組合ないし労働者全体の意見を報告し，労働行政部門の意見を聴取する。⑤ 雇用単位は正式に人員削減方策を公布し削減される労働者との労働契約の解約手続を履行し，関係規定に照らして，削減される労働者本人に経済的補償金を支払い，削減人員証明書を交付する。

そして，企業は，意見聴取にあたっては，労働者の意見を真摯に受け取らなければならない（《人員削減規定》9条）。被解雇者の人選は，削減案作成にあたって企業が決定する事項であるが，これに対する具体的法規制は見当たらない。人選については，労働組合や従業員代表大会などの従業員組織における協議で実質的に決定されるといわれる。ちなみに，具体的人選基準については不明だが，こうした雇用調整の人選について，① 女性労働者の比率が高い，② 教育水準の低い者の比率が多い，③ 中年層（36～44歳）の比率が高い，といった特徴が指摘されている。[38]

また，企業は，人員整理を行う場合，現地の労働行政部門（地方労働社会保障局）に報告をしなければならならず，また，作成した削減案について，意見を聴取しなければならない。労働行政部門は，違法な経済的解雇に対して，差し止めあるいは改善命令を命じることができる（《労働法》97条，《人員削減規定》8条）。また，これに従わない場合には，書面による注意処分が科される。

(3) 手続違反の効果

そして，経済的人員削減の手続に違反して解雇した場合の法的効果については，実定法上明らかではない。中国において，経済的人員削減に関する紛争が，民事訴訟や仲裁事件としてフォーマルな手続にのることはほとんどなく，その多くは，当該企業の主管部門や労働行政部門の積極的な関与により是正措置が講じられ，解決されているようである。

ただし，一般の解雇の場合であれば，手続違反を根拠に，例えば，労働

組合への意見聴取のない解雇などについては，その解雇の効力を否定することが多いことは既に述べたとおりである。特に，《人員削減規定》が定める手続は，人員整理に対する行政監督を具体化させるための規定であるから，これらに関する手続違反は，解雇の効力に影響を与えるものと思われる。

さらに，企業は，違法解雇をなした場合，労働契約違反に対する損害賠償をしなければならず，賃金収入分の補償のほか，さらにその25％に相当する金員の付加的支払をしなければならない。(39) これも，労働契約関係が存続していることを前提とした規定であろう。

(4) 優先的再雇用

同条に基づき人員を削減した後6か月以内に労働者を採用するときは，解雇された者を優先して採用すべきものとされる。そして，採用人数，採用時期，採用条件と優先採用者の概況について，労働行政部門へ報告することとされている（《労働法》27条2項，《人員削減規定》7条)。同条の趣旨は，従前に働いていた従業員のほうが，企業の情況を熟知し，技術も熟練しているので，企業の生産発展にとって有利であり，また，被解雇者の適法な権益に対する侵害を防止することにある，と解されている。(40)

このように，人員整理および再雇用の際には，労働行政部門への報告義務が課されており，こうした規定をもって，行政による後見的な雇用保障機能が期待される。ただし，個々の労働者が直接再雇用を求める権利を持つものではなく，また，勤続年数に基づいた明確なセニョリティーがあるわけでもない。また，そもそも，人員整理の必要性基準が極めて厳格であり，業績回復の可能性はそれほど高くはなく，優先される期間も6か月とされ（韓国では2年間）(41)，再雇用に対する期待は薄いといわざるをえない。

なお，この優先的再雇用にかかる27条2項の規定は，草案の段階では存在せず，全人代法律委員会での修正において，加えられたものと考えられる。(42)

(5) 経済的補償

経済的人員削減に対する経済的補償の額は，法定上は，《労働法》26条3

号に基づく解雇の場合と同じである。したがって，勤続年数１年につき賃金１か月分相当額であり，上限はなく，当該労働者の平均賃金が，当該企業の平均賃金より低い場合は，後者の平均賃金を基準として算定される。経済的補償の観点からは，26条３号による解雇と27条による解雇は同視されている。

2 破産と解雇

(1) 経済的人員削減と「下崗」

経済的人員削減は，法的にみれば，解雇である。これに関して，《労働法》27条は，労働契約の解約と規定しているわけではないが，《人員削減規定》４条５項は，被削減人員との「労働契約の解約手続きをとる」ことを明記しており，また，解雇が禁止される者について定める《労働法》29条は，同条に該当する場合に，「27条に基づく労働契約の解約」を禁止している。したがって，経済的人員削減が，労働契約の解約である以上，労働契約制度の適用される労働者に対して，《労働法》27条は適用されるのである。

言い換えれば，「固定工」に対して，同条の適用はない。したがって，破産を宣告された企業あるいは破産に瀕した企業に所属する「固定工」については，《労働法》27条に基づく経済的人員削減とは異なる雇用関係の解消措置が，厳密にいえば，必要となる。そして，その雇用関係解消措置が，第一編第二章第三節にて前述した「下崗」である。「下崗」は，「固定工」の人員合理化を目的とした人員削減措置であるが，実際には，27条の適用が可能な労働契約制労働者に対しても，「下崗」により人員合理化が実施されている。

総じて，《労働法》27条は，前述のように，破産そのものが行政の監督のもとに制限され，要件も厳格である。しかも，その適用対象者も労働契約制労働者に限定され，さらに，「下崗」という経済的人員削減の代替的機能を有する措置が広範に実施されている。加えて，《労働法》26条３号も，代替的機能を果たしうる。そのため，相対的に見て，27条の適用は，必ずしもそれほど多いものとはいえない。

(2) 概況——統計的考察

失業者の失業原因で見ると，1997年では，①「下崗」が最も多く40.9％，次いで，② 学校を卒業後就職できない者が32.9％，そして，③ 企業の破産により失業した者が6.8％，さらに，④ その他の理由による解雇および辞職・雇止めが5.7％となっている。1998年では，①が43.8％，②が30.8％，③が6.5％，④が6.3％となっている。1999年では，①が43.0％，②が31.6％，③が5.6％，④が6.9％となっている。[43]

次に，人民法院に対する破産の申立件数を見てみると，1997年が5396件，1998年が7746件，1999年が5622件となっている。[44]

以上のように，破産の申立自体は5000～7000件程度あり，企業の破産を原因として失業する者も相当数に上る。[45]しかし，破産による失業のうち，《労働法》27条により解雇される者の数は不明であり，また，相対的に見ても，それほど多くないといえる。そして，《労働法》27条による解雇を争う事案は，それほど見られない。少なくとも，裁判所に提訴される事案はほとんどなく，同条の適用情況については，不明な点が多い。加えて，現在の中国において，人員合理化の最も有効かつ広範に用いられる手段は，「下崗」である。したがって，ここでは，《労働法》27条による解雇について，若干の事例を紹介するにとどめる。

3 規定の適用状況

ここで紹介するものは，正式な判例集に登載されたものではい。したがって，具体的な当事者の名称，裁判所・労働紛争仲裁委員会名，判決・裁決日時など，不明である。いずれにせよ，事案の紹介としては不十分であるが，中国における経済的人員削減の実態を知る手掛かりになると思われるので，紹介する。

① 某食品工場事件[46]

被告（Y）某食品工場は，県食料局の下部組織であり，国有企業である。Yは1994年頃から，経営が傾き，その原因は，生産品の構成や生産技術の遅れ等であり，赤字経営を続け，負債が累積していた。1994年12月，人民

法院に破産の申立を行った。1995年4月，債権者との間で和議が成立し，その協議には，労働者の5分の1を削減するという内容が含まれていた。再建のための期間は2年間とされ，食料局の監督のもとに再建が開始された。食料局とYの経営幹部は協議をして，労働組合の意見を聴取した上で，身体的資質や技術水準を考慮して，職務の遂行に問題のある労働者を削減対象とする削減案を作成した。削減案は，従業員代表大会で可決され，Yにより削減対象者の名簿が公表された。そのうち，労働契約の期間が満了していない原告（X）ら3名が，身体的資質に問題があるとして，名前が挙がっていた。1か月後，Xらは新たな就職先を探し出せずに，Yで勤務することを要求した。Yはこれを拒否したため，Xら3名は労働仲裁委員会に仲裁申請を行った。

　仲裁委員会がXらの請求を棄却したため，Xらは人民法院に提訴した。しかし，人民法院は，労働契約を継続して履行するよう求めるXらの請求を棄却した。

② 某腕時計工場事件[47]

　被告（Y）某腕時計工場は，3年連続で損失を計上し，破産に瀕していた。1995年7月16日，人民法院により再建を行うことを宣告された。1995年9月2日，Yは18名を人員削減するとして，定められた手続きに従い削減される労働者の名簿を作成し，1か月以内に，労働契約の解約手続きをとるよう求めた。原告（X）李某は，自身が被削減人員として指名されたのち，自分に職場規律違反もなく，その他に違法な行為もないとして，Yによる労働契約解約の決定の取消を求めて，労働仲裁委員会に仲裁申請を行った。

　労働仲裁委員会は，人員削減の手続きは法に従ったものであり，違法な点はないとして，Yによる労働契約の解約を認める裁決を下した。そこで，Xは，人民法院に提訴したが，法院は，仲裁裁決を支持する旨判断した。

③ 某塗料工場事件[48]

　原告（X）趙某ら3名は被告（Y）某塗料工場の労働者であり，期間を5年とする労働契約を締結していた。1995年，Yについて破産の申請がな

され，人民法院はこれを受理した。その後，Ｙを監督する行政部門が中心となって債権者との間で和議が成立した。これには，経営改善のために，労働者85人を削減することが盛り込まれていた。そして，人選基準として，定年まで5年以内の者，次に，勤続年数が5年未満の者，さらに，私傷病により正常な業務遂行が困難な者とされ，Ｘら3名はこれに該当し，リストにあがった。ＸらはＹに再考するよう求め，ＹはＸらに何度も説明を行った。Ｘらは，労働紛争仲裁委員会に仲裁申請をし，労働契約の継続履行と職務への配置を求めた。

　仲裁委員会の裁決によれば，Ｙは，経済的人員削減の法定条件に符合しており，基本的な法定の手続を履行しているので，Ｘらの要求は認められない。Ｙは，労働契約の解約手続きをとり，同時にＸらに経済的補償金を支払うべきであるとした。

④ 某人造ダイヤ工場事件[49]

　原告（Ｘ）董某は，1990年12月8日，被告（Ｙ）某人造ダイヤ工場と期間を8年とする労働契約を締結した。契約において，Ｘの業務は製品の検査員であった。1994年の後半期，市場競争の激化により，Ｙは大きな損失を計上した。Ｙは，当面の深刻な事態を打開するために，人員の削減を決定し，書面で通知して，労働者全体と労働組合での討議に付し，あわせて詳細な説明を行った。労働者や労働組合の意見を聴取して，県の労働局の同意を得て，Ｙは10名の労働者の削減を決定した。Ｘはそのうちの1人であった。1995年1月12日，Ｙは，経営の悪化を理由として，Ｘとの労働契約を解約することを通知した。Ｘはこれを不服として，労働紛争仲裁委員会に仲裁を申請した。仲裁委員会は，Ｙの決定が基本的には《労働法》の規定に合致しているとして，Ｙによる労働契約の解約の決定を支持し，Ｘに経済的補償金を支払う旨の仲裁裁決を出した。

4　小　括

　もともと，《労働法》27条適用の要件が厳格であり，以上の事例で見る限りは，破産申請をして，行政が間に入って企業と債権者の和議に基づき，

再建が進められることが多い(《破産法》17〜22条参照)。そして,行政が破産処理に関与するために,従業員の再就職,失業者の生活保障なども,国家により手当される(同法4条)。したがって,現実には,破産の申立件数ほどは,実際に破産することは少なく,また,こうした破産により《労働法》27条に関する紛争が直ちに引き起こされるわけではない。

また,破産申請や再建開始といった要件が比較的明確であるために,紛争処理にあたっては,労働組合への意見聴取や経済的補償の支払い,労働者への十分な説明がなされているかなど,法に従って手続が履行されているか否かという点に,法的判断の重点が置かれる。他方で,こうした手続が履行されていれば,具体的な人選などについては,それほど関心が払われていない。

こうしてみると,26条3号に基づく解雇と同様に,手続重視の傾向が見られるものの,その具体的な実態判断については,それほど厳密ではない。つまり,経済的事由による解雇に対する司法判断では,手続の履行という点に重点を置いているといえよう。おそらく,ひとつの理由として考えられることは,経済的事由による解雇の場合,その必要性などの判断は非常に微妙な要素を含んでおり,市場経済の経験の少ない中国の裁判所においては,その判断を十分に行うことが困難であるからであろう。また,27条による解雇は,そもそも破産申請の受理に際して人民法院が大きく関与しており,実際の処理にあたっては,行政主導で行われている。こうした点からも,いったん,破産処理が進行すれば,その後の司法的判断は,現実にはかなり制約されることになる。

第四節 《労働法》上の解雇制限と解雇手続

《労働法》は,解雇に関する25条,26条,27条がそれぞれ別個に定める解雇手続のほかに,各解雇事由について,横断的に解雇手続ないし解雇制限に関する規定を有している。以下,これらの《労働法》上の解雇手続と解雇制限の内容について,検討する。

一　経済的補償

1　経済的補償の概要

《労働法》28条は,「雇用単位は本法24条, 26条, 27条の定めに基づき労働契約を解約したときは, 国家の関係規定により, 経済的補償を支払わなければならない。」と規定し, さらに, 同条を受けて, 1994年12月3日労働部により《違反和解除労働合同的経済補償辦法》(労働契約の違反と解除の経済的補償辦法, 以下,《補償辦法》という) が定められている。これらの規定によれば, 解約事由により, 経済的補償の額や計算方法が異なる。

まず,《労働法》24条に基づく労働契約の解約, すなわち労働者と雇用単位による合意解約の場合, および,《労働法》26条2号に基づく「職務の任に堪えず, 訓練や再配置を経ても職務を遂行できない」労働者に対する解雇の場合, 雇用単位は, 当該労働者の当該企業における勤続年数1年毎に, 当該労働者の1か月分の賃金相当額の経済的補償金を支払わなければならない。なお, 上限は12か月分までとされる (《補償辦法》5, 7条)。

また,《労働法》26条1号に基づく「私傷病により, 医療期間後も従前の職務および雇用単位が再配置した職務にも従事できない」労働者に対する解雇の場合, 雇用単位は, 当該労働者の当該企業における勤続年数1年毎に, 当該労働者の1か月分の賃金相当額の経済的補償金を支払わなければならない。そして, その上限はない。同時に, 雇用単位は, 賃金の6か月分相当額以上の医療補助費を支給しなければならない。特に, 重病のときは, 50％以上割増した医療補助費を, 不治の病のときは, 100％以上割増した医療補助費を支払わなければならない (《補償辦法》6条)。

そして,《労働法》26条3号および27条に基づく経済的事由による解雇の場合, 雇用単位は, 当該労働者の当該企業における勤続年数1年毎に, 当該労働者の1か月分の賃金相当額の経済的補償金を支払わなければならない。そして, これも上限はない (《補償辦法》8, 9条)。

なお, 労働者の1か月分の賃金は, 企業が正常な生産状況下における労働契約解除前12か月間の月あたりの平均賃金をもって計算する。また,《労働法》26条1号と3号および27条に基づく解雇の場合に, 当該労働者の平

均賃金が当該企業全体の平均賃金より低いときは，当該企業の平均賃金を基準として，経済的補償金を算定する（《補償辨法》11条）。

2　経済的補償の法的性質
(1)　法的性質

また，この経済的補償の支払いは，解雇等の際，企業に課される義務であるが，これに違反する場合（経済的補償金を適時に支払わずに労働契約を解約した場合），所定の経済的補償の支払いのほかに，当該経済的補償の50％相当額の付加的支払いをしなければならない（《補償辨法》10条）。ただし，解雇の効力には直接影響しないと解される。

ここで，留意すべきは，中国の《労働法》において，25条に基づく試用期間中の解雇および非違行為に基づく解雇の場合には，その支払いは不要である。また，期間満了にともなう労働契約の終了，すなわち雇止めの際には，《労働法》および《補償辨法》上は，経済的補償の支払いは課されていない。しかしながら，労働契約の期間満了後，契約の再締結を企業が拒否する場合には，経済的補償の支払をすべきであるとする見解がある[51]。また，地方法規により，雇止めの際にも支払うよう定めがある場合には，それに従って，経済的補償を支払わなければならない。

このように，経済的補償は，勤続年数に比例しており，契約の残余期間に対する法的な賠償額の予定というものではない。また，労働者が突然の解雇から被る生活困窮緩和のために，たんに失業に対する一時的な補償を行う解雇予告手当という性格のものではない[52]。さらに，非違行為による解雇については，経済的補償を支払う必要がないなど，賃金の後払いという性格も希薄である。そして，勤続年数に比例していることから，労働貢献に対する功労報償的性格があることが認められる。一方で，雇止めに関しては支払が不要であり，功労報償的性格を認めるならば，この点は大きな矛盾を孕んでいる。

中国では，この経済的補償の法的性質を，複合的な性格を有するものとして捉えている。すなわち，労働貢献に対する報償，就業機会の喪失に対

する失業補償，特定の場合に支給される医療補助費等の特殊な補償の三者の性格を有すると解されている。
(53)

(2) 韓国と台湾の立法例

ところで，類似の立法例は，近隣諸国でいえば，韓国と台湾に見られる。韓国の勤労基準法34条1項は，「使用者は，勤続年数1年に対して30日分以上の平均賃金を退職金として，退職する労働者に支払う制度を設けなければならない。但し，勤続1年未満の場合においては，この限りではない。」と定める。同規定は，退職金制度の設立を使用者に義務付けるものであり，主に労働協約によって具体的に定められる。また，退職保険（退職金一時金信託）として金融機関に積み立てることもでき，中間清算制度により，退職前に勤続期間に対する退職金を受給することも認められており，中国の経済的補償とは若干性格の異なる給付といえる。
(54)(55)

また，1984年制定の台湾の労働基準法17条は，「使用者が前条によって労働契約を終了するときは，次の規定に従って労働者に退職手当を支給しなければならない。① 同一使用者の事業場において継続労働した期間の満1年毎に1か月の平均賃金に相当する退職手当を支給する。② 前号による計算の残余月額数又は労働期間は1年未満のときは，比例により計算して支給する。1か月未満のときは，1か月として計算する。」と規定する。台湾では，別途退職金制度を設立することとされ（55条，56条），また，解雇予告ないし解雇予告手当は別に定めがある（16条）。したがって，退職手当は，解雇そのものに対する給付ということができる。なお，労働者の非違行為による即時解雇の場合（12条）には，退職手当は支給しなくてよい。制度的にみれば，中国の経済的補償制度は，台湾の退職手当制度に類似しているといえよう。
(56)

二　特別な解雇制限

《労働法》29条は，「労働者が次の各号の一に該当する場合は，雇用単位は本法26条，27条の規定に基づき労働契約を解約してはならない。① 職業病あるいは業務上の負傷により労働能力の一部又は全部を喪失したと認

められた者,② 私傷病により治療を受ける者で定められた医療期間内にある者,③ 妊娠期・出産期・哺育期間にある女性労働者,④ 法律・行政法規が定めるその他の情況にある者」と定める。

1 職業病・業務上の負傷により労働能力を喪失した者

　職業病や業務上の負傷は,労働の過程において業務に起因する危険により引き起こされるものである。したがって,雇用単位は,職業病・業務上の負傷により労働能力の一部または全部を喪失したと認められた労働者に対して,その生活と労働権を保障する義務を負うのであって,当該労働者を解雇することはできないと解されている(57)。

　ただし,同条は,解雇を規制するものであって,期間満了による労働契約の終了については,適用されるものではない。したがって,期間の定めのない労働契約の場合には,非違行為による解雇か合意解約のときを除いて,労働契約関係が継続するが,期間の定めがある場合には,期間満了をもって労働契約関係は終了することとなる。ところが,実際には,期間満了をもって労働契約を終了することはできない。例えば,《上海市労働契約条例》(2001年11月27日可決,2002年5月1日施行) 38条では,「労働者が職業病あるいは業務上の負傷により労働能力の全部あるいは大部分を喪失したことが確認されたときは,雇用単位は労働契約を終了してはならない」と規定しており,原則として,労働契約関係を継続させることとしている。

　こうした背景には,中国において,労災保険制度が十分に整備されていないことがある。少なくとも,《労働法》が制定された1994年には,一部の地方でのみ労災保険に関する改革が進められていたに過ぎない。したがって,従来の企業丸抱え方式のまま,労働能力を喪失した者も,企業が終身にわたって生活を保障するやり方が《労働法》においても採用されたといえる。

　しかしながら,その後の1996年10月に労働部は《企業職工工傷保険試行辦法》(企業労働者労災保険試行辦法,以下《労災辦法》という)を公布し,全国的な労災保険制度の整備に向けて動き出している(58)。現段階では,《労災辦

法》は強制力をもたないために，公布後数年を経過しているにもかかわらず，全国的な範囲で実施されてはいないうえに，実施されている地区においても，《労災辦法》が定めていることをすべて実際に行っている地区はほとんどないといわれ，今後の整備が望まれる。(59)

なお,《労災辦法》22, 24条によれば，職業病・業務上の負傷により労働能力の一部または全部を喪失したと認められた者で，その障害の程度が1～4級障害と認定された被災労働者は，企業との労働関係を終了し，障害年金と障害一時金の給付を受ける（《労災辦法》14条2項によれば，1～4級は労働能力の全部喪失に当たり，5～6級は大部分の労働能力の喪失，7～10級は，労働能力の一部喪失に当たる）。5～10級障害と認定された労働者は，原則として企業が本人に適合する業務に配置し，同時に，障害一時金が給付される。(62) 障害により賃金が下がった場合，企業は在職障害補助費（差額分の90％相当額）を給付する。

このように，労災保険制度の整備の状況によっては，労働関係を終了することも認められるようになろう。実際に，前記《上海市労働契約条例》38条では，但書において，「労働契約の当事者が合意をして，あわせて雇用単位が規定に基づいて障害就業補助金を支給した場合，労働契約を終了することができる」と規定し，一定の補償の支払と当事者の合意を要件に労働関係の終了を認めている。

2 私傷病により治療を受ける者で定められた医療期間内にある者

1994年12月1日労働部公布《企業職工患病或非因工負傷医療期規定》（企業労働者私傷病医療期間規定，以下,《医療期間規定》という）によれば，解雇が禁止される医療期間は，生涯の就労年数と当該企業における勤続年数に応じて定められる。生涯の就労年数が10年未満の場合で，当該企業における勤続年数が5年未満のときは医療期間3か月とされ，5年以上のときは6か月とされる。生涯の就労年数が10年以上の場合で，当該企業における勤続年数が5年未満のときは医療期間6か月とされ，5年以上10年未満のときは9か月とされ，10年以上15年未満のときは12か月とされ，15年以上

10年未満のときは18か月とされ，20年以上のときは24か月とされる。

そして，規定の医療期間を満了しても，従前の業務に復帰できず，他の業務への就労もできないときは，《労働法》26条2号に基づき解雇できる。

3 妊娠期・出産期・哺育期にある女性労働者

妊娠期・出産期・哺育期（これを「三期」と呼ぶこともある）について，《労働法》上明確に定める規定は見られない。1988年7月21日国務院公布《女職工労働保護規定》（以下，《女性労働者保護規定》という）では，産前産後休暇などについて定めているものの（産前産後休暇90日，そのうち産前に15日），妊娠期の開始日については定めていない（8条）。また，哺育期については，1歳未満の生児を育てる女性労働者に対して，育児時間として，1回30分，1日2回以上を与える旨定める（9条）。一般に，解雇禁止にかかる哺育期については，これに基づいて，出産後1年間に限られると解されている(63)。

また，私傷病にともなう法定の医療期間および女性の「三期」の間に，労働契約で定める満期が到来した場合には，法定医療期間および「三期」が満了するまで，労働契約の期間は延長されることとなる(64)。

4 法律・行政法規が定めるその他の情況にある者

現段階では，具体的な中央レベルの法律・行政法規は見られないが，例えば，北京市では，《北京市労働契約規定》（2001年12月13日可決2002年2月1日施行）第33条において，この他に，解雇を制限する規定を特に定めている。すなわち，徴兵に応じて義務兵役期間にある者，復員・退役軍人が退役後初めて職に就き勤続年数が3年未満の者，経済建設のために土地を収用され，農民から労働者に転換し，初めて職に就き勤続年数が3年未満の者，同一の単位で勤続10年以上の者で法定の退職年齢まで5年未満の者，労働協約制度を実施している企業で，団体交渉の労働者代表を務めたことがあり，労働契約の期間内にあって，代表を務めた日から5年以内にある者などについては，《労働法》26条と27条に相当する場合の解雇が禁止され

ている。

なお，これらの規定は，強行的に解雇を禁止するものであるから，《労働法》29条各号に該当する場合に，26条，27条の規定に基づきなされた解雇は無効となる。
(65)

三　労働組合の異議申立権
1　根拠規定

《労働法》30条は，「雇用単位による労働契約の解約について，労働組合が不適当であると認めるときは，意見を述べる権利を有する。雇用単位が，法律・法規あるいは労働契約に違反していたときは，労働組合は改めて処理することを求める権利を有する。労働者が仲裁申請あるいは訴訟提起を行ったときは，労働組合は法により支持と援助を与えなければならない。」と定める。いずれも，労働組合に対して権利を賦与するまたは義務を課す規定である。

しかしながら，同条を根拠に，雇用単位は，労働契約の解約の際に，労働組合への意見聴取の手続が求められる。そして，同条は，25条，26条，27条所定の全ての解雇について適用される（27条については，別途，労働組合に関する手続が定められている）。したがって，解雇の手続的規制として，同条は極めて重要であるといえる。また，《工会法》にも同旨の規定が存在する（19条）。

2　同条違反の法的効果

ただし，各条項に定められた手続および本条が定める手続に違反する解雇の効力については，何ら規定されておらず，手続違反の法的効果は不明である。しかし，実際に，労働組合への意見聴取を怠った解雇の効力を否定する裁判例は，先に見た事案（上海奥的斯エレベーター事件（187頁）や上海必能信超声有限公司事件（204頁）など）のようにいくつか存在する。同条の規定は，労働組合が，企業内で適法に民主（管理）の権利を行使するための具体的根拠であり，労働組合の意見聴取を経ないで企業が労働者を解雇

することは，労働組合の監督権（民主管理権）を侵害し，労働者に賦与されている法的保護を剥奪することになる。したがって，労働組合への意見聴取を経ない場合は，手続違反であって，違法なものであるから，その解雇は無効となると解されていると考えられる。⁽⁶⁶⁾

また，中国の民事契約において，経済法規（経済行政法規）違反がある場合，強行法規違反として，当該契約が当然無効となることが指摘されてきた⁽⁶⁷⁾。そもそも，従前は公法に一元化されていたのであり，行政法上は違法であるが，契約法上は有効であるという発想が形成されにくい土壌であった（取締法規という発想の欠如）⁽⁶⁸⁾。前述したように，中国において，労働法は経済法を出自とし，現在でも，公法的性質を強く残している。加えて，中国の労働組合が行政機関としての性格を有し⁽⁶⁹⁾，一定の行政的機能を果たしていることも指摘されている⁽⁷⁰⁾。したがって，労働組合への意見聴取なしの解雇は，公法的性質を持った《労働法》において定められた準行政機関としての労働組合の権利を侵害する違反行為と解される。このような点からも，労働組合への意見聴取手続に対する違反をもって，解雇の効力を無効とする解釈が導かれることとなる。

(1)　日本食塩製造事件・最二小判昭和50・4・25民集29巻4号456頁参照。
(2)　1992年5月18日《国務院関於修改国営企業実行労働合同制暫行規定第二条第二十六条的決定》（国務院令第99号）参照。
(3)　于法鳴主編『下崗職工労働関係問題透視』（2000年，経済科学出版社）23頁参照。
(4)　董保華『「労工神聖」的衛士―労働法』（1997年，上海人民出版社）134頁参照。
(5)　第二編第一章第二節一2経済契約制度参照。
(6)　《労働契約の違反および解除の経済的補償便法》8，9，11条によれば，当該企業における勤続年数1年につき当該労働者の平均賃金1か月分相当額を支給しなければならない。
(7)　周知のとおり，日本の労働基準法においても，「試の使用期間中の者」（14日を超えて引き続き使用される者を除く）は，解雇予告の適用除外となっている。

(8) かかる観点からいえば，経済的補償は，類型毎に若干の違いがある。例えば，24条に基づく合意解約の場合と26条2号が定める⑥の場合については，上限が12か月分までと制限されている。他方，26条1号と3号および27条が定める⑤⑦⑧の場合については，上限はなく，当該労働者の月平均賃金が当該企業の月平均賃金より低い場合には，企業の月平均賃金を基準とするなど，補償が手厚くなされることになっている。さらに，⑤の場合は，これらに加えて，6か月分相当額の医療補助費を支給しなければならない。
(9) 野田進「解雇」『現代労働法講座・労働契約・就業規則』（1982年，総合労働研究所）202頁参照。
(10) 拙稿「中国の雇用保障制度」九大法学78号1頁（1999年）参照。
(11) 中華人民共和国国務院公報513号739頁参照。
(12) 労働部《労働法の若干の条文に関する説明》25条参照。
(13) 当初は，人民検察院による起訴免除の場合も含まれていたが，1996年3月の《刑事訴訟法》の改正により，起訴免除の制度は廃止された。田口守一＝張凌「中国刑事訴訟法の改正」ジュリスト1109号50頁（1997年）55頁参照。
(14) 郭軍『労働合同』（1996年，法律出版社）73頁参照。
(15) 上海市虹口区人民法院（1997）虹民初字第1291号（『上海法院案例精選（1998）』（1999年，上海人民出版社）26頁）
(16) 一審＝長沙市中級人民法院判決，二審＝湖南省高級人民法院判決，林准主編『民事案例選編』（1997年，法律出版社）262頁参照。
(17) 蒋勇主編『典型労働争議案例評析』（2000年，法律出版社）68頁参照。
(18) 上海市浦東新区人民法院1997年7月15日判決，上海第一中級人民法院1997年11月10日判決，最高人民法院中国応用法学研究所編『人民法院案例選【民事巻】下』（2000年，中国法制出版社）1783頁参照。
(19) 上海市黄浦区人民法院1995年6月19日判決，上海市第二中級人民法院1995年9月27日判決，前掲『人民法院案例選【民事巻】下』1706頁参照。
(20) 北京市第一中級人民法院2000年7月20日判決（2000年中民初字第44号）。北京市高級人民法院編『人民法院裁判文書選・北京2000年巻』（2001年，法律出版社）270頁参照。
(21) 《労働部関於実行労働合同制度若干問題通知》参照。
(22) 1991年7月23日《労働部辦公庁関於続訂労働合同是否規定試用期復函》参照。
(23) 王全興『労働法』（1997年，法律出版社）175頁参照。
(24) 《労働部関於労働法若干条文的説明》26条参照。
(25) 王・前掲『労働法』177頁参照。

(26) 黄成建主編『労働法新釈与例解』(2000年，同心出版社) 132頁参照。
(27) 浙江省桐廬縣人民法院1995年12月1日判決，杭州市中級人民法院1996年1月30日判決，前掲『人民法院案例選【民事巻】下』1699頁参照。
(28) 蒋勇・前掲『典型労働争議案例評析』73頁参照。
(29) 蒋勇・前掲『典型労働争議案例評析』55頁参照。
(30) 楊漢平『労働合同与集体合同』(1996年，中国物資出版社) 108頁参照。
(31) 1994年9月5日（労辦発［1994］289号）《労働法の若干の条文に関する説明》
(32) 湖北省遠安県人民法院1997年4月13日判決，湖北省宜昌市中級人民法院1997年6月9日判決，前掲『人民法院案例選【民事巻】下』1764頁参照。
(33) 北京市海淀区人民法院，北京市第一中級人民法院，1997年10月15日，北京市海淀区人民法院（1996）海民初字第7476号，『北京市海淀区人民法院審判案例選析（1999年度）』(2000年，中国政法大学出版社) 158頁参照。
(34) 上海市徐彙区人民法院（1998）徐民初次第1523号，『上海法院案例精選（1999年）』(2000年，上海人民出版社) 48頁参照。
(35) ①遠安賓館事件に対する湖北省宜昌市中級人民法院（同事件二審）の裁判官劉卓彬による解説。前掲『人民法院案例選【民事巻】下』1769頁参照。
(36) 1986年12月公布《中華人民共和国破産法（試行）》8条。宮坂宏編訳『現代中国法令集企業法・税法篇』（専修大学出版局，1995年）155頁以下，田中信行「中国破産法の比較研究」（季刊中国研究14号，1989年）参照。
(37) 許海珠「中国国有企業の破産について」中国研究月報588号3頁以下（1997年）参照。
(38) 拙稿「中国における『下崗』」日本労働研究雑誌469号46頁（1999年）参照。
(39) 西村峯裕＝森本素子「中国労働法違反に対する制裁規定」国際商事法務24巻12号1305頁（1996年）参照。
(40) 楊漢平『労働合同与集体合同』(1996年，中国物資出版社) 117頁参照。
(41) 李鋌「韓国における雇用調整と雇用保障制度」日本労働法学会誌96号29頁（2000年）34頁参照。
(42) 1994年6月23日「全国人大法律委員会関於中華人民共和国労働法（草案）審議結果的報告」。労働部政策法規司編『中華人民共和国労働法及学習宣伝綱要』(1994年，中国労働出版社) 45頁参照。そこでは，「企業の採用自主権を保護し，また，労働者の適法な権益をできるかぎり保障しなければならず，社会の安定に資するものでなければならない。我が国の実際の状況を考慮し，あわせて諸外国の関係規定を参考にして，改正を建議した」とされる。なお，

優先的再雇用に関しては，建国直後の時期においても見られ，そこでも「6か月」という期間が設定されており，その共通性は注目される。第一編第一章第一節三5(1)参照。

(43) 『中国労働統計年鑑（1998年）』（1998年，中国統計出版社）72頁，『中国労働統計年鑑（1999年）』（1999年，中国統計出版社）60頁，『中国労働統計年鑑（2000年）』（2000年，中国統計出版社）63頁参照。

(44) 『中国統計年鑑（1998年）』（1998年，中国統計出版社）791頁，『中国統計年鑑（1999年）』（1999年，中国統計出版社）759頁，『中国統計年鑑（2000年）』（2000年，中国統計出版社）761頁参照。

(45) 先の失業原因統計は，比率のみで，具体的な実数は示されていない。ただし，それぞれの年の都市登録失業者数は，1997年が576.8万人，1998年が571万人（『中国労働統計年鑑（1999年）』83頁）であり，それぞれ40万人弱の労働者が，企業の破産により失業している計算になる。

(46) 張歩洪＝張呂好主編『労働法新類型案例精析』（1997年，人民法院出版社）86頁参照。

(47) 胡充寒主編『案例労働法学』（1999年，中南工業大学出版社）80頁参照。

(48) 戚偉平編著『労働法実例説』（1999年，湖南人民出版社）72頁参照。

(49) 楊・前掲『労働合同与集体合同』111頁参照。

(50) 木間正道＝鈴木賢＝高見澤磨『現代中国法入門（第2版）』（2000年，有斐閣）227頁参照。

(51) 董・前掲『「労工神聖」的衛士─労働法』155頁，王・前掲『労働法』184頁参照。

(52) 中国において，30日前の予告を解雇予告手当で代えられるか（30日分の賃金を払って即時に解雇できるか）については，明文上の規定はない。しかし，これを認めるべきであるとする見解もある。郭・前掲『労働合同』82頁参照。

(53) 王・前掲『労働法』184頁参照。

(54) 韓国の勤労基準法の邦訳については，日本労働研究機構『韓国の労働法改革と労使関係』（2001年，日本労働研究機構）234頁参照。

(55) 宗剛直『韓国労働法』（2001年，悠々社）203頁参照。

(56) 台湾の労働基準法の邦訳については，張有忠翻訳監修『日本語訳中華民国六法全書』（1993年，日本評論社）444頁参照。

(57) 王・前掲『労働法』179頁参照。

(58) 中国の労災保険制度改革について，詳しくは，彭海奇「中国における労働者災害補償保険法制の成立及び展望」九大法学81号391頁（2000年）を参照。

(59) 彭・前掲「中国における労働者災害補償保険法制の成立及び展望」394頁参照。
(60) 彭・前掲「中国における労働者災害補償保険法制の成立及び展望」436頁参照。障害年金の額は，1級の場合，本人の賃金の90％相当額，2級の場合，同85％，3級の場合，同80％，4級の場合，同75％。障害一時金は，1級の場合，本人の賃金の24か月分，2級の場合，同22か月分，3級の場合，同20か月分，4級の場合，同18か月分。なお，被災労働者は，定年年齢に達した後も，そのまま障害年金給付を受ける。ただし，障害年金が老齢年金の水準よりも低い場合，老齢年金給付を基準として，その差額分を補充する（《労災辦法》23条）。
(61) 5級と6級の場合で，他の業務への配置が困難なときは，本人の賃金の70％相当額の障害年金を支給する。
(62) 障害一時金の額は，5級の場合，本人の賃金の16か月分，6級の場合，同14か月分，7級の場合，同12か月分，8級の場合，同10か月分，9級の場合，同8か月分，10級の場合，同6か月分とされる。
(63) 王・前掲『労働法』180頁参照。
(64) 労働部辦公庁《労働法の若干の条文に関する説明》29条参照。
(65) 妊娠中になされた解雇を無効とした事件として，海口中海建設開発公司事件（海口市振東区人民法院1997年8月18日判決）『人民法院案例選30号』（2000年，時事出版社）142頁参照。
(66) 上海必能信超声有限公司事件の解説における同事件の盧嘉献裁判長による解説参照。『上海法院案例精選（1999年）』51頁。また，上海奥的斯エレベーター事件の解説において，上海市黄浦区人民法院の趙文英裁判官は，「労働者の適法な権益の保護の方面において特殊な権利を労働組合に賦与しており，そのなかで，企業が労働者を解雇，処分する場合には，労働組合は事前に通知される権利と異議申立権を有する。もし企業がこのような手続規定を遵守しなければ，企業が行った労働者に対する解雇や処分の決定は無効である」と述べている。前掲『人民法院案例選【民事巻】下』1709頁参照。
(67) 王晨『社会主義市場経済と中国契約法』（1999年，有斐閣）116頁参照。
(68) 王晨・前掲『社会主義市場経済と中国契約法』111頁参照。
(69) 香川孝三「中国労働法の理解を深めるために」日本労働法学会誌92号27頁（1998年）参照。
(70) 彭光華「中国の労働協約制度における労働行政」九大法学80号334頁（2000年）参照。

第三章　解雇以外の労働契約関係解消の諸相

第一節　労働者による労働契約の解約

労働契約は，解雇以外に，労働者による一方的解約である辞職，当事者の合意による合意解約によっても解約される。また，労働契約の期間満了や当事者の消滅などにより，労働契約は終了する。以下では，こうした解雇以外の労働契約関係解消の諸相に関して，第一節において労働者による辞職をめぐる問題を検討し，さらに，第二節で労働契約の合意解約と労働契約の終了について検討することとする。

一　中国における辞職問題

1　中国の労働契約制度と辞職

(1) 《労働法》制定前における辞職

「固定工」制度下においては，統一分配により，労働者は雇用を確保された反面，自由に勤務先を選択することも，その後任意に辞職することも認められていなかった。許可なく辞職した者は，「除名」処理とされ，「単位」から離脱し，その生存すらも保障されなかった。すなわち，こうした辞職の自由の制限は，「単位」制度によって担保されていた。

そして，1980年代以降における労働契約制度の実施のなかで，企業は，一定の範囲で労働者を解雇することができるようになった。他方，労働者の辞職に対する権利はどのように変容していったのであろうか。

まず，国営企業について，《労働契約制度実施規定》15条によれば，労働者から労働契約を解約できる場合として，① 労働安全衛生条件が劣悪で，労働者の身体健康に重大な危険があると認められ，国家の関係部門がこれを確認したとき，② 企業が労働契約の約定に基づく労働報酬の支払いをしないとき，③ 企業の同意を得て，私費で中等専門学校以上の学校へ入学するとき，④ 企業が労働契約を履行せず，あるいは国家政策・法規に違反して，労働者の適法な権益を侵害したとき，と規定されていた。

また，外資系企業については，《合資経営企業労働管理規定》7条におい

て,「労働者が特殊な情況によって,労働契約規定に照らして,労働組合を通じて企業に辞職を申し出たときは,企業が同意を与えるべきである」と定めていた。このほか,地方労働法規において,《労働契約制度実施規定》とほぼ同内容の辞職に関する規定を置いていた。

つまり,労働契約制度導入後においても,辞職は完全に自由ではなく,一定の場合に限り認められていた。特に,労働者の権益が侵害される場合,進学などの正当な理由があり,企業が同意した場合などに限られていたといえよう。

(2) 《労働法》における辞職

そして,《労働法》の制定により,労働者は,労働契約を解約することにより,辞職することが可能となった。すなわち,《労働法》31条は,「労働者が労働契約を解約するときは,30日前までに書面の形式で雇用単位に通知しなければならない。」と定め,同条は,「労働者の辞職権を規定し,同条が定める手続のほか,労働者の辞職権の行使に対して如何なる条件を課すものではない」と解されている。要するに,期間の定めのない労働契約においては,労働者は何時にでも理由を問わず,30日前までに予告をすれば,辞職が認められるようになった。そして,同条は,基本的に,期間の定めのある労働契約にも適用される。したがって,期間の定めのある労働契約であっても,一般に,30日前までに予告をすれば,労働者は適法に労働契約を解約できる(ただし,特約などがある場合,後述のように,一定の範囲で損害賠償責任を負う可能性がある)。

そして,中国では,1986年以降,労働契約制度が徐々に普及し,労働力の流動化も進んでいる。これまで,労働者は,雇用単位の承認がなければ,辞職は認められなかったが,現在では,技術や能力を有する労働者が好条件を求めて転職することは,もはや珍しいことではなくなっている。中国では,こうしたジョブホッピングを「跳槽」と呼び,労働者の行動としてかなり一般化しつつある。その背景として,多くの労働力を有する中国にあって,高度な技術や能力を有する人材が絶対的に不足していることが指摘しうる。また,労働力の流動化を促進する諸政策のなかで,雇用や賃金

に関して，能力や資格を積極的に考慮することを目的とした立法・政策が進められ，実際に，各企業がこれらを重視しはじめていることも挙げられる。

他方で，こうした労働者の「くらがえ」を予防するために，労働契約において，一定期間の勤務を約束させ，これに違反する場合に，企業が費やした訓練費用の返還やそれにともなう損害賠償を予定する特約も広く普及している。そして，継続勤務条項や違約金・賠償予定条項をめぐって退職時に紛争が生じることが少なくない。訓練費用返還をめぐる訴訟（および労働紛争仲裁委員会による調停・仲裁）は，労働紛争のなかでも比較的多い類型のものとなっている。

このように，中国において，労働者による一方的な労働契約の解約である辞職は，《労働法》上，30日前の予告をすれば，自由に認められる。しかし他方で，辞職めぐる労働紛争は，特約違反の損害賠償の問題として顕在化してくるのである。

2 中国における辞職をめぐる紛争の検討視角

(1) 契約責任の形式と機能

また，こうした問題をより一般的な契約論として敷衍すれば，次のようにいうことができるだろう。すなわち，債務者の責に帰すべき事由による契約違反があった場合に，債務者に契約責任が負わされるのは，資本主義国だけでなく社会主義国においてもおよそ変わりはない。そして，かかる場合に対して，損害額の立証・算定の困難を除去するものとして，契約違反に対する違約金や損害賠償の予定という法技術が用いられる。中国の契約法でも，違約金や損害賠償の予定に関して，当事者は任意に約定することが認められている。

しかし，契約責任に関する法の形式や機能は，必ずしも一様ではない。社会経済体制や契約法制の発展過程の違いによって，契約責任に関する法の形式や機能は様々であり，また，契約類型によっては，当該契約の特殊性を考慮して，契約責任に関して，特別の規制が設けられることもある。

例えば，計画経済を厳格に実行していたころの中国では，計画実行が第一であり，契約はその便宜的な道具であった。したがって，契約当事者間の権利義務関係とは別に，当事者は，国家に対して，計画を達成するために，現実に契約を履行する義務を負い（現実履行の原則），契約違反があった場合でも，違約金あるいは損害賠償による履行義務の免除はなかった。かかる場合，履行遅滞に対して法定の違約金の支払いが課されることとされていたが，ここでの違約金は懲罰的な「違約罰」としての性格を有していた。[8]

また，日本の労働契約においては，その不履行について違約金を定め，損害賠償額を予定する契約をしてはならない（労働基準法16条）。戦前の日本において，契約締結に際し，契約期間の途中で労働者が転職したり帰郷したりした場合は一定額の違約金を支払う約定や，労働者の諸種の契約違反や不法行為につき損害賠償額を予定する約定を結ぶことが広く行われ，使用者は，かかる特約をもって，労働者の足止めや身分的従属の創出に利用していたのである。そこで，労基法は，かかる封建的労働慣行の弊害を防止するために，5条で強制労働の禁止を謳い，さらに，14条をもって長期労働契約による人身拘束の弊害を排除し，加えて，賠償予定を禁止する16条を置いたのである。こうした16条のような立法例は，諸外国にもまた国際労働条約にも見ることがないといわれる。[9]

そして，日本でも，高い技能を有する労働者の中には，より良い労働条件を求めて積極的な転職行動に出る者も見られるようになってきている。[10] 日本では，違約金・損害賠償の予定を禁止する強行規定が存在し，これが留学費用の返還請求をめぐる紛争処理規範として用いられているため，判例上，極めて制限的にしか，留学費用に関する金銭消費貸借契約の成立の余地が認められていない。これら一連の裁判例に対しては学説からの批判も多く，立法的解決を図るべきとの議論まである。[11] ただし，こうした裁判例や学説の議論の背景には，たんに，労基法16条の存在だけでなく，教育訓練・研修は使用者の負担において行うべきものとする理解が，日本において浸透していたことが挙げられるのではなかろうか。そして，教育訓

練・研修に対して，本来使用者が負担すべきものとする認識は，日本の雇用実態，いわゆる日本的雇用慣行と密接な関連があるものと考えられる。(12)とすれば，雇用システムの大きな変動期にある現在において，かかる認識は必然的に変わらざるをえず，ひいては，社会的に妥当とみなされる教育訓練・研修費用の負担のあり方も不変ではありえないと思われる。これは，中国においても同じであろう。

(2) 中国における教育訓練の情況

中国における教育訓練に関して，まず，普通学校教育の情況を見渡すと，その進学率の低さが目立つ。すなわち，1995年における小学校への進学率は，98.5%あるものの，中学校（初等中学）のそれは68.2%，高校（高等中学）のそれは10.6%となっており，大学等の高等教育に至っては，進学率が3.6%しかない。このように，若年における未就学者の割合が高いために，たんに労働力の質が低いというだけでなく，十分な教育も受けずに，低年齢のうちに，多くの労働者が労働に参加するということになる[13]。こうした事情が，失業率を高める一方，高度な技能を有する労働者の争奪を熾烈なものとしている。

そして，これまで大学や専門学校などの高等教育にかかる費用を国家が全額負担してきたが，こうした制度は，卒業後は，「分配」により，必要な人材を必要な職場に国家が割り振ることを前提としていた。現在では，民間の企業への就職も可能となっているが，大卒者を採用した企業は，当該労働者が受けた高等教育にかかった費用を，一定程度国家に納めなければならない。[14]

加えて，高度な技能を持つ労働者の割合が低く，労働人口に占める大卒者の割合が僅かであるという事情を反映して，中国の企業では，定期採用ではなく，経験者の中途採用のほうが一般的であるといわれる[15]。また，以上のような立ち後れた普通教育と比較して，中国では，職業教育と専門職教育を中心とする成人教育制度のほうがかえって発達していることが指摘される[16]。

従来の「固定工」制度の下では，労働者は一企業で労働生活を完結し，企

業は，生産に必要な職業訓練を労働者に対して施してきた。そして，労働者がその費用負担をすることはなかった。しかし，少なくとも，最近の中国では，相対的に見て，企業外での教育訓練を重視する傾向があるといわれる。一般に，中国の企業は中途採用を好み，企業内教育をせず，その費用の節約を考える。なぜなら，労働者の定着率が低いからである。企業内訓練について，1996年10月30日に労働部が公布した《企業職工培訓規定》21条は，労働者の訓練費用として，労働者の賃金総額の1.5％をあてるべきことを規定しているが，実際には，これに遠く及ばない。また，多くは管理職の教育に使用される。[17]

結局，企業は採算性を求めて，有償の研修制度を採用することになり，一定期間の勤務を約束させて研修を行う。他方で，企業内での教育訓練が十分でないために，一部の能力と経済力のある労働者は，企業外での教育訓練を私費で受け，条件の良い職を求めて労働市場でジョブホッピングを繰り返す。こうした労働者の流動性は相対的に高くなる。

(3) 雇用の流動性

このように，雇用の流動性と教育訓練費用の負担は，何らかの関わりを持っているのではないかと考えられる。実際に，中国では，どの程度雇用の流動性があるのだろうか。

ある統計から，北京市における所有制別の労働者の勤続年数割合を見てみる[18]（1993年から1998年までの間に行ったインタヴューに基づく統計）。国有企業において，6月以内の者8.7％，6～18か月の者8.8％，18か月～3年の者10.5％，3～10年の者22.9％，10年以上の者49.1％である。私営企業では，それぞれ29.6％，30.0％，16.0％，20.3％，4.1％で，外資系企業では，それぞれ29.9％，19.6％，29.4％，21.1％，0％であった。そして，平均勤続年数は，国有企業で13.2年，私営企業で2.7年，外資系企業で1.8年となっている。

また，比較的早い時期から経済特区であった珠海市では，外資系企業の進出が盛んで，私営企業も発展し，市場経済化の進展の程度は中国のなかでも有数の地域であるといえる。同市では，国有企業において，6か月以

内の者7.3%，6～18か月の者14.0%，18か月～3年の者14.7%，3～10年の者34.2%，10年以上の者29.7%である。私営企業では，それぞれ31.4%，22.3%，19.1%，25.0%，2.2%で，外資系企業では，それぞれ16.8%，27.6%，22.2%，28.9%，4.5%であった。そして，平均勤続年数は，国有企業で8.0年，私営企業で2.5年，外資系企業で2.8年となっている。

これらの数字から，それぞれの所有制の違いにより，企業自体の存続年数が異なるため，一概には比較できないが，北京市では，18か月未満の者が，私営企業では6割近くを占め，外資系企業でも5割近い。3年未満の者で見れば，私営企業で75%，外資系企業で約8割ということになる。また，北京市での平均勤続年数も国有企業と非国有企業では大きく異なるが，他方で，珠海市では，国有企業での平均勤続年数は北京市に比べ短い。それでも，非国有企業では国有企業に比べ流動性がかなり高いことが推測される。そして，全体的に見れば，珠海市のほうが北京市よりも雇用の流動性が高いといえそうである。

また，今後，転職を考えている（希望している）労働者の割合[19]は，北京市では，国有企業25.5%，私営企業40.9%，外資系企業33.6%に対して，珠海市では，国有企業17.4%，私営企業45.5%，外資系企業43.0%となっている。私営企業や外資系企業に勤務する労働者の転職志向は相対的に強いことが窺える[20]。

こうした流動性の高さは，企業にとっては，職業訓練に対するコストを上昇させることになる。なぜなら，新しい人材が入るたびに一定の訓練が必要になるからである。他方で，職業訓練コストを引き下げるために，ある程度技能を持った労働者の引き抜きが盛んになる。また，職業教育訓練に対する企業の負担は消極的になり，労働者の負担とされることになる。

3 本節の目的

このように，本節では，労働者の辞職をめぐる法的問題について検討するが，特に，教育訓練費用の返還特約に違反する辞職と損害賠償をめぐる

裁判例や議論は，中国の労働契約の意義や特徴を見るうえで格好の素材となる。また，中国の雇用保障制度や労働市場との関連において，職業教育訓練の費用負担についての基本的認識や雇用の流動性などを探るうえでも大いに参考となると考えられる。

これまでの中国では，長期雇用を前提として，企業が職業能力の開発の中心的役割を果たし，労働者も，身につけた技能により企業に貢献することを通じて雇用の保障と内部昇進を与えられた。むしろ，転職行動をとること自体が制度的に極めて制限されてきたのであり，厳格な終身雇用慣行が存在していたといえる。

しかし，現在，その長期雇用制度は大きく動揺しており，また，雇用において能力や技術を重視する傾向も強まってきている。このような雇用環境の下で，労働契約の不履行につき一般的に違約金・損害賠償の予定を禁止するような法規定を有しない中国において，訓練費用の負担をめぐる紛争に対して，いかなるルールが設けられ，どのように解決されているのだろうか。

また，この種の紛争は，たんに違約金・賠償予定の問題だけでなく，職業能力開発や競業避止の問題とも大きく関わっている。かかる意味では，実定法上，規制を設ける国もあり[22]，中国にも，不正競争防止や競業避止を念頭においた諸規定が存在する。

そこで，以下では，中国における教育訓練費用に関する規範を確認したうえで，中国における実際の裁判例（首鋼日電電子有限公司事件[23]，香港飛行機整備有限公司事件[24]，建陽市立病院事件[25]，北京市琉璃河セメント工場事件[26]）を見ていく。そして，かかる問題に対する法的対応についての考察を通じて，中国における人材の流動をめぐる紛争に対する処理方法および労働契約における継続勤務条項および違約金・損害賠償予定条項の適法性について検討する。最後に，中国の教育訓練費用返還に関する合意の適法性判断における特徴を指摘することとする。

二 教育訓練費用に関する規範

以下では，中国における教育訓練研修費用をめぐる紛争について論じるが，まず，この種の労働紛争に関する現行の処理規範を概観しておく。これらの規範は，性質上，大きく３つに分けられる。すなわち，第一に，法律上の規範（民法，契約法，労働法），第２に，労働行政部門による労働法規ないし労働規章，第三に，労働行政部門による政策文書（通達・指針）である（本編第一章第二節一参照）。

1 法律上の規範

(1) 《中華人民共和国民法通則》

1986年4月12日制定の《中華人民共和国民法通則》(以下，《民法通則》という)⁽²⁷⁾ 112条２項は，「当事者は契約の中で，一方が契約に違反したときは，相手方当事者に対して一定額の違約金を支払うことを約定することができる。また，契約の中で契約に違反して生じた損害の賠償額に対する計算方法を約定することができる。」と規定する。

(2) 《中華人民共和国契約法》

1999年3月15日可決(同年10月1日より施行)された《中華人民共和国契約法》(以下，《契約法》という)は，114条において，「当事者は，一方が契約に違反したときに，契約違反の情況に基づき相手方に一定額の違約金を支払うことを約定することができ，契約違反により生じた損害額の計算方法を約定することもできる。約定した違約金額が発生した損害額よりも低い場合，当事者は人民法院あるいは仲裁機関に対してその差額を請求できる。約定した違約金額が発生した損害額よりも高い場合，当事者は人民法院あるいは仲裁機関に対して適当な額への減額を請求することができる。当事者が履行遅滞について違約金を約定した場合，契約違反をした当事者は，違約金を支払った後も，債務を履行すべきである。」と定める。

(3) 《中華人民共和国労働法》

1994年7月5日可決（翌年1月1日施行）された《労働法》によれば，まず，強制労働に対する制裁規定として，96条「雇用単位に以下に列記する

行為のひとつがあるときは、公安機関が責任者に対して15日以下の拘留・罰金あるいは警告に処する。犯罪を構成するときは、責任者に対して法により刑事責任を追及する。① 暴力・脅迫あるいは非合法に人身の自由を制限する手段をもって労働を強制したとき、② 労働者に侮辱・体罰・殴打・非合法な捜査と拘禁を行ったとき。」との規定がある。したがって、強制労働は、まず、行政罰と刑事罰の担保の下に禁止されている。

また、雇用単位が暴力・脅迫あるいは非合法に人身の自由を制限する手段をもって労働を強制したときには、労働者は即時の労働契約の一方的解約が認められる（32条）。この場合、予告は必要ない。

そして、労働者は、労働契約を解約する際、30日前までに雇用単位に書面の形式をもって通知すれば足りる（31条）。これは、期間の定めの有無にかかわらず同様である。この31条は、労働者の辞職の権利を規定したものであり、この規定のほかに辞職を明示的に制限する規定はない。労働者による一方的な労働契約解約の意思表示である辞職に関しては、30日前の予告を除いて、何らの条件も課されていないと解されている[28]。ただし、期間の定めを含めて、契約条項に違反し、これにより雇用単位に損害を与えた場合には、次に述べるように損害賠償の責任を負うとされる。

すなわち、契約責任については、19条が定める労働契約の必要記載事項のひとつとして、「労働契約違反の責任」が規定されている。また、22条においては「労働契約の当事者は労働契約中において雇用単位の業務上の秘密（原語は「商業秘密」）の保守に関係する事項を約定することができる」と定められている。そして、102条は、労働者の契約責任について、「労働者が本法に規定する条件に違反し労働契約を解約しあるいは労働契約のなかで約定した秘密保持の事項に違反して、雇用単位に対して経済的損害をもたらしたときは、法により賠償責任を負う。」と定める。

ちなみに、職業訓練に関して、66条と67条で国家と地方人民政府に対して職業訓練養成事業を実施すべき旨定め、他方、68条は、「雇用単位は職業訓練養成制度を確立し、国家の規定に照らして職業訓練養成費用の交付を受け、当該単位の実情に基づいて計画的に労働者に対して職業訓練養成を

行うべきである。」と規定し，職業訓練に対する企業の義務を定めている。また，69条は，国家に対して，職業資格証明制度と職業技能検定制度を実施するよう求めている。職業訓練養成に関する《労働法》上の規定はこの4か条のみであり，このうち雇用単位を名宛人としたのは，68条だけである。

2　労働行政部門による労働法規・労働規章

　《労働法》施行後の1995年5月10日，《労働法》102条を受けて，労働部は《労働契約規定に関する労働法違反の賠償辦法》（以下，《賠償辦法》という）[29]を公布した。《賠償辦法》4条によれば，「労働者が，（《労働法》の）規定または労働契約の約定に違反して労働契約を解約し，雇用単位に損害を与えた場合には，労働者は，雇用単位に以下の損害を賠償しなければならない。① 雇用単位が，募集・採用にあたって支払った費用，② 雇用単位が支払った養成訓練費用，ただし，特段の定めがある場合にはそれに従って処理する，③ 生産，経営および業務遂行上生じた直接的な経済的損害，④ 労働契約に約定されたその他の賠償金」と定められている。

　すなわち，労働契約上，職業訓練の費用に関して定めがなくとも，労働者の責に帰すべき事由により一方的に解約する場合には，訓練費用を返還しなければならない。ただし，特段の定めがある場合には，その定めに従って，訓練費用の負担に関する問題を処理する。

　また，《賠償辦法》は，特に，守秘義務違反に対する損害賠償責任について，「労働者が，労働契約中に約定された秘密保持条項に違反し，雇用単位に経済的損失を与えた場合は，《不正競争防止法》20条の規定に基づいて雇用単位に対し，賠償金を支払わなければならない」と規定する（5条）。この守秘義務については，《労働法》22条により任意に約定することが認められており，また，前述のように，同法102条において，これに違反した場合の損害賠償についても明示的に規定されている。

　さらに，《賠償辦法》6条1項は「雇用単位が，労働契約を解約していない労働者を雇用し，原雇用単位に対して経済的損失を与えた場合には，当

該労働者が直接賠償責任を負うほか，新雇用単位も連帯して賠償責任を負わなければならない。(新雇用単位が) 連帯して負担する賠償の分担は，原雇用単位に発生した経済的損害の総額の70％を下回ってはならない。」と規定する。さらに，同条2項は「原雇用単位に対して以下の損害を賠償するものとする。① 生産，経営および業務遂行によって生じた直接的経済損害。② 業務上の秘密を違法に利用することによって原雇用単位に与えた経済的損失。本条第2項の規定する損害を賠償するときは，《不正競争防止法》20条の規定による。」と定める。

そして，その《不正競争防止法》(1993年12月1日施行) 20条は，経営者が本法の規定に違反し，他の経営者に損害を与えた場合，損害賠償責任を負うべきであり，被害を受けた経営者の損害額の算定が困難なときは，加害経営者が損害を与えた期間内に被害経営者の権利を侵害したことによって得た利潤をもって賠償額とする旨定める。

3 労働行政部門による政策文書

(1) 《試用期間内における労働契約解約の処理根拠の問題に関する回答》

浙江省労働庁からの問い合わせをうけ，1995年10月10日，労働部辦公室は《試用期間内における労働契約解約の処理根拠の問題に関する回答》(以下，《回答》という)を発した。この《回答》の三は，労働者から労働契約を解約する際の訓練費用に関する問題についての見解である。

これによれば，雇用単位が支出して，労働者に対して各種の技術訓練を行ったときに，労働者から雇用単位 (企業) との労働関係の解消を申し出る場合，① その申出が試用期間であるときは，雇用単位は労働者に当該訓練費用の返還を求めることはできない。② 試用期間が満了し，既に労働契約期間内にあるときは，雇用単位は労働者に当該訓練費用の返還を要求できる。具体的な返還方法は，(イ) 継続勤務期間を約定した場合，勤務期間に基づいて支出額を等分し，労働者が既に履行した勤務期間分を減額する。(ロ) 継続勤務期間を約定していない場合，労働契約の期間に基づいて支出額を等分し，労働者が既に履行した勤務期間分を減額する。(ハ) 期間

の定めのない労働契約において継続勤務期間を約定していない場合，継続勤務期間を5年として支出額を等分し，労働者が既に履行した勤務期間分を減額する。㈡双方が減額の計算方式について約定している場合には，その約定による。③既に契約期間が満了した場合には，労働者は契約の終了を要求することができ，雇用単位は労働者に訓練費用の返還を要求できない。

(2) 《企業労働者の転職問題に関する通知》

労働部は，1996年10月31日，《企業労働者の転職問題に関する通知》（以下，たんに《通知》という）を発した[31]。この《通知》二によれば，雇用単位は業務上の秘密に触れる労働者との契約の中で，業務上の秘密の守秘に関する事項について約定した場合，契約期間満了前あるいは労働者の辞職申出の後一定期間（6か月を超えてはならない），その他のポストに配転することができ，また，労働契約の関係事項について変更することができる。さらに，かかる労働者に対して，退職後一定期間（3年を超えてはならない）競争関係にあるその他の企業で勤務したり，自らそうした事業を行ったりすることを禁止する約定をすることができる。ただし，雇用単位は，当該労働者に対して，相当額の経済的補償をすべきとされる。

さらに，《通知》三では，「雇用単位は労働者と労働契約の中で違約金に関する約定をすることができる」と明示的に違約金の定めをおくことを認めている。そして，労働契約を解約する際に，契約に違反して相手方に損害を与えたときは，《労働法》および《賠償辦法》に基づいて賠償責任を負うとしており，違約金の定めがなくとも，契約違反に対する損害賠償は当然に認められる。

また，《通知》四では，雇用単位は労働契約を解約する際に，当該労働者に労働契約を解約したことを示す証明書を交付すべきことを定め，さらに，他雇用単位で在職中の労働者(労働契約を解約していない労働者)を採用して，その単位に損害を与えた場合，その損害に対して，当該労働者と共に連帯して賠償責任を負うべきと規定する。これは《賠償辦法》16条1項と同旨である。

4　小　括

以上のように，労働契約において，教育訓練研修費用の返還に関して任意に約定することが認められている（《労働法》19条，102条）。さらには，約定がない場合であっても，労働者が契約期間内に一方的に労働契約を解約する場合には，訓練費用等について，企業は，その賠償を求めることができる。そして，その当事者間の合意は，原則として優先され，それに従った返済義務が労働者に生じることとなる（《賠償辦法》4条）。ただし，約定の賠償額が，実際の損害額と異なる場合には，当事者の請求により，裁判所はこれを調整しうるものと解される（《契約法》114条など）。

そして，継続勤務期間と訓練費用との関係では，約定の継続勤務期間（あるいは労働契約の期間）を基準にして，返還すべき訓練費用を比例的に減額する方法が示されている。期間につき特段の定めがない場合においては，5年を基準として同様に比例的減額がなされる（《回答》三）。

また，業務上の秘密の守秘に関しては，《労働法》22条が任意に約定することを認め，これに対する違反については，《賠償辦法》5条により，損害賠償義務を負うことが規定されている。さらに，相当額の経済的な補償をすることにより，業務上の秘密に触れる労働者に対して3年間の競業避止義務を課すことができ，退職前，6か月間，異なる職務に就かせ，業務上の秘密から隔離することもできる（《通知》二）。

このほか，契約期間内の労働者を引き抜いて相手企業に損害をもたらしたときは，当該労働者と引き抜いた企業が連帯で損害賠償義務を負い，このうち，7割以上を企業が負担しなければならない（《賠償辦法》6条，《通知》四）。かかる賠償額は《不正競争防止法》20条に照らして算定される。このように，不正競争防止の観点から，労働力の移動に関わる紛争に対してもアプローチがなされる。

三　教育訓練費用返還をめぐる裁判例

以下では，具体的に，教育訓練費用返還および人材流動をめぐる裁判例と調停例を4例紹介する。このうち，最後の例は，判決ではなく，裁判所

による調停の例であり，また，内容的にも若干性質を異にしているが，本節の考察において参考になると思われるので，ならべて紹介する。

1　I事件──首鋼日電電子有限公司事件

【事実の概要】

原告X（反訴被告）陳勁柯（男性，27歳）は，被告Y（反訴原告）首鋼日電電子有限公司の元従業員である。Xは1990年12月からYに勤務していたところ，1992年10月，XはYと「労働契約書」および「技術訓練契約書」を締結した。このうち，「労働契約書」12条は「YがXに対して訓練を行い，契約が定める期間内にXが辞職を申し出たとき，あるいは任意に離職したときは，XはYに訓練費用の一部あるいは全部の返還を求める権利を有する」と定めていた。また，同13条では「契約期間内に，Xが任意に離職したときは，規定に基づきYの経済的損失を賠償すべきであり，その賠償額は本企業（従業員）の平均実収入の3か月分とする。Xが任意に離職した日より契約は自動終了する」と規定していた。

契約締結後，Xは，1992年11月から翌年10月まで日本での技術訓練に参加した。出国前，XはYから出張旅費を借り受けており，日本での滞在期間において，Yは，Xの訓練費用として総額346万1273円を支出した。帰国後，XはYの承認を得て，1993年11月22日から12月4日まで，休暇をとって帰省した。しかし，休暇期間が満了した後も，Xは戻らず，Yに出勤しなかった。Yは出勤するよう命じる通知を送付したものの，Xは通知を受け取った後も，期限までにYに出勤せず，Yに対して何らの返答もしなかったが。結局，Xは，1994年3月10日になって北京に戻った。

Yは，Xの任意離職から2か月が過ぎていることに鑑み，双方が締結した「労働契約書」の関係規定に基づき，Xとの労働契約を終了させたうえ，1994年2月，Yは北京市労働紛争仲裁委員会に対して仲裁申請を行い，Xに訓練費用，出国時の貸付けおよび経済的損失の賠償を求めた。1994年4月，同仲裁委員会は，「XはYに訓練費用346万1273円，出張旅費2万円，経済的損失2400元を賠償せよ」とする旨の裁決を下した。

第3章　雇用以外の労働契約関係解消の諸相

Xはこの仲裁裁決を不服として，1994年5月，北京市中級人民法院に対して訴訟を提起し，Yに原職への復帰と賃金の補償を求め，技術訓練の費用の返還は必要ないと主張した。これに対して，Yは，Xに対して，契約に基づき，訓練費用，経済的損失を賠償し，出張旅費を返還することを求める反訴を提起した。

【判旨】

北京市中級人民法院は審理を経て，以下のように認定した。YとXが締結した「労働契約書」および「技術訓練契約」は，双方の真実の意思表示であり，国家関係規定にも適合し，法的保護を受けるべきである。Xは休暇期間が満了したにもかかわらず，適時に「単位」（企業）に戻らず，Yからの出勤命令通知書を受け取ったあとも，適時に「単位」へ戻らなかった。そこで，双方が締結した契約の関係規定に基づき，Xが任意離職した日より，双方が締結した労働契約は既に自動終了したものである。「労働契約書」および「技術訓練契約」の関係規定に基づき，Xに対して，訓練費用・経済的損失の賠償と出張旅費の返還を求めるYの反訴には理由があり，要求も合理的なものであり，認容しうる。Xの請求についてはこれを棄却し，Xに対して，技術訓練費346万1273円を賠償し，出張旅費2万円を返還し，経済的損失2400元を賠償するよう命じた。

2　II事件――香港飛行機整備有限公司事件

【事実の概要】

合資企業である訴外（Z）厦門太古飛行機整備有限公司は1993年7月1日設立された。原告（X）香港飛行機整備有限公司はZの最大株主である。Xは，Z成立後必要となる技術者を訓練するために，1993年4月，8月および11月に，厦門において，被告（Y）黄長発ら21名それぞれと「機械人員訓練計画（契約条項）」を締結した。そこには，「XはYらを香港において期間を2年とする技術訓練を受けさせる。Yは訓練後，必ず厦門の合資企業あるいはXの指定するその他の公司で10年間勤務する。Yの帰責事由により訓練を終了しない場合，あるいは，訓練契約規定に違反した場合，X

が負担した訓練費用（一定の比率により計算）を負担する」等の定めがあった。

　契約締結後，Ｙら21名を２班に分けて香港で技術訓練を受けさせた。訓練の終了に際し，ＸはＹらに対し，Ｚと訓練後10年間勤務する旨の「労働契約」を締結するよう要求したが，Ｙらは，「労働契約」はＺが一方的に定めたようなもので，そのうちいくつかの条項は不合理，不適法である等を理由として，締結を拒絶した。Ｘは1995年９月21日の文書によってＹらに訓練の中止を通知した。同月23日，Ｙらは香港を離れ厦門に戻った。

　その後，Ｚは，1996年５月，厦門市労働紛争仲裁委員会に仲裁申請を行ったが，Ｚは契約の当事者ではなく，申請適格の問題により却下された。同年12月，ＺとＸは連名で再度同仲裁委員会に仲裁申請を行ったが，同仲裁委員会はＸが管轄外の法人であり，その受理範囲に属さないことを理由として，不受理決定を行った。そこで，1997年１月，ＸとＺは共同訴訟人として厦門市中級人民法院に訴訟を提起し，ＸＹ間で締結した技術訓練契約の解約を求め，Ｙらに訓練費用総額168万3255.29香港元の賠償と本件の訴訟費用の負担を求めた（同法院は審理後，Ｚに原告適格が認められないとした）。

【判旨】

　厦門市中級人民法院は以下のとおり認定した。ＸはＹら21名と「機械人員訓練計画（契約条項）」を締結したが，これは双方当事者の真実の意思表示であり，技術訓練計画の内容も法律や社会の公共利益に違反するものではなく，有効と認められ，Ｘ，Ｙらに対して法的拘束力を有する。Ｙらは技術訓練契約を締結した後，Ｘによる香港での２年間にわたる技術訓練を受け，訓練終了時に，各種の理由により技術訓練契約所定の義務を拒否したのであり，（これは）明らかに違約行為に属する。ＸＹ間の訓練関係を解除し，Ｙが賠償責任を負担するよう求めるＸの訴訟請求は，法により支持されるべきである。そして，同法院は，《民法通則》57条，111条および[32]　　　[33]
《労働法》68条，労働部発布（1995）223号《賠償辦法》４条の規定に基づき，1997年８月21日，本判決の効力発生の日よりＸとＹら21名の締結し

た「技術訓練契約」を解約し，Yら21名に対して本判決効力発生後1か月以内に，Xに訓練費総額168万3255.29香港元を支払うよう命じた。

3　Ⅲ事件──建陽市立病院事件

【事実の概要】

原告（X₁）陳黎瓊（女性，35歳），は被告（Y）建陽市立病院の看護婦として，1986年12月からYに配属され勤務してきた。1988年9月，Yは，X₁を福建省医学院高級看護婦専門課程に入学させ3年間研修させた。入学の前，X₁とYは在外研修契約書を締結し，X₁の研修期間中の賃金は国家規定に基づきYが支給すること，研修費用はYが負担すること，X₁は研修期間満了後Yにおいて6年間勤務すべきことを約定した。X₁の夫が南平市で勤務していたため，結婚後夫婦は別居していた。1991年7月，X₁は研修を終えた。X₁は，Yに戻り4年5か月勤務していたが，X₁は勤務地の変更をYに求めた。転職の協議を経て，転勤先である南平市中医病院はX₁に契約期間満了前の1995年11月30日から繰上げて出勤するように求めた。

原告（X₂）李峰（女性，39歳）はYの内科副看護婦長であった。1993年4月，YはX₂を省立病院の麻酔助手の研修に1年間派遣した。研修前，X₂とYは在外研修契約を締結し，X₂は研修終了後Yに戻って勤務し，10年間は外部への転勤を認めないことを合意した。これ以前において，X₂はYに対して誓約書を提出し，研修後10年間は転勤しないことを約束していた。1994年4月，X₂は研修を終了し，Yに戻った。X₂の夫が福州で勤務していたため，X₂は転職を要求した。転職の協議を経て，転勤先である福建省司法廳は契約期間満了前の1995年3月15日より繰上げて出勤するようにX₂に求めた。

Yは，Yが1994年9月10日に制定した「在外研修者に関する関係規定」4条（「在外研修を受けたことがある者あるいは現在受けている者が契約で定められた勤務期間を満たすことなく転職を求める場合，当該労働者あるいは受け入れ単位は当病院に対して訓練費用を支払う。訓練費用は当該労働者が在外研修期間

中に当病院が支出した研修費用，賃金，賞与，福利費等一切の費用の130％とする。」）に基づき，X₁，X₂に対して研修期間中に支給した研修費用，賃金，賞与，福利費用等を要求した。X₁については，7584.47元，内訳は，賃金3811.9元，福利費30元，研修費2000元，さらにこれらの費用の30％に当たる1752.57元である。X₂については，7353.42元，内訳は，賃金・福利費が4056.9元，研修費および研修期間中の出張旅費，食費，夜食手当等1848元，さらにこれらの費用の30％に当たる1448.52元である。X₁とX₂はそれぞれ右費用を支払って，Yを退職した。

1996年12月，X₁とX₂は建陽市人民法院に提訴し，Yに研修費，研修期間中の賃金・福利費用および違法な違約金，それぞれ7394.4元，6545元の返還とこれにより被った精神的損害に対する賠償を求めた。

Yの抗弁は以下のとおりである。X₁は，Yが多年にわたる時間と多額の資金を費やして養成した医療専門技師であり，Yが養成したただ1人の高級看護婦である。1988年9月，Yは，X₁を省医学院に派遣し3年間研修させたが，研修前，X₁とYは書面契約を締結し，研修後はYに戻り6年間勤務することを約定した。X₂は1993年4月からYの費用負担で，省立医院において麻酔助手の研修を1年間受けたが，研修前，X₂とYは書面契約を締結し，研修後はYに戻り10年間勤務することを約定した。1994年9月10日，技術者が各種の事情により大量に離職し，（Yの）医療技術能力が大幅に低下するという具体的な問題に対して，「在外研修者に関する関係規定」を制定した。両原告は夫婦別居という理由はあるにしても，契約約定の勤務期間に照らして満期まで勤務しないうちに転職を希望した。したがって，Yは上述の規定に基づきXらに契約を履行し継続してYで勤務するか，所定の関係費用を支払うかを選択させたのである。Xらは自ら費用を支払う方式を選択したのである。したがって，Xらの請求を棄却することを求める。

【判旨】

建陽市人民法院は審理を経て以下のとおり認定した。X₁がYと締結した在外研修契約書は有効な契約である。X₁は研修終了後において双方が

約定した勤務期間を満了しておらず，契約の約定に違反した。X₂は研修前において研修後10年間は転職しない旨の誓約書を提出することに同意したのであって，ゆえに契約は有効な契約であると認めるべきである。X₁，X₂は研修終了後，約定の勤務年数に基づいてYに勤務しておらず，研修期間中の研修費用，旅費，食費手当等の費用を返還すべきであり，勤務年数に応じて比例的に逐年減額すべきである。ただし，YはYの制定した規定に基づき，Xらから研修期間中の賃金，福利費用，研修費の130％の額を徴収し，このことは，関係の法律規定に違反するものであり，Yは徴収した費用をXらに返還すべきである。《民法通則》106条1項，117条1項，[34] [35]
134条1項(4)および《福建省専門技術員継続教育条例》20条5項の規定に基[36] [37]
づき，Yに対して，判決の効力発生の日より10日以内に，X₁に，研修期間中の賃金，福利費，研修費用等7594.47元を返還し，X₂に，研修期間中の賃金，福利費，研修費用等7353.42元を返還するよう命じた。さらに，X₁，X₂に対して，判決の効力発生の日より10日以内に，Yに，研修期間中の研修費527.82元，訓練費1663.20元を支払うよう命じた。

判決後，双方当事者は控訴していない。

4　Ⅳ事件――北京市琉璃河セメント工場事件

本件は，人民法院の調停を通じて解決した事案（調停例）である。したがって，厳密な法適用による紛争処理ではないが，最終的な賠償額が，人材の流動をめぐる事案において，当時としては最高額である80万元にも上ったことから，北京でも大きな話題となり，かつ，その最終的な解決内容も非常に興味深いので，ここに紹介する。ただし，本件は調停ということもあって，事実関係や適用条文などの詳細について不明な点もある。そして，以下の紹介は，新聞紙上に掲載された内容を基にしていることをお断りしておきたい。

【事件の概要】

原告（X）北京市琉璃河セメント工場は，被告（Y₁）盧亮が勤務していた19年の間に，山東建工学院と北京電視大学において研究させ，さらに，

これと前後して，日本，イラク，米国において海外研修を受けさせた。このうち，1992年に，数億元を投資して，米国から新しい生産ラインを導入する計画を実施する際，XはY₁にその設備の運転管理の研修を米国で受けさせていたが，これだけでも9万元あまりの費用がかかっていた。

そして，XとY₁は，導入された新生産ラインを有する工場の工場長としてY₁を採用する旨の「招聘契約書」を1995年1月に締結したが，これによれば，Y₁の任期は同年12月31日までの1年間であった。しかし，Y₁は，任期途中である同年11月13日，辞職を申し出た。Xは，Y₁の辞職には同意しなかったが，Y₁の意思は硬く，1か月後の12月14日，再度，辞職願を手渡し，午後には工場を立ち去ってしまった。その後，Y₁は，合弁企業である被告（Y₂）北京興発セメント有限公司において，工場長を務めることとなった。

【調停内容と経過】

結局，1996年2月，Xは，北京市房山区労働紛争仲裁委員会に仲裁申請を行い，同仲裁委員会は，Y₁とY₂に対して，連帯して163万元を賠償することを命じる旨の仲裁裁決を出した。これを不服としたY₁とY₂は，北京市第一中級人民法院に提訴した。

そして，1年以上にもわたって北京を騒がした「盧亮跳槽」事件は，同法院による調停により最終的な解決が図られた。その調停内容は，Y₁はXに対し4万元の経済的補償金を支払い，Y₂はXに対し76万元の経済的補償金を支払うというものであった。

四　裁判例の検討

1　継続勤務条項と強制労働

以上のように，中国において，教育訓練費用の負担を労働者に求めることは，特別の約定の有無にかかわらず，法令違反等の問題を直ちに生じさせるものではない。また，比較的長期にわたる継続勤務期間・労働契約期間も，これを禁ずる法規定は存在せず，原則として有効である(39)。

ただし，前記の《回答》において，継続勤務期間・労働契約期間ともに

約定がない場合に，5年を継続勤務期間として実務上の処理を行うよう指針を定立していることに鑑みると，継続勤務期間としては，だいたい5年程度が適当であろうとするのが政策的な判断と推測される。しかし，他方で，当事者双方が約定している場合には，これが優先され，Ⅱ事件やⅢ事件のX_2の事案では，10年にも及ぶ継続勤務期間について，裁判所は何ら言及しておらず，継続勤務期間に関する当事者の合意は，かなり広範にその適法性が容認されているといえよう。

　もちろん，前述のように，中国でも，強制労働は禁止されているが，継続勤務条件については，直ちに強制労働につながるものと解されているわけではない。こうした考え方は，社会主義計画経済体制のなかで労働力も計画分配の対象とされ，「固定工」制度がとられてきたことと関連しているとの指摘がある。すなわち，「固定工」制度の下では，職業選択の自由はなく，労働関係は長期に固定したものであったため，労働関係の長期固定が強制労働とする考え方が成熟しなかったのであり，そして，雇用システムが労働契約制度に変容した現在でも，この意識は変わっていない，と[40]。ある意味で，もっともな指摘ではある。

　ただし，以下の点は留意すべきである。すなわち，労働者は，労働契約の期間の途中であっても，30日前までに予告をすれば，原則として自由に辞職できることが《労働法》31条により認められている。したがって，通常の場合（高額な訓練を受けたなど特殊な事情がない場合），長期契約は労働者の拘束を生むのではなく，むしろ，身分保障期間として労働者に資する機能を有するのである。実際に，労働契約制度導入当初，比較的長期の期間を定めた労働契約を締結することもあった。

　そして，この《労働法》31条の立法趣旨として，中国では，次のような理解がなされている。すなわち，現代の雇用関係において労働者は弱者であり，その労働者の雇用関係における権利・利益の確立と人格的独立を実現するのが現代労働法の精神であり，使命でもある。そこでは，労働者の職業選択の自由を実現し，労働者の独立した地位を保障することによって，弱者の地位に対する救済となる。かかる観点から，労働者に有利な規定と

したのである。したがって、たんに、「固定工」制度下での「職業選択の不自由」に由来する認識によるものではなく、現代の中国労働法における「辞職権」の確立を基礎としたものといえよう。

そして、こうした長期契約に対する認識を反映してか、継続勤務期間に対しても特に規制は見られず、後述の賠償金額に対する裁判所の積極的な制限とは対照的に、期間の長さについては、当事者の合意を優先し、裁判所はその当否について判断をしていない。

しかし、不当に労働力の移動を制限するような慣行が横行することになれば、雇用における長期契約に対する認識も変化せざるをえず、これに関する規制も必要になるであろう。

2 違約金・賠償予定条項の内容と適法性

(1) 賠償金額の適法性

中国の労働契約法においては、労働者による労働契約に違反する解約があった場合、教育訓練費用については、特段の定めの有無にかかわらず、労働者に賠償義務が生じるが、特段の定めがあるときには、これに従う(《賠償辦法》4条)。しかし、Ⅲ事件判決によれば、予定賠償額について、裁判所は、その範囲を積極的に制限している。

すなわち、約定された予定賠償額（正確にいえば、継続勤務期間の定めははっきりしているが、予定賠償額について契約締結時には明確にされていなかったものの、その後に制定された「在外研修者に対する関係規定」により定められている）は、「在外研修期間中に当病院が支出した研修費用、賃金、賞与、福利費等一切の費用の130％」とされていた。このうち、賃金・賞与・福利費等および割増分の30％相当額については返還を認めていない。実際の損害を超えると思われる違約罰的な30％の割増分が、まず否定されている。さらに、研修費用についても、研修契約で定められた継続勤務期間に応じて比例的に減額するよう判断している。これは、《回答》三に示された処理法方法を採用しているものと考えられる。

これからわかるとおり、労働契約違反に対する契約責任の主眼は損害賠

償であり，このような予定賠償額への裁判所による積極的な判断は，違約金や予定賠償額を適正な損害額の賠償にとどめようとする《契約法》114条の趣旨にも沿ったものといえよう。また，《民法通則》と《契約法》が定める「民事活動における誠実信用の原則」や「社会的公徳の尊重」からも根拠付けられよう(42)。したがって，賠償額そのものが不当に高額であっても，それ自体で訓練費用返還にかかる合意が無効になるのではなく，返還額に関して部分的に無効の部分が生じ，適正な額に減じられることになる。

　しかしながら，Ⅲ事件とⅠ事件・Ⅱ事件との相違点として，第一に，研修期間中に支払った賃金も含めて損害額を算定するか否かがあげられるが，Ⅲ事件はこれを含めて算定している。他方，Ⅰ事件とⅡ事件では，研修期間中に賃金は別途支払われていたと推察されるが，これについては返還の請求をしていない。研修期間中とはいえ，企業の命令(ないし了承)の下に，研修を受けているのであるから，賃金を損害額に算入するのには疑問の余地もあろう。こうした教育訓練費用の内容面に対する裁判所による積極的な判断は見られない。

　また，第2点目として，Ⅰ事件とⅡ事件では，研修後の勤務を拒否しており，その点で，比例的な減額の余地がなかったため，訓練費用およびこれに付随する費用(宿泊費，管理費等)の全額の返還が認められている。このような場合，研修のメリットは，企業に何ら生じないことになり，研修による利益を受ける労働者がその費用を負担することになるのであろう。

　なお，Ⅰ事件では，契約上は「経済的損失の賠償として平均実収入の3か月分」で，実際の請求は2400元となっている。この2400元が，従業員の平均月収の3か月分(すなわち，平均月収が800元)か，あるいは単なる実際上の経済的損失なのか不明だが，おそらく前者と思われる(当時の北京における工場労働者の収入を考慮すれば，十分考えられる額であろう(43))。とすると，研修費用のほかに，約定に基づき2400元の支払が課されており，違約罰的な側面は否定できない。積極的に賠償額の調整を行うⅢ事件判決の判断とは対照的に，当事者の合意を優先させているといえる。ただし，これは，当事者が損害額の調整を主張していないためであろうし，この2400元が，

Xの欠勤にともなう損害額を超えているのであれば，労働者にとっては，有利な判断であるといえよう。

さらに，Ⅱ事件について付言すれば，事実の概要では摘示されていないが，同様に訓練を受けた者が362名おり，うち21名を除く全員が，会社が指定する企業と労働契約を締結して勤務しており，その賃金・福利等の処遇も当該地区の外資系企業よりも高水準であったことなどが判断の背景となっていたことが指摘しうる。(44)

(2) 訓練・研修内容と職務の関連性

いずれの事案も本来の業務との関連性は極めて強い。日本であれば，こうした訓練・研修の費用は本来使用者が支払うべきものとの解釈に結びつきやすい。Ⅰ事件とⅡ事件では，おそらく，OJTによる訓練である。しかしながら，中国ではこうした訓練・研修と業務の関連性については全く考慮されない。

この点については，教育訓練費用に関する《賠償辦法》4条が，特段の約定がなくとも労働者に教育訓練費用の負担を課していること，加えて，《労働法》の職業訓練に関する諸規定の名宛人の多くは，国家や地方人民政府であり，唯一企業を名宛人とした68条の規定も，企業に対して，実情にあわせて職業訓練養成をすべきと定めるのみである。(45) そして，その費用については，国家の規定に照らして，訓練養成費用の交付を受けるとされている。これらを鑑みても，通常であれば使用者が教育訓練費用を負担すべきとする日本的認識は，現在の中国において，少なくとも法制度上は存在しないといえよう。

(3) 根拠となる合意

教育訓練費用の返還を求める根拠として，Ⅰ事件では,「労働契約書」と「技術訓練契約書」が締結されていたが，主に「労働契約書」中に訓練の費用返還に関する条項が含まれ（12条，13条），これに基づきYは損害賠償請求をしている。また，Ⅱ事件では,「機械人員訓練計画（契約条項)」という教育訓練に関する契約書の中で，費用返還に関して規定しており，当事者双方が締結した契約書によって合意が形成されている。

第3章　雇用以外の労働契約関係解消の諸相　253

　他方で、Ⅲ事件では、いずれも、在外研修契約を締結している。そこには、継続勤務に関する条項があるものの、これに違反した場合の費用返還に関する合意は見られない。しかしながら、Ⅹらが研修を終了し、Ｙにおいて勤務していた1994年9月になって、Ｙは「在外研修者に対する関係規定」を定めた。これにより、Ｙは、Ⅹらに対して、事後的に費用返還に関する債務を課したことになる。この「関連規定」は、職場内の規則である就業規則（「規章」ないし「労働紀律」）にあたるものと解されるが、こうした一般的な規則により返還義務を課すことについては、当事者の主張や裁判所の判断においても特に論じられておらず、有効と解されているようである。[46]

　このように、中国では、費用返還に関して明示的な個別合意が必要とはされていないといえよう。ただし、少なくとも、事後的に、費用返還に関する義務を一方的に課すことについては疑問が残る。

3　不正競争防止の観点

　Ⅳ事件については、若干解説が必要であろう。この事案は、請求内容や根拠条文等について不明な点があるが、おそらく、研修費用の返還請求という労働契約違反に対する損害賠償というよりも、外資系企業の引き抜きに対して、《不正競争防止法》の観点から、損害賠償請求について判断がなされた事案であると思われる。すなわち、《賠償辦法》6条1項ないし《通知》四に規定される「他企業と有効な労働契約関係にある労働者」の引き抜きに対する損害賠償請求の事案であり、業務上の秘密をめぐる問題を内包している。したがって、厳密にいえば、本節の射程外にある。

　しかしながら、これらの規定は、たんに、業務上の秘密の不正な獲得と利用だけでなく、本件のような、特別な訓練を施した労働者を契約期間中に引き抜くことにより損害を与えた場合にも適用される。そして、このような場合に、企業は当該労働者と共に連帯して損害賠償責任を負うことになり、その負担についても、7割以上の割合で企業のほうが重い負担を負わなければならない。

本件では，総額にして80万元の賠償により解決しているが，このうち95％にあたる76万元を引き抜いた企業が負担することになった。この巨額の賠償金（労働紛争仲裁委員会の仲裁判決では，163万元にも達していた）は，Y_1の契約期間の残り約2週間分に対応する損害賠償というよりも，引き抜きおよびその後1年以上もの間にわたって新生産ラインを有する工場の生産に与えた影響を基に算定された賠償額であろう（《賠償辦法》6条2項，《不正競争防止法》20条参照）。したがって，賠償額としては，教育訓練費用の返還だけでなく，生産経営上の損害を含んだものである（むしろ，こちらのほうが大きい）。

このように，中国では，人材の流動に関して，不正競争防止の観点から制約を設け，これに違反する場合には，労働者だけでなく，企業にも損害賠償の負担を課すことが認められている。これにより，人材流動をめぐる紛争において，たんに，労働者と原企業の間のみで解決を図るのではなく，引き抜き企業ないし転職先企業を含めたより適正な紛争の解決が可能になるのではなかろうか。

4 小　括
(1) 中国における教育訓練費用の返還を課す合意の適法性

中国では，一定期間就労せずに退職した労働者に対して教育訓練費用の返還を課す合意については，当事者の意思に委ねられている。そして，これを一般的に規制する日本の労基法16条のような強行規定は存在せず，その法的効力はかなり広範に認められているといえよう。以下，中国におけるかかる合意の適法性に関する特徴を指摘する。

すなわち，第一に，継続勤務期間（および労働契約期間）の長さについて，特に制限がなく，比較的長期にわたる期間を約定しても，法令上だけでなく，判例上もこれに対する規制は見られない。つまり，長期間の継続勤務を強制労働や不当な拘束として捉える認識は見られず，継続勤務期間の長さに対する制限については，裁判所は消極的である。

第二に，損害賠償の額については，少なくとも，懲罰的な違約金は認め

られない。つまり、労働契約違反に対する契約責任は、損害賠償をもって負担する。さらに、その賠償額も適正な損害額にとどめるべく、裁判所は積極的に賠償額を調整し、実際に勤務した期間分の賠償額を比例的に減額する。このように、賠償額について積極的に「介入」する一方で、何を損害とするかについては、それほど積極的な判断をしていない。例えば、損害賠償額のなかに、研修中支払われていた賃金について、含める場合と含めない場合とあり、これは企業側の主張（あるいはそうした合意自体）がそのまま採用されている。

　第三に、教育訓練内容と業務との関連性については、特に問題とならない。また、研修・訓練先の選定は基本的に企業が決定し、労働者に選択の余地はない。そして、研修を名目とした労働者の派遣であればともかく、業務との関連性の強い研修やOJTであっても、法制度上、企業が教育訓練費用を負うべきとの認識は存在しない。これは、長期雇用制度から労働力の流動化を促進する雇用システムへの転換を目的として、近年の労働法制が改革されていることにともなう認識の変化であろう。したがって、教育訓練と業務との関連性は、費用負担に対する合意の有効性に対して特に影響を与えるものではない。

　第四に、根拠となる合意については、かなり幅広く認められており、必ずしも個別的な合意を要しない。(47)企業内の規則によっても返還義務は基礎付けられる。

　第五に、人材の流動をめぐる紛争に対して、不正競争防止の観点から規制を設け、これに違反する場合には、労働者だけでなく、引き抜いた（あるいは転職先の）企業にも損害賠償を負担させることが認められている。このように、転職先を含めた適正な費用負担を考慮することによって、より柔軟な紛争処理が可能となる。

(2) 市場経済化と教育訓練費用の負担

　中国では、市場経済化の進展と雇用の流動化にともない、企業が労働者に対する教育訓練費用の負担を回避する傾向が見られる。継続勤務ないし教育訓練費用の返還を課す合意が中国で一般化している状況は、そうした

傾向のひとつの帰結でもある。また，他方で，労働契約制度の実施にともない，契約違反に対しては損害賠償の責任を負うことが，労使の間で一定程度理解されていることの現れでもある。

しかし，かかる合意ないし特約は，通常，使用者側に有利に定められることが多く，労働契約関係の実態から見れば，やはり，法的な規制（ないし適法性の基準設定）が必要となる。中国では，雇用の流動化が進んでおり，今後こうした労働紛争が増加していくことが予想されるが，いまのところ，労働部の《回答》などといった通達のレベルでしか具体的な基準がない。

ところで，こうした職業訓練費用返還と辞職をめぐる紛争は，基本的に一定程度高度な技能・経歴を有する労働者について惹起することが多いことは留意すべきである。すなわち，裁判例から窺われる損害賠償の情況は，労働者が応分の支払能力を有するであろうことを前提としている。かかる意味で，労働者による辞職をめぐる議論と雇用単位よる解雇をめぐる議論は，必ずしも対応しない。したがって，一般の労働者の辞職について，本節で取り上げた基準を用いて，その損害賠償を認めることには慎重であるべきであろう。[48]

第二節　労働契約の合意解約と労働契約の終了

ここで，簡単に，当事者による一方的な労働契約の解約（解雇と辞職）以外の労働契約関係の終了について見ていく。

一　労働契約の合意解約

《労働法》24条は，「労働契約の当事者が協議し，合意を経て，労働契約を解約することができる」と定め，当事者の合意による労働契約の解約について定めている。そして，合意解約の場合には，《労働法》28条と《補償辦法》5条に基づき，企業は，労働者の当該企業における勤続年数1年につき1か月分の賃金相当額の経済的補償金を支払わなければならない。ただし，最高で12か月分までとする。勤続年数が1年未満の場合にも，1か

月分の賃金相当額を支払わなければならない。⁽⁴⁹⁾

こうしてみると，合意解約の場合には，当事者のどちらがイニシアティヴをとるかにかかわらず，《労働法》および《補償辦法》は，解雇と同視して，企業に経済的補償金の支払を課している。しかし，労働部の通知によれば，労働者が解約を申入れ，企業が承諾した場合には，企業は経済的補償を支払う必要がないとされている。⁽⁵⁰⁾つまり，合意解約でも，労働者のイニシアティヴによる場合には，辞職と同様に取り扱うものと解される。

また，《労働法》24条よる解約には，29条による解約制限が適用されない。したがって，解雇事由が存在するものの，同時に解約制限事由も存在する場合には，解雇ではなく，合意解約の手続がとられることもありうる。

二　労働契約の終了
1　労働契約期間の満了
(1)　労働契約の期間

《労働法》は労働契約の期間について，期間の定めのあるもの，期間の定めのないもの，一定の業務の完成をもって期間の定めとするものの三類型を定めている（20条）。そして，労働契約の期間の有無およびその長さについて，特段の法的規制はない。当事者は，労働契約の期間を自由に定めることができる。

ただし，労働契約の期間については，《労働法》20条2項が，労働者が同一企業で10年以上勤続し，当事者双方が労働契約の延期に同意し，労働者が期間の定めのない労働契約の締結を求めるときは，期間の定めのない労働契約を締結するものとすると定めている。

また，《北京市労働契約規定》第15条は，「以下の各号の状況に該当する場合に，労働者が期間の定めのない労働契約の締結を求めるときは，雇用単位は期間の定めのない労働契約を締結すべきである。① 全国労働模範，先進工作者あるいは「五・一」労働奨章獲得者，② 復員あるいは退役軍人ではじめて職務に就く者，③ 経済建設のために土地を収用され，農民から労働者に転換し，初めて職に就く者，④ 労働契約制度が実施されてい

ない雇用単位で、初めて労働契約制度を実施するときで、労働者の勤続年数が10年を超え、法定の退職年齢まで10年未満の者、⑤ 国家と本市が定めるその他の状況の者」と定めている。このように、一定の要件に該当する者が、期間の定めのない労働契約の締結を求めたときは、期間の定めのない労働契約を締結しなければならない。

　以上のように、中国では、期間の定めのある労働契約も広く認められており、むしろ、有期契約のほうが多く、大体3～5年程度の契約期間を定めている。そして、契約期間満了により、労働契約は終了する（23条）。労働契約の期間満了は雇用関係終了の正当な事由となり、雇止め（期間満了後の更新拒否）について、原則として規制はない。中国の労働契約制度における期間の定めとは、雇用関係を適法に終了させる一事由となる。

　また、労働契約の期間内であっても、《労働法》および労働契約所定の解雇事由に該当すれば、企業は労働契約を解約できる。他方で、労働者も、30日前までに予告をすれば、原則として、期間満了前に労働契約を適法に解約できる。この場合、労働者は、何時にでも理由を問わず、30日前に予告をすれば辞職できる（特約がある場合には、一定の範囲で損害賠償責任を負う）。つまり、期間の定めの有無にかかわらず、《労働法》または労働契約所定の解約事由が生じたときは、同様に解約することができる。期間の定めの有無は、少なくとも、法規定上からみれば、解約の局面において差異を生じさせないのである。

　しかし、先に見たように、長期勤続の労働者や模範労働者・退役軍人・経済建設のために農民から転換を余儀なくされた労働者など、特定の保護すべき対象の労働者については期間の定めのない労働契約を締結することとされており、かかる期間の定めのない労働契約を締結している労働者の解雇が、実態として、他の労働者と同様になしうるとは考えにくい。実際に、北京市の規定では、前述の15条②③④号に該当する労働者には、特別に解雇を禁止する規定がある（②③については3年間解雇禁止、④については、同一の単位で勤続10年以上の者で、法定の退職年齢まで5年未満の者は解雇禁止）。

このように，期間の定めのない労働契約は，中国ではむしろ例外的であり，特定の優遇措置として法律上規定される場合がある。かかる意味で，期間の定めの有無が，実際の紛争において，解約の適否の判断を左右することが考えられるが，これは，期間の定めの有無そのものというより，当該労働者の属性に帰着する問題といえよう。

(2) 雇止め

日本では，雇止めに関し，一定の範囲で解雇権濫用法理を類推適用する法理が定着しているが，中国にはこうした議論も現段階ではなく，むしろ，失業者の再就職の問題として処理することが一般的と思われる。そして，期間の定めの有無およびその期間の長さについて法的規制がないことは，中国の労働契約法の大きな特徴といえよう。そして，労働契約の期間中は，《労働法》所定の解雇事由がなければ，解雇されないが，他方で，労働者はいつでも辞職することができるのであり，労働契約の期間は，一種の身分保障期間として機能している。この点は，前節で述べたとおりである。

しかしながら，契約期間満了は，労働関係を正当に終了させる一事由であり，期間の定めについて何ら規制がなく，雇用単位にとって，経済的補償の支払いを回避できるなどの利点がある。したがって，有期契約の締結により雇用の弾力性は高まる。そして，雇止めは，中国において有効な雇用調整手段として承認されている。ただし，労働者の雇用保障という観点から，有期の労働契約を無制限に認めることには，大きな問題があることはいうまでもない。

なお，解雇制限のところで述べたように，女性労働者が，妊娠・出産・哺育期間中に，労働契約の期間が満了した場合には，哺育期間満了まで，労働契約を終了することができない。また，解雇が禁止されている法定の医療期間においても，労働契約を終了することはできない。この場合も，医療期間満了まで，契約期間は延長される[51]。さらに，労働者が職業病あるいは業務上の負傷により労働能力の全部あるいは大部分を喪失したことが確認されたときにおいて，労働契約の終了を禁止する場合もある（《上海市労働契約条例》参照）。このように，労働契約の終了を規制する規定はむし

ろ例外であり，原則として規制はなされていない。

2 労働契約終了条件の成就

《労働法》19条1項は労働契約の必要記載事項として，労働契約終了の条件について定めている。そして，23条では，「労働契約の期間の満了および当事者が約定した労働契約の終了条件の成就により，労働契約は終了する」と定めている。例えば，雇用単位の解散，労働者の死亡などである。このほかも，当事者の合意により，条件を設定することができる。これらの規定は，労働契約の解除条件を定めるものと解され，条件の成就により，当事者の意思表示を待たずに，労働契約は効力を失う。

なお，労働契約の終了の場合，経済的補償の支払いは，法定上は課されていない（《労働法》28条参照）。ただし，地方法規などのその他の法令や労働契約上定めがある場合には，それに基づき経済的補償金を支払わなければならない。

三 定年制

中国では，定年退職のことを「退休」という。「退休」の条件は，1978年6月に制定された《関於工人退休，退職的暫行辨法》によって定められている（第一編第一章第三節二2参照）。これによれば，定年退職の条件は，おおよそ，男性は満60歳で，生涯の就労年数が10年以上，女性はブルーカラー労働者(工人)が満50歳で，ホワイトカラー労働者が満55歳，生涯の就労年数が10年以上である（坑内，高所，高温下その他特に過重な労働あるいは身体健康に有害な業務に従事する労働者で，男性満55歳，女性満45歳に達し，勤続年数が10年以上）。[52]

そして，「退休」は，本来は，老齢年金の待遇を受けることができることをいい，必ずしも，退職しなければならないわけではない。「退休」条件に達していても，労働者と企業が同意すれば，継続して勤務することができる。その場合，老齢年金を受給しつつ，一定の賃金も受領する。老齢年金の額は，勤続20年以上のときは，本人の基準賃金の75％相当額，勤続15

年以上20年未満のときは，同70％相当額，勤続10年以上15年未満のときは，同60％相当額とされる。さらに，建国前に革命運動に参加していた者については，同80％相当額とされる。これら老齢年金は，《関於工人退休，退職的暫行辨法》9条により，企業が負担することと定められている。老齢年金は企業福利の一環とされているが，近年，社会保険化の方向で改革されている。(53)このように，定年制については，基本的に大きな変化はみられない。また，同《辨法》が定める定年制は，あくまでも，年金の受給などの退職後の待遇を受ける資格の有無を目的とした規定であり，この基準に達した者全てが，退職しなければならないわけではない。

(1) 1994年9月5日労辨発［1994］289号《関於労働法若干条文的説明》31条参照。
(2) 拙稿「中国における労働契約制度の展開——解雇制度の動向を中心として（上）・（下）」労働法律旬報1415号34頁・1416号23頁（1997年）参照。
(3) 「跳槽」とは，もともとは「馬がからになった飼い葉桶を飛び越えて他の馬の飼い葉桶に行く」という意味だが，これが転じて，「職をかえる，くらがえする」という意味になった。また，「無理に離婚して別の人と再婚する，女を捨てて他の女にくらがえする」という意味もある。愛知大学＝中国大辞典編纂処編『中日大辞典（増訂第2版）』(1996年，大修館書店) 1831頁，北京商務印書館＝小学館編『中日辞典』(1995年，小学館) 1425頁参照。
(4) 1997年，北京では，セメント会社の工場長の「跳槽」をめぐる事件が大きな話題となり，その賠償額が過去最高額であったことから，新聞紙上で大々的に報じられた。北京日報1997年11月5日「廠長跳槽賠償80万」参照。詳細は本節三4にて紹介する。
(5) 拙稿「中国の雇用保障制度」九大法学78号1頁（1999年），第二編第四章第一節参照。
(6) 王晨『社会主義市場経済と中国契約法』（1999年，有斐閣）121頁参照。
(7) このほか，賠償額の上限を定める割賦販売法6条，利息制限法4条，宅地建物取引業法38条などもあげられる。
(8) 王晨・前掲『社会主義市場経済と中国契約法』139頁参照。
(9) 同規定は，戦前の工場法施行令第24条を受けて規定されたものとされる。労働省労働基準局編著『全訂新版労働基準法（上）』(1997年，労務行政研究所)207頁参照。また，船員法33条も，雇入契約において賠償予定を禁止する。

ちなみに，日本の労基法の影響を強く受けた韓国の勤労基準法にも，同様の規定がみられる（27条）。邦訳は，林和彦＝李鋌「韓国の新労働立法──解説と翻訳(3)」日本法学64巻2号177頁（1998年）参照。
(10)　中途退職者への留学費用の返還請求に関する3つの東京地裁判決（長谷工コーポレーション事件（東京地裁平成9年5月26日判決，労判717号14頁），富士重工業事件（東京地裁平成10年3月17日判決，労判734号15頁），新日本証券事件（東京地裁平成10年9月25日判決，労判746号7頁）を契機とする議論である。これらの事件に関して，大内伸哉「中途退職者に対する社員留学費用の返還請求と労働基準法16条」ジュリスト1130号135頁（1998年），上村雄一「『労働力の流動化』と留学費用の負担」労働法律旬報1434号48頁（1998年），佐藤敬二「留学費用の返還請求と労働基準法16条」民商法雑誌120巻1号145頁（1999年），山川隆一＝荒木尚志「ディアローグ労働判例この1年の争点」日本労働研究雑誌461号2頁（1998年）32頁以下，菊池高志「労働者研修費用の性質と退職者の返済義務」法政研究65巻2号335頁（1998年），香川孝三「海外企業研修費用の返還請求と労基法16条」ジュリスト1147号132頁（1998年），国武輝久「海外研修派遣費用の返還義務と労基法16条損害賠償の予約」労働判例750号6頁（1999年），倉田聡「退職による留学費用の返還義務と労基法16条」ジュリスト1157号210頁（1999年），有田謙司「海外留学費用の性質と労働基準法16条」法律時報71巻9号101頁（1999年）などがある。
(11)　有田・前掲「海外留学費用の性質と労働基準法16条」103頁参照。また，「留学費用に関する合意の存在を労働契約とは別に認めて，信義則を適用し，費用の割合的な調整を視野に入れた解決」を図るべきとの見解もある。前掲・倉田「退職による留学費用の返還義務と労基法16条」211頁参照。この点，長谷工コーポレーション事件判決も，信義則によって返済義務の範囲を限定する可能性を指摘するが，結局，信義則に反する事情はないとして，請求金額の減額は否定されている。これは，請求金額が授業料のみであり，それほど不当ではなかったという事情が背景にあったと思われる。山川＝荒木・前掲「ディアローグ労働判例この1年の争点」33頁参照。
(12)　すなわち，長期雇用での内部昇進という慣行の下では，それを可能にする労働者の能力育成も使用者の経営上の利益に関わるものとする考えが自然に受け入れられ，直接現行職務に要する知識・技能を離れた研修も，将来を見越した使用者による人事管理の枠内で捉えられ，労働者にとっては研修参加が業務そのものとみなされてきた。菊池・前掲「労働者研修費用の性質と退職者の返済義務」341頁参照。
(13)　楊杜「中国の人事労務管理」奥林康司＝今井斉＝風間信隆編著『現代労

務管理の国際比較』(2000年, ミネルヴァ書房) 109頁参照.
(14) 日本労働研究機構『中国の労働政策と労働市場』(1997年, 日本労働動研究機構) 73頁 (井上愛子執筆) 参照.
(15) 楊・前掲「中国の人事労務管理」118頁参照.
(16) 楊・前掲「中国の人事労務管理」114頁参照.
(17) 楊・前掲「中国の人事労務管理」121頁参照.
(18) 王奮宇＝李路路ほか『中国城市労働力流動』(2001年, 北京出版社) 186頁参照.
(19) 王＝李・前掲『中国城市労働力流動』176頁参照.
(20) このほか,外資系企業での勤務する労働者が何を考慮して選択したかという問いに対して,第一に収入 (北京で71.5％, 珠海市で50.6％), 第二に個人の発展のチャンス (北京市で14.4％, 珠海市で28.1％) と答えた。他方,国有企業で勤務する者に対して,同様の質問をしたところ,第一に勤続の安定性 (北京市で60.0％, 珠海市で46.4％), 第二に福利厚生を挙げた (答としては,住居と答えた者が北京市で3.6％であったのに対して,珠海市では11.8％, 年金・医療保障と答えた者が,北京市で20.4％, 珠海市で8.9％であった。いずれにせよ,住宅を含めた福利厚生に対して強い関心を示しているといえる)。王＝李・前掲『中国城市労働力流動』173頁参照.
(21) 拙稿「中国における『下崗』——国有企業の人員合理化策に関する研究」日本労働研究雑誌469号46頁 (1999年), 拙稿・前掲「中国の雇用保障制度」参照.
(22) マンフレート・レーヴィッシュ著 (西谷敏＝中島正雄＝米津孝司＝村中孝史訳)『現代ドイツ労働法』(1995年, 法律文化社) 422頁, 中窪裕也『アメリカ労働法』(1995年, 弘文堂) 286頁参照.
(23) 最高人民法院中国応用法学研究所編『人民法院案例選』(1995年, 人民法院出版社) 13号108頁参照。同事件については,塚木宏明「海外研修契約違反の退職と損害賠償」国際商事法務25巻7号784頁 (1997年) 参照.
(24) 最高人民法院中国応用法学研究所編『人民法院案例選』(1008年, 時事出版社) 25号122頁参照.
(25) 最高人民法院中国応用法学研究所編『人民法院案例選』(1999年, 時事出版社) 26号128頁参照.
(26) 前掲注(4)参照。なお,同事件に関しては,『労働法及配套法規案例精選(1996)』(1997年, 企業管理出版社) 514頁参照.
(27) 邦訳は,宮坂宏編訳『現代中国法令集』(1993年, 専修大学出版局) 157頁参照.

(28) 1994年9月5日，労働部辦公庁発布《労働法の若干の条文に関する説明》31条。労働部労働関係与監察司組織編『労働争議処理工作手冊（第3輯）』（1995年，中国労働出版社）104頁参照。ただし，これについては，改正の必要があるとする見解がある。馮彦君「解釈与適用－対我国《労働法》第31条規定之検討」『経済法学・労働法学』1999年第8期号67頁（1999年，中国人民大学書報資料中心），同『労働法学』（1999年，吉林大学出版社）146頁参照。
(29) 邦訳は，西村峯裕＝森本素子「中国労働法違反に対する制裁規定」国際商事法務24巻12号1305頁（1996年）参照。
(30) 邦訳および解説については，曽我貴志＝秋山洋「海外研修終了後の従業員を拘束する特約の中国労働法上の有効性に関する考察」国際商事法務26巻10号1009頁（1998年）参照。
(31) 労働部政策法規司編『労働部政策法規彙編（1996）』（1997年，中国労働出版社）231頁参照。
(32) 《民法通則》57条は「民事法律行為は成立の時から法的拘束力を備える。当事者は法律規定によらず，あるいは，相手方の同意を得ないで，任意に変更あるいは解除してはならない。」と定める。
(33) 《民法通則》111条は，「当事者の一方が契約義務を履行しない場合，あるいは，約定の条件と異なる履行の提供をした場合は，相手方当事者は履行あるいは救済措置を要求する権利を有し，あわせて損失の賠償を要求する権利を有する。」と定める。
(34) 《民法通則》106条1項は，「人民・法人が契約に違反し，あるいは，その他の義務を履行しないときは，民事責任を負うべきである。」と規定する。
(35) 《民法通則》117条1項は，「国家・集団の財産あるいは他人の財産を不法に占拠したときは，財産を返還するべきであり，財産を返還できないときは，時価に換算して賠償すべきである。」と定める。
(36) 《民法通則》134条1項は，「民事責任の負担方式は主に以下のものとする。……(4)財産の返還，……」と定める。
(37) 《福建省専門技術員継続教育条例》20条5項は，「継続教育を受けた後，規定に従い所定の単位で勤務しない場合，単位は情況に応じて，訓告したり，学習費用を清算しない，または，学習費用の返還を求める，あるいは，その専門技術職への任用を延期したり解職したりするなどの処理を行う。」と規定する。
(38) 原語は「聘任合同」で，「聘用合同」ともいうが，いずれにせよ，一種の労働契約と解されている。一般に，工場長や総支配人あるいは顧問・専門家など，高い技能ないし職位の労働者を雇用する際に締結され，賃金等その処

遇はかなり高く，契約期間中にその他の業務に変わることはできない。他方で，具体的直接的な指揮命令は受けず，経営そのものを請け負う場合もある。李景森＝王昌碩編『労働法学』(1996年，中国人民大学出版社) 84頁（王昌碩編執筆），王益英『中華法学大辞典労働法学巻』(1997年，中国検察出版社) 252頁（侯梅先執筆）参照。ただし，本件では，長期にわたって継続して雇用されてきており，「招聘契約」が，新たに締結された「労働契約書」なのか，むしろ長期の労働契約関係に基づいた「辞令」にとどまるのか明らかではない。前者と解するならば，本件における契約違反により侵害された期間の利益はわずか2週間程度のはずであり，それに対する賠償額としてはあまりに過大である。また，職業訓練に関する費用の返還請求にしても金額が高いと思われる。

(39) 《労働法》は，労働契約の期間について，「労働契約の期間は，期間の定めのあるもの，期間の定めのないもの，一定の業務の完成をもって期間の定めとするものに分けられる。」(20条) と規定するものの，期間の長さについては何ら規制していない。なお，試用期間については，最長を6か月とする規制を設けている (21条)。

(40) 塚本宏明「中国における従業員海外研修に伴う拘束条項の効力」国際商事法務24巻11号1182頁 (1996年)，塚本・前掲「海外研修契約違反の退職と損害賠償」784頁。

(41) 馮・前掲「解釈与適用——対我国《労働法》第31条規定之検討」68頁，馮・前掲『労働法学』142頁参照。これによれば，このほか，経済学的にも，労働者を自由に移動させたほうが積極性と効率性を発揮するという論拠などが挙げられている。

(42) 《民法通則》4条，7条，《契約法》6条，7条参照。

(43) 1994年の北京市の平均年収が6671元であり（『中国労働統計年鑑 (1995)』(中国統計出版社，1995年) 287頁参照），一般に，外資系企業では，当該地域の平均賃金の5割増程度の賃金が支払われていたことを考えると，Xの賃金はもっと高額であったであろうが，従業員全体の平均からいえば，800元という水準は十分に考えられる。

(44) 中国の判例集においては，編者による条文の解説や事案の背景などに関する解説（「評析」）がつけられることが多い。同事件の「評析」126頁によれば，契約内容に違法な点はなく，多くの人員がこれを受け入れている以上，《労働法》における労働協約（「集体合同」）の精神からみれば，これを拒絶することはできないと指摘している（廈門市中級人民法院・林凱，中国応用法学研究所・楊洪達）。

(45) ここでの「すべき」については罰則規定もなく，努力義務に近い効力しか持ちえないと解される。
(46) 就業規則については，第二編第一章第二節一2(2)参照。
(47) この点，イギリスでは，個別合意が必要とされる。有田・前掲「イギリスにおける教育訓練費の返還条項」参照。
(48) なお，本節は，拙稿「中国における教育訓練費用の返還特約に関する研究」九大法学80号107頁（2000年）を加筆・修正したものである。
(49) 1997年10月10日労辦発（1997）98号《労働部辦公庁関於対解除労働合同経済補償問題的復函》参照。
(50) 《労働部関於実行労働合同制度若干問題的通知》20参照。
(51) 労働部《労働法の若干の条文に関する説明》28条参照。
(52) 王全興『労働法』(1997年，法律出版社）420頁参照。
(53) 老齢年金改革に関する研究として，王文亮「中国の養老保険制度改革の現状」中国研究月報616号27頁（1999年）参照。

第四章　雇用保障制度

これまでみたように、中国では、解雇や雇止めなどにより、実際に失業する者が出てきた。そして、近年における市場経済化の進展のなかで、失業者は急増している。失業者数の推移をみてみる（カッコ内は、失業率）[1]。1995年は519万6000人（2.9％）、1996年が552万8000人（3.0％）、1997年が576万8000人（3.1％）、1998年が571万人（3.1％）となっている[2]。また、2003年以降は、「下崗」が廃止され、「下崗人員」の失業者への転換が進み、さらなる失業者の増加が予想される。そこで、労働者の雇用ないし所得を保障する制度の整備が、今後の中国にとって急務となることはいうまでもない。以下では、中国における失業保険制度と就業促進制度について検討する。

第一節　失業救済制度

一　失業救済制度の沿革

1　社会主義計画経済下の失業救済制度

社会主義計画経済下の中国において、失業を否定する考え方を反映して、失業保険制度は存在しなかった。第一編第一章第一節三7でふれた《労働保険条例》には、労災、医療、養老年金、出産、葬祭料に関する支出項目は存在したものの、失業は含まれていなかった。建国当初の一時期、1950年6月公布の《失業労働者救済暫定辦法》に基づき、失業救済の給付が実施されていただけであった[3]。ただし、これは、あくまでも旧中国（中華民国時代）が残した負の遺産であった大量の失業者に対するものであり、新中国における社会主義計画経済のなかで発生したものではなかったのである。

そして、1956年、中国は、失業が消滅したことを対外的に宣言するに至った[4]。その後、改革開放後の1986年に《国営企業待業保険暫定規定》(以下、《1986年待業保険規定》という）が公布されるまで、中国には、失業保険にあたる制度は存在しなかったのである。すなわち、かつては失業がない以上、失業保険制度は求められなかったのであり、現在の失業保険制度は、ほかの社会保障制度と異なり、社会主義市場経済下の中国における特徴的な新

第4章　雇用保障制度

制度の構築といえよう。

2　労働契約制度の導入と待業保険制度の創設

1986年に制定された労働契約制度に関する「四つの暫定規定」[5]は，採用や解雇の面で，国営企業に雇用調整の手段を与えた。他方で，就業圧力の高い情況において，自由採用や解雇を認めたのであるから，当然に，仕事を失う者が発生し，彼らに対する失業補償制度が必要となる。また，同年には《中華人民共和国破産法（試行）》が公布されている[6]。国営企業の破産や解雇制度を包含する労働契約制度の実施にあたり，失業補償制度を設けたのである。そして，「四つの暫定規定」の1つである《1986年待業保険規定》は，中国初の失業保険制度を創設した。以下，《1986年待業保険規定》の内容を概観する。

(1)　適用対象

同《規定》が定める適用対象は，その規定の名称が示すとおり，国営企業を対象とし，受給資格を① 破産の宣告を受けた企業の労働者，② 破産に瀕した企業が法定の再建期間中に削減した労働者，③ 労働契約が満了ないし解約された労働者（「解除労働合同的工人」），④ 企業を解雇された労働者（「辞退的職工[7]」）とした（2条）。つまり，有職者が職を失った場合であり，従来の「待業」とは性質を異にするといえる。

(2)　財源——待業保険基金

つぎに，待業保険の財源である待業保険基金について，その拠出義務は企業のみに課されている。すなわち，企業の従業員の基準賃金総額の1％を待業保険料として拠出しなければならない。そして，基金の利息とあわせて給付の財源に充てられる。また，地方財政からの補助も認められている。

(3)　給付内容

給付内容については，まず，2条所定の「待業者」に対する待業救済金がある。救済金額と受給期間は，前2年間の本人の平均基準賃金を基数とし，勤続年数によって決定される。すなわち，勤続5年未満の場合，本人

の平均基準賃金の60～75％の救済金を最長で12か月間受給することができる。勤続5年以上の場合，最長で24か月間救済金を受給できるが，1～12か月までは本人の平均基準賃金の60～75％，13～24か月までは本人の平均基準賃金の50％とされる（7条）。

このほか，「待業」期間中の医療費・葬祭料・弔慰金なども給付される。また，後述のように，破産した企業の退職者に対する年金の支給にも充てられる。そして，「待業人員」の職業訓練費用やその施設の建設費および起業活動の助成についても支給される（6，11条）。

(4) 実　態

以上のように，破産や解雇に対するセーフティーネットとして，失業救済制度が設けられたが，実際には，基金は脆弱で，制度として本格的に機能しうるわけではなかった。そして，正式な手続にそって行われる破産も企業の経営上の理由に基づく解雇もそれほど頻発したわけではなかった。[8]「待業率」も1986～88年まではいずれも2.0％にとどまり，[9]国有企業の従業員数も年に300万人以上も増加し続けたのである。[10]

3　市場経済化と待業保険制度の展開

市場経済化のさらなる深化により，失業問題は，以前にも増して顕在化してくることになる。そして，1995年より《労働法》が施行され，同法は，公務員等の一部の例外を除いて，労働関係の規整メカニズムとして労働契約制度を一般的に適用することを定めた。こうした労働立法の変化に対応して，失業救済制度も大きく変化することになる。

そして，《1986年待業保険規定》における一定の経験を経て，1993年，国務院から，6章26条から成る《国有企業職工待業保険規定》（以下，《1993年待業保険規定》という）[11]が公布される。このころになると，実態として，失業保険管理機構が全国に設置され，また，各地方において現実に運用されるようになる。以下では，《1993年待業保険規定》の内容および若干の実態について論じる。

(1) 《1993年待業保険規定》の内容

《1993年待業保険規定》は，その1条が示すとおり，「待業者の基本生活を保障し，社会安定を図る」ための立法であった。そして，「除名」・「開除」された者も適用対象に含めるなど，若干の対象者の拡大を図り（2条），待業保険業務は職業紹介・職業訓練などの就職サービスと連結すべきであると規定した（3条）。

また，待業保険基金は，企業に課される保険料とその利息および財政補助である（4条）。保険料は当該企業における労働者の賃金総額の0.6％相当額とされているが，各地方の情況に応じて最高1％相当額まで課すことができ，保険料率は各地方（省・自治区・直轄市）政府が決定する（5条）。

そして，待業保険の給付内容を見ると，まず待業救済金が挙げられる。待業救済金の額についても地方政府が決定するが，その目安は，当該地方の民政部門が定める社会救済金（生活保護費）の120～150％相当額とされる（13条）。支給期間は，待業前に勤続していた企業における勤続年数に応じて決まる。勤続1年以上5年未満の場合，最長12か月，勤続5年以上の場合，最長24か月とされる。勤続1年未満の者については定めがない(12条)。

このほか，待業期間中の医療費・葬祭料・弔慰金等，待業者の職業訓練費用，雇用助成金（原語は，「生産自救費」であり，待業者の生産活動に対する補助費であり，労働就業服務公司の支援や企業が雇用を維持するための費用等に用いられる），待業保険の管理・運営費用などにも支出される。さらに，地方政府の許可を受け，待業者の生活困窮の解決と再就職の援助のために使用されるその他の費用にも支出される。

(2) 実態——地方規定

以上のように，《1993年待業保険規定》における待業保険制度は，保険料や救済金の具体的な額などについて各地方政府に委ねていた。

例えば，北京市についてみると，1994年6月制定の《北京市企業労働者失業保険規定》によれば，まず，その適用対象として国有企業だけでなく，外資系企業や私営企業をはじめ各種所有制の企業を広範に含んでいた。保険料については，企業が賃金総額の1％相当額を拠出し，さらに，労働者

個人も毎月2元を拠出することとされた。

そして，失業救済金の受給期間と金額は，勤続1年以上2年未満の場合には3か月，勤続2年以上3年未満の場合には6か月，勤続3年以上4年未満の場合には9か月，勤続4年以上5年未満の場合には12か月とされ，勤続5年未満の者が受給できる失業救済金額は，社会救済金の120％相当額とされた。勤続5年を超える者に対しては，5年を超える部分について1年ごとに1か月間支給期間が延長され，最長24か月まで支給される。失業救済金額については，5年以上10年未満の場合には社会救済金の130％相当額，勤続10年以上15年未満の場合には社会救済金の140％相当額，勤続15年以上の場合には社会救済金の150％相当額とされた。ただし，これらの額は失業救済金受給期間12か月目までであり，13か月目以降は，一律に社会救済金の120％相当額とされた。

このように，実際には国有以外の企業も適用対象とされていたが，北京市以外の地方でも，多くの場合，外資系企業や私営企業なども適用対象として失業保険制度を運用していた。おそらく，企業経営が比較的良好な外資系企業や私営企業からのほうが，確実に保険料の徴収が可能であり，また，適用範囲を拡大しなければ，失業保険制度に加入していない企業への雇用の流動化が促進されず，国有企業の人員合理化に影響を与えるおそれがあったからであろう。

(3) 問題点

そして，この時期の待業保険の運営の問題点として，以下の3点が指摘されている。

第1に，待業保険の管理運営費用が多額にのぼっている点である。管理運営費用は待業保険基金から支出されることになっているが，これが，支出額の30％を超えることもあるといわれる。管理機構の人件費もさることながら，オフィスや職員宿舎等の「ハコモノ」の建設費への支出が多いことによる。[12]

第2に，職業訓練費や雇用助成金の比率が高いことである。職業訓練費は直接待業者に支給されるのではなく，一般には企業が行う待業者に対す

る職業訓練に費用を支給する。ここでも，職業訓練センターなどの建設費に待業保険からの支出が充てられ，実際の職業訓練への支出が少ないといわれていた。また，雇用助成金の設立目的が，企業経営の改善により新たなポストを創出し，雇用を吸収することにあったため，赤字経営の企業に対して資金を投入することになった。当初，企業は雇用助成金を受け，労働就業服務公司を通じて新規産業の開拓や待業者・余剰人員の起業活動の支援を行い，失業問題解決に一定の成果をあげた。しかし，結局，前述のように，本丸の国有企業の経営は改善されず，雇用助成金は，市場の動向や産業構造の転換についていけない国有企業の延命に費やされてしまった。こうした職業訓練費や雇用助成金への支出が，待業保険の支出の40～50％を占めていたのである。[13]

　第3に，救済金額の低さである。以上のように管理費や職業訓練費・雇用助成金への支出が多いため，待業者の生活を保障する救済金への支出の割合は必然的に低くなる。《1986年待業保険規定》が定めた基準賃金の50～75％という水準も，基準賃金が通常の手取り賃金の60％程度である（中国の賃金では各種諸手当の比率が大きい）ことを考慮すれば，かなり低水準であった。また，《1993年待業保険規定》によっても，社会救済費（生活保護費）の20～50％増し程度であり，いくつかの地方では，最低賃金を基準として金額を決定した。例えば，上海市においては，最低賃金の60～75％程度とされ，これは上海市の労働者の平均賃金のおよそ4分の1程度であった（大連市でも最低賃金の75％とされていた）。[14]

　このように，失業問題については待業保険制度が既に1986年から創設され，広く実施されてきた。しかし，1993年の待業保険規定および各地方での実態には既に指摘したようにいくつかの問題があった。また，失業者に占める中年層の比率は年々高くなり，再就職が困難になりつつあった。[15]

二　現行失業保険制度

　そして，1999年1月，6章33条からなる《失業保険条例》[16]が国務院より公布された。《失業保険条例》に規定されたものが，現行失業保険制度であ

以下では,《1986年待業保険規定》および《1993年待業保険規定》と比較しつつ,《失業保険条例》に基づく現行制度の枠組を概観する。なお,《失業保険条例》の制定前の1998年12月, 6章49条から成る《中華人民共和国失業保険条例草案》(以下,《条例草案》という) が労働社会保障部でまとめられている。また,《失業保険条例》に基づき, 1999年2月, 上海市では《上海市失業保険辨法》が公布されているので, これらも適宜参照する。[17]

1 目　的

失業保険制度構築の目的は,《1986年待業保険規定》においては,「労働制度改革のニーズに適応し, 労働力の合理的流動を促進し, 国営企業の労働者の待業期間中の基本生活を保障するため」(1条) とされる。《1993年待業保険規定》では,「国有企業の雇用システムを完全なものにし, 待業労働者の基本生活を保障し, 社会安定を維持するために」(1条) となっていた。さらに,《失業保険条例》では,「失業者の失業期間中の基本生活を保障し, 再就職を促進するため」と規定された。

失業者の基本生活の保障は, 失業保険制度としての当然の目的であり, 共通するものである。他方で重視されているのは, 労働力の合理的流動の促進であり, 社会の安定である。こうした経済発展と社会安定という二つの理念は, 改革開放後の中国憲法において, 国策として明示されてきたものである。[18]

2　適用対象企業

《失業保険条例》2条によれば, 適用対象となる企業は, 国有企業, 外資系企業[19], 都市部の集団所有制企業と私営企業等である。したがって, 原則として, 農村部の郷鎮企業や都市の個人経営組織 (被用者が7名以下)[20] などには適用されない。[21]

《1986年待業保険規定》および《1993年待業保険規定》は, その名称が示すとおり, 国有企業 (国営企業) をその適用対象としていた。しかし, 実

際には，各地方政府が公布する地方法規により（たとえば，1992年公布の旧《上海市失業保険辦法》2条や1993年公布の《大連市城鎮職工待業保険辦法》2条など），各種経済組織についても適用を拡張していた。中央政府が公布する法規は，ひとつのモデルを提示し，その具体的実施については各地方にゆだねることが，中国では一般的に行われており，失業（待業）保険制度も同様といえる。また，多くの国有企業は経営情況が芳しくなく，その点，経営情況のよい外資系企業や私営企業から保険料を確実に徴収するほうが，健全な失業保険制度の構築にとっては現実的であったのである。

また，現行の《上海市失業保険辦法》では，各所有制の企業のほか，国家機関までも適用対象としている（2条）。

3　失業救済金の受給資格

《失業保険条例》が定める失業救済金（「失業保険金」）その他の給付の受給資格は，14条によれば，① 失業保険加入期間が1年以上で，② 本人の意思によらず失業し，③ 失業登録をして求職する者，とされる。

従来，受給資格は，《1993年待業保険規定》2条によれば，① 破産宣告を受けた国有企業の従業員，② 破産に瀕した国有企業が法定の再建期間において削減した従業員，③ 国家の関係規定に基づいて解散した国有企業の従業員，④ 国家の関係規定に基づいて操業停止した国有企業の従業員，⑤ 労働契約が終了したまたは労働契約を解約された国有企業の従業員，⑥ 国有企業から解職または除名された国有企業の従業員，⑦ 関係法規により失業保険の給付を認められた国有企業の従業員，となっていた。

つまり，法規定上，辞職の場合でも，失業保険の支給対象とされていた。ところが，現行制度では，自発的な退職については，規定上，受給資格が認められておらず，さらに，受給に際して，企業から労働関係の解消に関する証明書の交付を要する（16条）。実際に，自発的に退職したか，非自発的に離職を余儀なくされたかの判断は困難であり，問題となろう。

また，受給停止について，① 新たに就業を開始した場合，② 兵役に服した場合，③ 国外に移住した場合，④ 年金の支給を受けるに至った場合，

⑤ 服役した場合，⑥ 正当な理由なく現地の人民政府が指定する部門ないし機構が紹介する仕事を拒否した場合，⑦ そのほか法律・法規が定める事情にあたる場合には，失業救済金の支給が停止される（《失業保険条例》15条）。従来の規定とほぼ同じであるが，職業紹介機関の紹介の拒否について，従来は2回拒否した場合に，支給停止となっていたが，新制度では，文理上，ただ1回の拒否でも支給停止となりうるが，おそらく，その運用を地方の規定に委ねたものと思われる。例えば，《上海市失業保険辦法》では，3度拒絶した場合には，受給資格を失うと定められている（16条）。

4 失業保険料の拠出

《失業保険条例》5条によれば，失業保険の財源である失業保険基金は，企業と労働者が拠出する保険料，財政負担，およびそれらから生じる利息等により構成される。そして，6条によれば，企業は，当該企業における賃金総額の2％相当額を保険料として拠出することとされる。加えて，労働者は自身の賃金額の1％を保険料として拠出する。他方，農村戸籍の契約制労働者は，保険料を拠出する必要はないとされる。なぜなら，農村戸籍者には，失業救済金の受給資格がないからである（ただし，後述のように，一定の要件を満たす場合，労働契約の終了・解約の際に，一時金の支給を受けることができる）。

なお，ここで，企業に求められる保険料に関して，賃金総額のなかに農村戸籍の契約制労働者に支払っている分を含めるかについては，規定上，必ずしも明確ではない。しかし，農村戸籍者についても一時金の支給を予定していること（後述），従来の上海市等の取扱いにおいても保険料の基数に農民の臨時工なども含めていることなどを考慮すると，農村戸籍者に支払われている賃金も含むものと予想される。[25]

そして，《1986年待業保険規定》と《1993年待業保険規定》における保険基金の財源は，企業のみに課される保険料と政府による財政援助，およびその利息である。企業拠出分は，《1986年待業保険規定》では，従業員賃金総額の1％とされていた（3条）。また，《1993年待業保険規定》では，従

業員の賃金総額の0.6％とされ，基金の状況に応じて，各地人民政府の決定により，減額または増額することができる。ただし，上限は従業員賃金総額の１％と定められていた（5条）。要するに0.6％は一応の基準で，１％以内で各地人民政府が自由に決定できたのである。さらに，原則としては，企業のみに課されていた保険料であるが，実際には，財源不足から，労働者からも徴収している地域もあった。この点について，《条例草案》では第6章附則において，当該地域における前年度の労働者の平均賃金の0.5％を限度として，労働者本人からの拠出を許容する規定をおいていた（46条）。ただし，原則としては企業のみの拠出となっており（9条），《失業保険条例》において，労働者からの拠出が原則となったことは，失業保険制度の大きな転換といいうる。

5　失業保険の支給内容

《失業保険条例》17，19，20，21条によれば，支給内容は，失業救済金のほか，失業救済金受給期間中の医療補助費，死亡した場合の葬祭料および遺族への弔慰金，失業救済金受給期間中における職業訓練・職業紹介にかかる費用（これについては各地方人民政府がその基準額を定める），国務院が定める失業保険と関係を有するそのほかの費用（第一編第二章第三節三3の再就職サービスセンターなどへの支出など），および農村戸籍者に対する一時金である。基本的には，失業者個人に対する給付となっている。

(1)　失業人員登録

これまで，待業保険管理は，職業紹介・職業訓練などを含めて労働服務公司が行ってきた。しかし，《失業保険条例》においては，明確に，社会保険事務機構（原語は「社会保険経辦機構」）が，失業保険の管理を行うとし，失業者は，失業後，最寄りの社会保険事務機構に失業保険待遇を受けるための申請を行わなければならない。受給資格の有無，受給の具体的内容についての審査および決定は社会保険事務機構が行う。したがって，失業認定を行う機関が，組織上，職業紹介機関と分離したことになる。そして，一切の失業保険に関する事務手続は，社会保険事務機構の管轄となっている。

ただし、社会保険事務機構と職業紹介機関の主管部門（上部機関）は、いずれも労働社会保障部（労働社会保障局）であり、手続の遅延や不服の申し立てについては労働行政部門に行うことができる。

(2) 失業救済金の支給

失業救済金の受給期間は、保険料の拠出期間に応じて3つに区分される。拠出期間1年以上5年未満の場合、最長12か月、5年以上10年未満の場合、最長18か月、10年以上の場合、最長24か月とされる（17条）。失業救済金の額は、生活保護給付の額より高く、最低賃金の額より低い額の範囲内で、各地方政府が定めることとされる（18条）。例えば、上海市では、拠出年数と年齢に基づき、次頁の【表】のごとく細かく規定されている。

これに対して、《1993年待業保険規定》における失業保険の支給内容は、失業救済金、救済金受給期間中の医療費等、職業訓練費、起業資金補助、失業保険管理運営費、その他の費用であった（10条）。失業救済金の受給要件として、受給資格者は、当該企業所在地区の失業保険機構において、失業登録を行うことが求められた。救済金の具体的な額は各地人民政府により決定された。支給期間は、勤続年数1年以上5年未満の場合、最長12か月、5年以上の場合は、最長24か月となっていた（《1993年待業保険規定》12条）。救済金の額は、各地の生活保護手当の120～150％の範囲で、各地方人民政府が決定することとされていた。たとえば、上海市の1999年の失業救済金の額は、12か月目までは、最低賃金の75％の244元、13～24か月目までは、最低賃金の60％の205元であった。ここでは、労働者の従前の賃金額は考慮されず、失業救済金額は一律となっていた。

この点、《1986年待業保険規定》では、当該失業者の従前の賃金額に比例した救済金の支給をする旨規定されていた。

従来は、原則として労働者からの保険料の拠出を求めていなかったので、支給される保険金額が一律であっても、保険原理上、大きな問題とはならなかったであろう。《失業保険条例》に基づく上海市の規定は、拠出期間に応じた格差を設けているものの、拠出額を決定する基礎となる労働者の基準賃金額については考慮されていない。しかし、労働者から賃金額に応じ

【表】《上海市失業保険実施細則》13条（1999年3月31日制定）[26]

拠出年数	失業者の年齢	1—12か月	13—24か月
満1年以上10年未満	35歳未満	259元	215元
	35歳以上	296元	237元
満10年以上15年未満	35歳未満	296元	237元
	35歳以上	333元	267元
満15年以上20年未満	40歳未満	333元	267元
	40歳以上	370元	296元
満20年以上25年未満	45歳未満	370元	296元
	45歳以上	389元	312元
満25年以上30年未満	50歳未満	389元	312元
	50歳以上	407元	326元
30年以上	年齢不問	407元	326元

て保険料を徴収する現行制度のもとでは，拠出額に応じて，給付される保険金の額に一定の範囲で格差を設けることが，保険原理上，求められるべきである。この点，《1993年待業保険規定》へ改正した際の大きな変更点であったといえ，実際の運用面における今後の問題点として指摘しておきたい。

(3) 雇用助成金の廃止

もう一点付言すれば，現行制度では，《1993年待業保険規定》の問題点であった雇用助成金（「生産自救費」）を原則として廃止した。これは経営が悪化した企業や労働就業服務企業に対する助成金で，待業保険基金からかなりの額を支出していた。雇用助成金は，直接企業に支出され，その使用に関する管理が厳しくなかったため，有効に使用されず，ポストを確保するための赤字企業の延命措置費用として消え，実際の就業促進効果を発揮することができなかった。雇用助成金の廃止により，従来の雇用維持型の待業保険から，失業者の生活保障をより重視した失業保険へと転換したとい[27]

いうる。

　雇用助成金についていえば，既に，《失業保険条例》制定前から，労働就業服務企業の減少傾向がみられた。1995年では，18万2052企業であったが，(28) 1996年には15万7116企業に，(29) 1997年には12万6560企業となった。(30) おそらく雇用助成金の支出額も徐々に減っていたと思われる。また，労働就業サービスセンターは，職業訓練と職業紹介に力を入れ，従来のようにポスト確保のための経済活動を組織することを少しずつ止めていったのであろう。

6　そのほかの改正点

(1)　保険基金の管理事務

　失業保険基金の管理は，社会保険事務機構が行う。社会保険事務機構は，このほか，養老年金と医療保険の事務管理も行う。なお，社会保険料の徴収と管理に関しては，《失業保険条例》と同日に公布された《社会保険料徴収暫定条例》(31) により規定されている。さらに，従来，保険基金から支出されていた管理機構の事務・運営費用が，《失業保険条例》においては政府財政によりまかなわれることとなった（《失業保険条例》27条）。中国の社会保険においては，この保険基金の事務管理にかかる費用が，多額にのぼり，肝腎の社会保険給付にかかる費用を圧迫しているという問題が指摘されていた。(32) そして，各社会保険がそれぞれ別個の基金管理を行っていたため，その分，余計な費用がかかっていたが，現行制度は，事務管理機構を統一することにより，その負担を軽減しようとするものである。

(2)　保険金の支給方法

　また，今回の《失業保険条例》において，失業救済金の実際の支給方法が明確化された。すなわち，社会保険事務機構は，失業救済金の受給資格のある失業者に対して，失業救済金支給証明を公布し，失業者はこれを指定された銀行に提出し，失業救済金を受領するという方法がとられる（16条）。

(3)　農村戸籍者への一時金制度

　さらに，《失業保険条例》の特徴として，前述のとおり，農村籍の労働者

についても一定の範囲で, 救済金が支給されることが明定されたことがあげられる。すなわち, 企業が雇用した農村籍の契約制労働者が1年以上勤務し, 当該企業が失業保険料を拠出している場合, 当該企業と農村籍の労働者との雇用関係が解消されたならば (契約期間満了ないし契約の途中解約), 社会保険事務機構は, 当該労働者の勤続期間の長短に応じて, 生活補助のための一時金を支給することとされる (21条)。従来, 農村籍の労働者は, こうした社会保障制度の埒外におかれ (そもそも労働法・社会保障法の適用除外になっていることが多い), 生活に困窮した場合にも何ら公的な手当はなされなかった。この点, 明確に法律上, 農村籍の労働者について規定したことは,《失業保険条例》の大きな特徴の一つといいうる。なお, 上海市では,《失業保険条例》の公布前から, 失業した農村戸籍者の労働者に対して, 帰郷してもしばらく労働収入がないと認められる場合に, 一定の一時金の支給を行っており, 現行《上海市失業保険条例》においても同様の規定がある (20条)。
(33)

(4) 再就職サービスセンターへの支出

前述のように,「下崗人員」が入所している再就職センターの運営資金は, 政府・企業・社会の三者による支出からなる。ここにいう社会とは, 失業保険基金からの支出をいう。《失業保険条例》では, こうした再就職センターへの支出を項目としてあげていないが, 実際には, 支出がなされており, 再就職センターへの支出も, 失業保険制度の重要な機能のひとつである。
(34)

7 小　括

現行の失業保険制度の特徴として, 失業救済金に関して, 年齢と勤続年数に応じた一律給付であること (拠出金額には比例しない), 給付額が低額であることなどが指摘できる。また, 失業救済金の給付期間は2年間であり,「下崗」の期間が満了した場合には, 失業保険からの給付を受けることとされている。すなわち,「下崗人員」について, 実質的に所得が保障される失業期間は5年間にわたり, 極めて長期間ということができる。

また，雇用助成金の廃止など，企業の延命措置への支出は大幅に削減されており，この点も，従前と大きく変化したところである。反面，失業保険は，失業者個人に対する給付に特化しようとしている。

そして，失業保険の管理について，従前の労働服務公司ないし労働服務局から，現在では，社会保険事務機構に移管されている。これによって，失業認定などの業務を社会保険事務機構が行うようになっている。これは，従来の労働服務公司の業務の整理や社会保険管理（年金，医療，失業）の統一化といった政策目的を達するための改革ではあるが，結果的に，職業紹介や職業訓練などの他の雇用保障機能と失業補償の機能が組織的に分割されることになった。

第二節　就業促進制度

就業促進制度に関して，改革開放初期の政策について前述したが（第一編第二章第一節），近年の動向については詳しく論じなかったので，ここで若干補足しておく。

一　職業紹介事業の展開

1　職業紹介機関の整理

社会主義計画経済の下で労働市場は形成されず，国家が労働力を一元的に管理し，各企業に配置する統一分配制度がとられていたため，企業の求人と労働者の求職を仲介する職業紹介機関は存在しなかった。ところが，文革の動乱を経た1970年代末に，社会・経済の混乱により生じた大量の無職者に対する就職斡旋のために職業紹介機関が設立され，急速に普及していった。改革開放政策初期段階では，就業機会の拡大を第一の目的としていたため，労働服務公司や労働就業服務企業に対する管理の不徹底が，社会的経済的混乱を招いていた。これに対して，労働部は，1989年12月,《労働服務公司整理整頓工作関連問題に関する通知》と《労働服務公司整理整頓工作に関する実施意見》を出し，管理の強化に乗り出した。[35]

そして，県以上の各級の地方労働行政部門が設置しているものを「労働服務局」と呼び，経営活動には従事せず，もっぱら労働行政部門の指導下において，職業紹介・職業訓練・失業保険を統括し，労働服務公司を管理する機関とした。県以下の街道や郷鎮に設置されていた労働服務公司は，労働就業服務所(站)と改称し，労働部以外の行政部門や各企業等が設置した労働服務公司は名称も事業内容も従来どおりとした。このように，労働服務公司が設置する企業・経済組織の名称を「労働就業服務企業」とするなど，名称の変更や業務内容の整理を行った。

さらに，国務院は，1990年11月，《労働就業服務企業管理規定》を公布し，① 労働就業服務企業の設立にあたっては，従業員の60％以上を失業人員から占めること，② 開業から2～3年の間は企業所得税の納付を免除し，その後も所得税について優遇措置をとること，③ 開業にあたり，資産や物資については国家が援助すること，などの優遇措置を講じることを明示した。

その後，失業保険については，管理事務機構を独立させた(現在は，社会保険事務機構となっている)。他方，職業紹介については，各地方政府の労働局が運営する「人材交流センター」(原語は「人材交流中心」)のほか，他の行政部門や労働組合(「工会」)が運営する職業紹介所，さらには，政府の許可を受けた民間職業紹介所が，コンピューターネットワークなどを通じて幅広い職業紹介活動を行っている。

2　職業紹介の実態

そして，1999年時点で，職業紹介機関は3万0242個所に達している。このうち，労働行政部門が運営するものが72％，その他の公的機関が運営するものが17％，民間部門が運営するものが11％となっている。労働行政部門以外の運営主体が行う職業紹介事業には，行政の許可が必要とされる(《職業紹介規定》10条，11条)。このように，職業紹介の中心的主体は公的なものとなっており，労働組合なども積極的に活動している。

そして，当初は，若年の「待業」労働力に対して実施されていた職業紹

介事業であるが，その後は，その対象範囲を農村からの流入労働力に広げ，現在では，前述の「下崗人員」もその対象としている。最近の求職者には中年層の労働者が多く，かつての若年労働者を対象とした職業紹介事業とは，多少の変化がみられる。

また，現在のところ，職業紹介事業は，農村からの流動人員に対するものが主となっている。職業紹介機構を通じて就業・再就業をした労働者の6割以上を農村からの流動人員で占め，都市の失業者に対するものは全体の4分の1を占める程度である。したがって，都市労働者の失業問題解決に十分には機能していない。しかし，海南省，北京市，天津市，黒龍江省，上海市などの失業者や企業内余剰人員の問題が深刻な地域では，失業者の再就業に職業紹介機構が関与している割合が比較的高いといわれる。[45]

このように，失業者の増加により労働市場の形成が促進されたが，都市部における求人と求職の間には大きなギャップが見られる。また，中国には，都市と農村という潜在的な二重の労働市場が存在し，戸籍管理の緩和によって低廉な労働力が大量に都市部に流入するようになり，ますます，都市部の雇用を圧迫している。さらに，上海市などのように，もともと多様な産業構造をもつ大都市や経済発展の順調な都市では，労働市場を通じて衰退産業から新規の産業への労働力移動が行われることもあるが，東北や内陸地方に見られる斜陽産業の企業城下町では，労働力の産業間の移動が困難であり，労働市場がうまく形成されない場合もありうる。

二　職業能力開発
1　職業訓練

中国における教育訓練に関して，第二編第三章第一節2(2)で述べたように，普通学校教育の進学率の低さが目立つ反面，職業教育と専門職教育を中心とする成人教育制度のほうがかえって発達していることが指摘される。そして，最近の中国では，企業外での教育訓練を重視する傾向があるといわれる。

1997年時点で，職業能力開発を行う職業訓練施設は1万4238箇所存在し，

そのうち労働行政部門が運営するものが24.7％，各企業や個人が運営するものが46.7％，非営利の事業団体や社会体が運営するものが20.7％となっていた。そして，企業や政府部門または各種団体（労働組合等）もそれぞれ自身の余剰労働力に対して独自に職業訓練を行っている。職業紹介に比べ，職業訓練の運営主体は多様化しており，非公的機関を運営主体とするものが多いといえる。そして，新規労働者の70％が何らかの職業訓練を受けているといわれている。

しかし，その費用に関しては，失業保険からの給付や政府からの助成が大きな役割を果たしている。そもそも，《労働法》が定める職業訓練に関する４か条のうち，企業を名宛人として職業訓練養成を行うよう要請する68条でさえ（ほか３か条は国家，地方人民政府を名宛人とする），その費用負担については国家にあるとする。

そして，職業訓練事業についてみてみると，多くは，実用的な技術の訓練，特に，観光業（旅行ガイドやホテルの服務員），理容・美容などの第三次産業に重点を置き，期間は短いもので１～３か月，長いものでは１年程度である。

２ 職業技能検定制度

職業訓練制度の発展にあわせ，資格認定制度の整備も進められている。1990年７月公布《工人考核条例》（労働者審査条例）は，国有企業および国家機関の労働者の採用，昇進，配転等にともない，労働者の思想や実際の技術・業務能力水準を検定し，「合格証」を公布することを定めている。思想・業務成績の検定は，日常における管理を基礎として行い，技術・業務能力の検定は，おもに筆記試験により行う（16，17条）。上記の三項目すべてに合格した者が合格認定を受ける。企業内の各ポストについて行う検定は，企業自らが規定する（ただし，主管部門に統一規定があれば，それに従う）。特別な技術を持つ労働者については各地方の労働行政部門が検定し，「技師合格証書」を交付する。昇級試験にともなう「技術等級証書」の交付は，各地方の労働行政部門が行う。こうした資格は，労働者の賃金決定の根拠

とされるほか，労働力の移動の際に，公的な書類として用いられる。⁽⁴⁸⁾

さらに，1993年7月には《職業技能検定規定》が公布され，職業技能検定センターの設置が進められた。1997年時点で，職業技能検定指導センターが全国に3000箇所存在している。⁽⁴⁹⁾資格制度の具体的な運用実態については，明らかではないが，雇用や賃金に関し，能力を考慮することを目的とした立法といえよう。そして，無職者や転職希望者に対する企業外での職業訓練のほか，OJTを通じて，思想・業務成績，技術・能力の検定・試験を行う企業内での能力検定も実施されている。

3 労働予備制度

また，中学・高校の新卒者を対象として，学卒後直ちに就職するのではなく，一定期間の職業訓練の後，職業紹介を通じて，仕事に就かせる「労働予備制度」が実施されている。技術職種については，6か月～3年の技能養成教育を，非技術職種については6か月程度の教育が有料（自己負担）で実施される。養成教育修了者には職業資格が与えられ，職業紹介機関に登録される。企業は職業紹介機関を通じて採用する際，有資格者を優先採用しなければならない。職業能力の向上を目的とした制度ではあるが，現状では，まだ一部の大都市に限られ，その実際上の効果としては，深刻な供給過剰状態の労働市場を調整するため，新規労働力の労働市場への流入を一定期間先延ばしする意味合いのほうが重要であるといえる。⁽⁵⁰⁾

(1) 中国国家統計局の統計における「失業者（失業人員）」とは，「労働年齢（16歳から，男性50歳，女性45歳まで）において労働能力を有し，調査期間内に仕事がなく求職を行っている（職業紹介機関への登録を要する）人員」であり，「失業率」とは「失業者数を就業者数と失業者数の和で除した数字」である。国家統計局編『中国統計摘要1998』（1998年，中国統計出版社）36，162頁参照。
(2) 『中国労働統計年鑑（1996年）』91頁，『中国労働統計年鑑（1997年）』89頁，『中国労働統計年鑑（1998年）』93頁，『中国労働統計年鑑（1999年）』83頁，『中国労働統計年鑑（2000年）』頁参照。

第4章　雇用保障制度　287

(3) 詳細は，第一編第一章第一節二参照。また，向山寛夫『中国労働法の研究』415頁（1968年，中央経済研究所）参照。
(4) 日本労働研究機構『中国の労働政策と労働市場』（1997年，日本労働研究機構）196頁（張紀潯執筆）参照。
(5) 《国営企業労働契約制度実施暫定規定》，《国営企業労働者採用暫定規定》，《国営企業規律違反労働者解雇暫定規定》，《国営企業労働者失業保険暫定規定》のこと。国務院公報513号739頁（1986年）参照。なお，これらの「暫定規定」について，詳しくは，西村峯裕「中国外資系企業の労働関係(1)」産大法学24巻3-4号115頁（1991年），拙稿「中国における労働契約制度の展開——解雇制度の動向を中心として（下）」労働法律旬報1416号23頁（1997年）参照。
(6) その内容等については，田中信行「中国破産法の研究」季刊中国研究14号（1989年）参照。
(7) ③解除労働合同的工人と④辞退的職工の違いは，日本語でいえば，どちらも「解雇」にあたるが，前者は，《労働契約制度実施規定》12条①②に該当する場合の解雇であり，後者は，12条③と《解雇規定》2条にあたる労働者の非違行為の結果解雇された者である。したがって，《1986年待業保険規定》の適用対象は，つまるところ，《労働契約制度実施規定》12条により解雇された者と，契約期間満了により雇止めにされた者である。
(8) 中国の破産法は，国営企業の破産に関して，行政部門の許可を経て，人民法院が宣告するという手続を要求している（《破産法》8条）。ところが実際には，破産処理の比較的容易な企業にしか許可は下りず，操業停止のまま放置されることも少なくない。許海珠「中国国有企業の破産について」中国研究月報588号1頁（1997年）参照。
(9) 『中国労働統計年鑑（1998）』8頁参照
(10) 『中国統計年鑑（1999）』144頁参照。その後も増加率はやや低下するものの，1993年までは年々増加している。
(11) 国務院公報726号294頁（1993年）参照。
(12) 藤本昭編著『中国——市場経済への転換』（1994年，日本貿易振興会）142頁以下（小林煕直執筆）参照。
(13) 黄維玲「中国における失業保険法制の成立および展望」九大法学79号（2000年），藤本・前掲『中国——市場経済への転換』142頁以下（小林煕直執筆）参照。
(14) 拙稿「中国の雇用保障制度」九大法学78号1頁（1999年）28頁参照。
(15) 拙稿「中国における『下崗』——国有企業の人員合理化策に関する研究」

日本労働研究雑誌469号46頁（1999年）参照。
(16)　国務院公報930号69頁（1999年）参照。
(17)　上海労働保障434号27頁（1999年）参照。
(18)　《中華人民共和国憲法改正案》7条参照。宮坂宏編訳『現代中国法令集』（1993年，専修大学出版局）66頁。
(19)　中国では，行政上，都市と農村を明確に区別する。特に戸籍管理上の両者の区別は，かつて農村から都市への人口移動を厳格に制限したり，農民の都市部での就職などを禁止したりするなど，社会管理の手段として用いられていた。現在では，幾分，規制が緩やかになってきている。天児ほか編『現代中国事典』(1999年，岩波書店）351頁（辻康吾執筆）参照。
(20)　1988年7月国務院公布《中華人民共和国私営企業暫定条例》2条によれば，私営企業は8名以上の被用者を有する営利経営組織とされる。被用者が7名以下の私営経営組織は個人経営組織となる。
(21)　ただし，都市部の個人経営企業については，各地方人民政府がその適用の有無につき決定することができる。《失業保険条例》32条参照。
(22)　中国外商投資企業労働管理専業委員会編『外商投資企業労働法規彙編(2)』（1997年，中国人事出版社）434，470頁参照。
(23)　中国の立法モデルについては，序説二1(2)参照。
(24)　「固定工」も重大な非違行為を行った場合や長期・連続の無断欠勤の場合は，企業（「単位」）から排除されることもある。詳しくは，拙稿「中国における労働契約制度の展開（上）」労働法律旬報1415号34頁（1997年）45頁参照。
(25)　《上海市企業職工待業保険実施細則》4条，中国外商投資企業労働管理専業委員会編・前掲『外商投資企業労働法規彙編(2)』472頁参照。
(26)　上海労働保障436号41頁（1999年）参照。
(27)　国務院法制辦公室政法労働保障司＝労働社会保障部法制司編『「社会保険費征緻暫行条例」「失業保険条例」釈義』(1999年，中国労働社会保障出版社）112頁参照。
(28)　前掲『中国労働統計年鑑（1996）』114頁参照。
(29)　前掲『中国労働統計年鑑（1997）』111頁参照。
(30)　前掲『中国労働統計年鑑（1998）』115頁参照。
(31)　国務院公報931号106頁（1999年）参照。
(32)　藤本・前掲『中国──市場経済への転換』142頁（小林熙直執筆）参照。
(33)　上海市労働社会保障局『労働和社会保障政策指南』72頁参照。
(34)　こうした「下崗」に対する支出について，異論を唱える見解もある。黄・前掲「中国における失業保険法制の成立および展望」230頁参照。

(35) 労働政策法規司編『労働政策法規彙編1989』(1990年，中国労働出版社) 268，270頁参照。
(36) 中国の地方行政の区画は，大雑把にいえば，省（自治区，直轄市，特別行政区）――市（自治州）――県（自治県）――郷，鎮，という4層となっている。1982年《中華人民共和国憲法》30条（宮坂・前掲『現代中国法令集』所収）参照。詳しくは，天児ほか・前掲『現代中国事典』199頁（周作彩執筆）参照。
(37) 日本労働研究機構・前掲『中国の労働政策と労働市場』59頁（張紀潯執筆）参照。
(38) 労働部政策法規司編『実用労働法規全書』206頁（1996年，中国労働出版社）参照。
(39) 当時としては，「下崗人員」という概念はなかったが，現在においては，失業者だけでなく，「下崗人員」も含むものと思われる。
(40) 日本労働研究機構・前掲『中国の労働政策と労働市場』60頁（張紀潯執筆）参照。
(41) 海外労働時報266号76頁（1998年）参照。
(42) 他方，非合法の民間職業紹介所が問題となっている。北村亮介「非合法職業紹介所の現状」海外労働時報271号14頁（1998年）参照。
(43) 職業紹介の現状については，伊藤正一「中国における職業紹介と人材派遣」海外労働時報270号78頁（1998年），日本労働研究機構・前掲『中国の労働政策と労働市場』60頁（張紀潯執筆），黄維玲「中国における職業紹介法制――民間有料職業紹介を中心に――」九大法学81号1頁（2000年）参照。
(44) 『中国労働統計年鑑（2000年）』(2000年，中国統計出版社）90頁参照。
(45) 伊藤正一『現代中国の労働市場』(1998年，有斐閣）205以下頁参照。
(46) 『中国労働統計年鑑（1998年）』(1998年，中国統計出版社）121頁参照。
(47) 許明編・前掲『失業衝撃波』154頁（魯士海執筆）参照。
(48) 日本労働研究機構・前掲『中国の労働政策と労働市場』86頁（井上愛子執筆）参照。
(49) 張亜力「新しい労働制度確立への改革」海外労働時報269号9頁（1998年）参照。
(50) 丹藤佳紀『中国現代ことば事情』(2000年，岩波書店）38頁参照。

結　語

――総括と展望――

結　語——総括と展望——

一　総　括

1　中国の雇用システムの変容

(1)　社会主義計画経済下の労働管理制度

　1956年,「社会主義の基本的完成」を宣言して以来, 生産手段は公有化され, プロレタリア階級の代表たる中国共産党が指導的地位を固め, 労働者は, 労働力の提供者であると同時に生産手段の所有者となった。労働者は搾取から解放され, 社会労働に積極的に参加し, 労働に応じた分配(「按労分配」)を受けることとされた。建前の上では,「失業」は克服され, 完全雇用が実現されたのである。

　そして, 労働者の労働の場を確保するため, 労働力の配置は国家が独占的に管理し, 各企業に分配していった。こうした統一分配制度は, 一方では, 計画経済実施の手段でもあった。特に, 当初, 技術者が比較的少なかった頃には, 限られた技術者を重点産業に効率的に分配する必要があった。また, 緊迫した国際関係の中で, 内陸部に, 大規模な産業建設を進める際, 各地から労働力を集めるためにも, この制度は有効であった。この統一分配制度は, プロレタリア独裁の理念の実現手段としてだけでなく, 計画経済の実行という現実の経済活動にも一定の合理性を有する手段であった。

　また,「単位」制度も, 労働者の雇用と生活を保障する制度としてだけでなく, 政治的な統合の装置として機能した。制度的に見れば, 政治の理念と経済の理念が, あるいは, 社会主義国としての理念的要請と発展途上国としての産業発展推進という現実的な要請が, ある定度一致していた。つまり,「固定工」制度は,「プロレタリア独裁」と「計画経済」によって規定された労働管理制度であり, 具体的には, 厳格な雇用保障, 一企業完結的な労働生活, 企業の高福祉といった特徴を有していたといえよう。

　しかし, 実際には, この制度がうまく機能していたとはいえない。その要因として, 人口の過多による労働者1人当たりの労働生産性の低下, もともとの経済の後進性, 政治運動による混乱など様々な原因があげられよう。

(2) 改革開放後の労働管理制度の変容

　結局，文化大革命の混乱を収拾して，鄧小平を最高指導者とする新たな政治体制が登場する。鄧小平は立ち後れた経済の復興を最優先し，そのために「市場メカニズム」の導入に踏み切った。従来の計画経済中心の経済体制から，徐々に市場化を進め，現在では，経済において計画的要素はほとんど存在しない。こうした経済体制改革は，国有企業改革や労働制度改革に及び，労働管理制度にも市場的要素が導入された。

　そして，労働管理制度の変容は，まず，募集・採用の改革から始まった。従来，国家が全面的に掌握してきた労働力の管理・分配を一部緩和し，新たに職業紹介事業を活性化したり，起業活動を奨励したりする等，自助努力による就業確保の促進を呼びかけた。具体的には，新卒者に対する従来の統一分配のほかに，労働行政部門が職業紹介所を設置し，これを通じて仕事を探す方法と，無職者が集団で新たな事業を起す方法，あるいは個人で起業活動を行う方法がとられた。ただし，この就職形態の多様化は，市場経済化にともなう改革というよりも，文革後の特殊な雇用情勢と，従来の統一分配制度の限界を契機とする改革であった。

　その後，外資系企業を手始めとして，労働契約制度の導入が始まったが，これは，従来の「固定工」制度に代わって，契約や法規範によって雇用関係を規整し，当事者の約定ないし法定の解約事由に該当する場合には解雇を認めるものであった。これにより，雇用の流動化を促進するねらいがあった。労働契約制度は，外資系企業から国営企業へと適用対象を拡大し，1995年施行の《労働法》では，労働関係は労働契約制度に基づき規整されることが明言された。

　そして，破産や解雇・雇止め，あるいは自由採用の結果として生じる「失業」に対する失業保険制度や職業訓練・職業紹介制度の充実が図られた。ところが，実際には，直ちに，解雇が横行し，失業者が続出するという事態にはならなかった。

　なぜなら，従来の「固定工」については，3年間の期限をつけ，一定の所得を保障しつつ離職させ，再就職を図る「下崗」と呼ばれる措置がとら

れ，労働契約制労働者に対する解雇も行政によるコントロールを一定程度受けたからである。また，失業保険制度においても，雇用継続のための雇用調整金に多くの支出を割き，転職のための職業訓練にも多額の費用が支出された。その結果，失業者に対する所得補償機能は低下し，これも「失業」に対する抵抗を大きくさせた。「失業」を前提とした法整備が進められたが，実際の運用において極力失業を避け，雇用を維持しようとする傾向が見られた。

そして，近時,《失業保険条例》の制定に見られるように，労働法制は新たな展開を見せている。国有企業の整理が本格的に進められ，失業者の数も増加しつつある。また，「下崗人員」として一定の所得を保障されていた疑似失業者が，3年の期限が切れ，真の「失業者」として統計に上ってくることが予想される。現在，3％台の失業率は，「下崗人員」の「失業者」化により跳ね上がるであろう。法制上だけでなく，実態的にも，ある程度高水準の失業率を前提とした雇用政策が求められている。加えて，「下崗」という過渡的制度は，2003年までとされ，企業内の余剰人員問題は，本格的に，労働市場における失業者問題として，取り扱われることになろう。

このように，中国の労働管理制度や雇用政策は，「失業」否認から「失業」容認へと直ちに変容したわけではなく，改革開放後20年をかけ，徐々に変容してきた。労働法制が「失業」を前提としたものに変わっても，実際の運用では，これに抵抗し，雇用維持型の雇用慣行は根強かった。しかし，近年，来たるべき「失業」時代へ向けての改革が進められ，労働契約制度の普及も大きく進展している。

(3) 主な変容のポイント

第一に，労働契約制度の導入である。すなわち，雇用するか否か，労働条件はどうするかといったことを労働者と企業が協議を通じ決定し，労働契約を締結する。そして，それに基づき労働者は労働に従事し，企業は報酬を支払う。従来は，国家が労働者を企業に配置し，労働条件は国家が規定する基準ないし労働者による企業の民主管理の結果決定された基準に基づいて定められていた。この労働契約制度の導入は，双方の協議によって，

自由に労働条件を定め，双方の権利義務関係を明確にすることを可能にした。

第二に，労働契約制度導入の真の意義として，労働契約ないし法律によって定められた解約条項等に基づいて，適法に労働関係を解消することができるようになったことである。たとえば，契約で定められた期間が満了した場合，契約で定めた職務を遂行する能力を喪失した場合，非違行為があった場合のほか，企業の経営が悪化したなど，労働者に帰責しない事由によっても解雇することが可能になったのである。この解雇制度の導入は中国労働法にとって大きな変化であった。

第三に，国家による職の分配の停止と労働契約制度の導入にともなう採用の自由化や解雇制度の導入の結果として，求職者の労働市場が形成されたことである。労働市場の登場は，職業紹介や職業訓練に対する法制の整備を要求する。中国労働法の新たな法領域の形成である。

第四に，失業者に対する失業補償法制の登場である。従来の完全雇用の状態においては，失業者は存在せず，それに対する保障制度は不要であった。しかし，失業を容認する現行労働法制においては，失業補償は不可欠のものとなっている。

こうした法制の展開は，市場経済化の当然の帰結といえよう。要するに，従来の法制を規定していた「失業の否認」の理念は，計画経済から市場経済への転換の中で，大きく変容したのであり，少なくとも個別的労働関係に関する法制に限っていえば，社会主義のイデオロギーはもはや決定的な意義を失ってしまったといえる。

2　「下崗」

(1)　「下崗」の機能とプロセス

そもそも「下崗」とは，「固定工」制度の解体と労働契約制度の拡大を目的とする「労働組織の最適化」政策を契機として登場した制度であり，それ自体が雇用調整措置であったわけではない。それまでの「固定工」制度と「単位」制度を中核とした労働管理制度を改革するための過渡的制度で

あった。

　そうはいっても、「下崗」は、実際上、経済的事由による解雇の代替的機能を有し、日本では、一般的にレイオフと同じように人員削減措置として理解されている。しかし、他方では、3年間所得を保障し、同時に、再就職センターを設置して「下崗人員」の職業訓練や職業紹介を行うという就業促進措置としての側面を持っている。

　そして、「下崗」のプロセスを見てみると、まず、企業が「下崗」に関する案を作成し、労働組合ないし従業員代表大会から意見を聴取する。そのうえで、正式に計画を策定し、人数、実施手順、再就職センターの設置と再就職促進に関する措置について決定する。また、「下崗」される労働者と「下崗待業協議書」を締結し、「下崗」期間中の処遇その他について取り決める。同時に、「下崗」を計画する企業は、再就職センターを設置しなければならない。

　このように、雇用調整に際して、雇用調整のための計画の策定と再就職のための具体的措置の実施を企業に義務付けている。それゆえ、中国において「下崗」は、たんなる人員削減措置ではなく、再就職措置として位置付けられるのである。また、再就職に向けての生活保障の期間も3年間と比較的長期にわたり、その間、再就職センターにおいて、「下崗人員」は、職業訓練を受けるほか、職業紹介を通じて求職活動を行う。加えて、低額ではあるが、失業保険と同水準の生活手当も受給する。

　そして、こうした再就職センターにかかる費用は、企業だけでなく、地方政府および失業保険基金によっても負担され、「下崗」に関する費用の分散が図られている。何より、経営情況の悪化した企業では、十分に再就職に向けての費用を確保できないという事情がある。

　(2) 「下崗」の特徴

　いずれにせよ、「下崗」に次のような特徴が挙げられる。

　第一に、雇用調整と再就職促進措置が連動的に機能している点である。企業は、たんに「下崗」により企業内の適性配置を実現するだけではなく、余剰となった「下崗人員」に対して、再就職センターを設置して、再就職

に向けた様々な措置をとらなければならない。

　第二に，労働組合や従業員代表の意見を聴取するなどの手続的保障が図られていることである。「下崗」の場合，同時に一定規模のポスト離脱者が発生することから，《労働法》27条および《人員削減規定》所定の手続とほぼ同じ手続が課されている。これは，「下崗」が，やはり経済的人員削減としての機能を有していることの証左でもあろう。

　第三に，再就職に向けての生活保障期間が比較的に長期に設定されている点である。つまり，「下崗」の期間は，多くの場合3年間とされており，その間，低額ではあるが，生活手当を受給する。また，住宅や医療などの企業内福利も，従業員に準じてほぼ同様の取扱いを受ける。さらに，3年経過後には，企業との雇用関係が終了し，失業者となるが，その後2年間の失業保険給付を受けることができる。したがって，トータルで5年間の生活が制度的に保障されており，労働者の利益に十分に配慮した制度といえよう。

　第四に，再就職センターの設置・運営や「下崗人員」に対する手当などの費用は，企業・政府・社会（失業保険基金）の三者による負担とされており，費用負担の面からも企業の負担を軽減している。

　(3) 「下崗」の実態上の問題点

　このように，歴史的背景や経済情勢，雇用情勢などを含めた現状を考慮すれば，「下崗」という雇用調整措置は，労働市場の未成熟や社会保障制度の未整備を補完する制度として機能していると評価しうるものと思われる。ただし，以下に示すいくつかの問題点も看過することはできない。

　すなわち，第一に，「下崗」はあくまでも過渡的措置とされ，2003年までには再就職センターを廃止するものとされている。今後，労働市場や社会保障制度が整備され，労働契約制度の定着が図られれば，法律上のルールに従って，解雇が行われ，失業者は失業保険制度に則り処遇されることになる。しかし，現行法上の解雇制度と雇用保障制度は，必ずしも連動的に機能しておらず，解雇の際に，経済的補償金の支払いを課しているものの，再就職に向けた措置については企業に何らの義務も課していない。した

がって，雇用調整と再就職に向けた措置との連動を，こうした労働関連立法の中で取り込み，制度化することが今後の大きな課題となろう。

第二に，これと関連して，「下崗」の過渡的制度のとしての性質上，「下崗」制度自体については，立法上何ら規定されていない。言い換えれば，法律上規定されていない制度によって，雇用調整という労働者に不利益な措置が実施されているのである。そのため，制度としての安定性に大きな問題があり，また，地方ごとの格差も顕著である（特に生活手当の水準）。

第三に，労働組合や従業員代表大会の意見を聴取するとはいえ，人選や処遇については明確な基準がなく，個々の事案ごとに決定されている。もちろん，労働組合や労働行政の関与により，個々の事案に即したある程度公正な基準が設定されることが前提とされていると考えられる。人選については，一定程度，制限が設けられているが，事業所全体が廃止され，そもそも人選の余地がないことも多い。実際の「下崗人員」の属性を見てみると，女性や中高年の割合が高いなどの問題もある。

第四に，生活保障の水準が低いことである。失業保険給付もそうであるが，生活手当の額は，それまでの賃金に比例するわけではなく，ほとんどの場合，定額制であり（年齢や勤続年数によって決まる場合もある），従前の収入よりも大幅に減少することが多い。

第五に，「下崗人員」の再就職を容易にするために，労働法規の適用のない類型の契約により，労働者の就労が行われている。すなわち，労働契約と労務契約を概念上区分し，労務契約による就労が頻繁に行われている。労務契約による就労の場合，実態的に見れば，労働契約に基づく就労と何ら変わりはないにもかかわらず，労働法規の適用を受けないので，労働者は，解雇規制や賃金に関する規制，安全衛生や労働災害に関する規制・保障を享受することができない。したがって，企業は，労働力を安価に調達することが可能となり，労働者も一定の収入を確保する機会が増大する。しかし，いったん紛争が生じた場合には，労働者の保護に極めて深刻な問題を惹起することになる。《労働法》上，何をもって労働契約とするか，あるいは，保護対象の労働者の定義をどうするかといったメルクマールが明

確でないことが原因の一つである。現段階では，余剰人員・失業者問題の解決に主眼がおかれているため，問題があっても黙認されている状態である。

3　解雇法制と雇用保障
(1)　解雇法制

改革開放後，労働契約制度の実施のなかで，新たな解雇制度が形成されることになるが，本研究では，条文構造とは別に，解雇事由に基づいた再整理を行い，これに従って中国解雇法制を検討した。この再整理によれば，中国の解雇法は，人的事由による解雇と経済的事由による解雇に分類される。さらに，人的事由による解雇は非違行為による解雇と身体的能力的不適格による解雇に分類される。前者に該当する条文は，《労働法》25条2号，3号，4号であり，後者に該当するのが，25条1号，26条1号および2号ということになる。そして，経済的事由による解雇に該当する条文は26条3号と27条である。

従前の「開除」処分は，懲戒処分のなかでも最も重い処分であったが，極めて重い規則違反や重大な非違行為がなければ，「開除」処分されることはなく，「留用察看」と呼ばれる監察期間を置くなどして，労働関係の解消は極力避けられていた。それは，「単位」制度という制約もあり，労働者を「単位」から排除することに強い抵抗があったためである。また，身体的能力的不適格を理由とする解雇は，そもそも旧制度下では認められておらず，「単位」から排除せずに，適当な職務を割り当てるか，「退職」扱いとして生活を保障してきた。

そして，実態的に見れば，現行の解雇法制において，労働者の労働契約・就業規則違反を含めた非違行為による解雇は，従前の「開除」処分に比べ，労働関係の解消を容易にしたといえる。また，従前は認められていなかった身体的能力的不適格を理由とする解雇も認められるようになったのである。

こうした人的事由による解雇の場合，裁判では，非違行為や不適格事由

の内容や程度の実質的審査を重視している。その反面，労働組合への意見聴取や身体的能力的不適格の場合における配転の可能性の考慮などについては，それほど重視されておらず，手続に関する審査は，補助的に判断される傾向がみられる。

　そして，経済的事由による解雇は，社会主義計画経済下においては，およそ想定されないものであったが，市場経済化の帰結として，経営悪化や破産にともなう解雇は不可避のものとなった。ただし，解雇法上，2つの類型が規定され，手続が若干異なっている。27条に基づき解雇する場合には，非常に煩雑な手続が必要であり，経営が改善されれば，優先的再雇用をしなければならない。さらに，要件も非常に厳格で，破産に瀕している場合や再建期間にある場合でなければならない。他方で，26条3号に基づく解雇の場合，要件も，経営上の障害や経済的な客観的状況の変化があればよく，非常に広範に経済的解雇事由が認められている。また，通常の手続により解雇が可能であり，優先的再雇用に関する規定もない。加えて，経済的補償について，両規定は同じであり，27条は，26条3号により潜脱される可能性を十分に秘めていることが指摘しうる。

　実際の裁判においては，経済的事由による解雇については，手続重視の傾向がみられる。何が「客観的状況の重大な変化」に当たるか，あるいは，どの程度事由があれば，26条3号は適用可能かといった必要性に関する審査がほとんどなされていない。すなわち，26条3号の適用範囲が不明確であり，やや厳格性を欠いているのである。

　他方で，労働組合への意見聴取があったか，労働契約の変更について協議を行ったかといった手続の履行に対する審査に重点が置かれていることがうかがわれる。言い換えれば，裁判例では，当事者間の具体的な権利義務関係や解雇の要件への該当性よりも，当事者間で利益調整が図られたか，労働者の不利益を緩和するために，予告や組合への意見聴取が行われたかなどが重視されているということもできよう。要するに，厳密な契約法理の適用というよりも，現実的な労働者の利益保護が図られている。そして，手続違反の法的効果は法律上明らかではないが，少なくとも，組合への意

見聴取を経ない解雇について，無効とする裁判例が見られる。

そもそも，中国では，労働紛争に限らず，調停的に紛争を処理するといわれる。労働紛争は，制度的にも仲裁前置主義を採用し，調停や仲裁を中心として解決が図られる傾向にある。こうした調停や仲裁では，厳密な権利義務関係よりも，当事者の利益調整に重点が置かれることが多い。

また，現実には，経済的事由による人員削減は，「下崗」によって行われており，裁判例もほとんどなく，27条の規定は，現段階ではそれほど機能していない。したがって，同条に関する法解釈や運用実態についても蓄積が不十分である。加えて，解雇に際して，企業に対して労働者の再就職のための措置を義務付けるような規定は明文化されていない。手続上，雇用調整のための計画を策定し，労働者や労働組合に意見を聴取し，労働行政部門に届け出なければならないこととされている。しかし，実際の計画の実効性を高め，解雇される労働者の就業を促進する観点から，今後は，「下崗」の経験や運用実態などを参考に，より具体的な規定を《労働法》ないしその関連法規において拡充していく必要があると考えられる。

(2) 雇止め

中国労働契約法の大きな特徴として，労働契約の期間の定めの有無およびその期間の長さについて法的規制が存在しないことがあげられる。そして，期間満了にともなう労働契約関係解消の際には，経済的補償の支払いも課されていない。

他方で，契約期間中であっても，上述の解雇事由が存在する場合には，解雇が適法に認められ（経済的補償に関しても契約の残余期間ではなく，勤続年数に応じて支払われる），原則として，期間の定めの有無は，解雇規制の適用の違いを与えるものではない。また，契約期間中であっても，労働者は，30日前までに予告をすれば，労働契約を解約できる。

中国では，期間の定めのある労働契約も認められており，3～5年の有期契約が一般的であり，契約期間満了により労働契約は終了する。労働契約の期間満了は雇用関係終了の正当な事由となり，雇止め（期間満了後の更新拒否）について，原則として規制はない。そして，中国の労働契約制度

における期間の定めとは、雇用関係を適法に終了させる一事由である（《労働法》23条参照）。

その上で、期間満了による労働契約の終了後は、失業者の再就職の問題として処理することが一般的といえよう。そして、有期契約の広範な利用は、雇用の弾力性を高める。このように、期間の定めに関して規制がなく、経済的補償の支払いを回避できるなど、雇止めは中国において有効な雇用調整手段として承認されている。これは、中国の労働契約法の大きな特徴といえる。ただし、有期の労働契約を無制限に認めることには、大きな問題がある。

(3)　雇用保障制度

失業保険制度は、従前の社会主義計画経済下では存在しない制度であった。なぜなら、「失業」が存在しなかったからである。しかし、市場経済化を目指す現代の中国において、必要不可欠の制度となった。そして、1986年から、制度の構築が始まり、1999年の《失業保険条例》により、制度の概要がほぼ完成した。

それまでの失業保険制度では、雇用維持のための企業に対する雇用助成金の支出割合が多かったが、現行制度においては、企業に対する給付を原則として廃止して、失業者個人に対する給付を中心とする給付体系に改革した。すなわち、基本的な失業救済金のほか、職業訓練を受けるための給付などが盛り込まれた。そして、失業救済金の受給期間は最長で2年間とされている。また、「下崗人員」のための再就職センターへの支出も、失業保険制度の重要な機能のひとつである。

このように、支出の面から見れば、従前は、企業存続のための雇用助成金に大きな比重が置かれていた。これは、すなわち、企業の利益および国家の利益を重視したものであった。しかし、現行制度は、労働者に対する給付に重点を置き、労働者の利益へとシフトしたとみることができる。

そして、中国の失業保険制度の特徴として、保険料は賃金額に応じて比例的に定めるのに対して、受給する失業救済金の額は、年齢と勤続年数によって一律に定められている点である。現行制度以前は、保険料の拠出は

企業のみに課されていたため問題とならなかったが，現行制度は，労働者にも賃金の1％相当額の拠出を義務付けており，拠出と給付の整合性の観点から，問題が生じる可能性がある。

　ここで，もう一点，問題点を指摘しておきたい。それは，失業保険の管理が労働服務公司ないし労働服務局から社会保険事務機構に移管されたことによって，失業認定などの業務を社会保険事務機構が行うようになることである。そして，結果的に，職業紹介や職業訓練などの他の雇用保障機能と失業補償の機能が組織的に分割されることになった。確かに，従来の労働服務公司の業務の整理や社会保険管理（年金，医療，失業）の統一化といった政策目的を達するための改革ではあるが，労働者の雇用保障という観点から見れば，こうした機能の分散化はやはり問題であろう。

二　中国解雇法制の展望
1　展望の視角

　以上のように，厳格な雇用保障，一企業完結的な労働生活，企業の高福祉といった特徴を有していた従来の労働管理制度は，市場経済化の進展の中で，より柔軟で流動的な雇用システムへと転換を迫られている。そして，中国では，労働法制の整備の中で，解雇や雇止めを広範に認める方向で，労働関係解消の規制が緩和されてきたことが指摘しうる。

　また，先に述べたように，現行の解雇法制は様々な問題点を有している。今後，こうした問題点をどのように改善していくべきか，本研究の検討視角に立ち返って，展望を試みたい。すなわち，漸進主義と雇用保障である。

　中国では，政策を先行させ，一定の成果が得られたあとで，全人代や国務院において立法化が進められる。その過程では，労働行政部門の規定や通達を通じて，各地の実情にあわせた政策が実施され，その成果がフィードバックされるシステムとなっている。かかる観点から，中国の解雇法の問題点，特に，経済的事由による解雇をめぐる問題点を解決する手掛かりとして，既に長期間実施され，成果をあげてきた「下崗」の経験をフィードバックさせることが必要となろう。しかも，「下崗」はまもなくその歴史

的使命を終えることとされており，今こそその成果を継承する時期なのである。

また，2002年には，北京市と上海市で，相次いで労働契約に関する地方法規が施行されている（《北京市労働契約規定》，《上海市労働契約条例》）。これらは，より具体的な規定を置いている。今後，全国各地で，同様の地方法規が制定されると予想されるが，「漸進主義」的観点から，これらの規定を分析し，解雇法制の具体的実効性を高めることも可能であろう。加えて，裁判例の蓄積による解釈論の展開も重要である。

そして，その際，解雇規制を雇用保障の第一段階，すなわち失業予防措置として把握し，就業促進措置と連動して機能させるように，システムの構築を構想しなければならない。かかる意味でも，「下崗」は，経済的事由による解雇の問題点の改善を考える上で，格好の経験を示してくれるだろう。

2 試 論

経済的事由による解雇は，労働者に何ら責に帰すべき事由がないにもかかわらず，市場経済下の雇用社会では，やむをえないものとして是認されており，社会主義市場経済下の中国においても同様である。しかし，是認されているからといって，これが無制限というわけではない。むしろ，労働者の生活や利益を保護するために，様々な規制が加えられるべきである。

(1) 解雇の要件の明確化

現行法制上は，26条3号の場合，まず，客観的状況に重大な変化が生じていること，当事者間で協議しても合意を達成することができないこと，30日前までに予告をすることのほかに，28条に基づく経済的補償を支払うこと，29条による特別の解雇制限に該当しないこと，労働組合の意見を聴取することが必要である。他方で，27条の場合，この他に，人員削減計画の作成や労働行政部門への届出・意見聴取が課され，さらに優先的再雇用の義務を負う。

労働者の再就職を考えれば，もちろん，行政の関与や再就職に向けた具

体的計画の策定，再雇用義務などの付加的手続が課される27条によって，解雇手続がなされることが望ましい。ただし，そもそも27条は要件が厳格で，人民法院による破産手続や地方政府が定める基準に該当する場合にしか，27条による解雇手続は求められない。したがって，まず，この両規定の要件を明確に区別し，それぞれの規定の適用範囲・射程を明らかにしなければならない。

ひとつの方向性として，27条の要件を緩和し，経済的事由による解雇はむしろ27条の手続に従って処理すべきとの考え方もあろう。つまり，地方政府が定める基準によって，破産に瀕している場合だけでなく，経営上の理由で解雇する場合を広く27条の射程に取り込むという方法が考えられる。あるいは，一定期間内に一定規模以上離職者を出す場合には，27条により，規模の比較的小さい場合には，26条3号の手続によるとすることもありうる。

他方で，27条はあくまでも破産ないしそれに準じた事態に対する手続として位置づけ，むしろ，それ以外の場合は広く26条3号の適用範囲とした上で（現行の解釈はこちらである），同号および28条，30条所定の手続に加えて，さらに一定の手続を付加することによって，被解雇者の保護をより図っていくという方向性もありうる。つまり，経済的事由による解雇の場合，労働法規や労働規章などにより，雇用単位に対して付加的にいくつかの法定義務を定めるという方法である。

(2) 付加的な手続

経済的事由による解雇がなされる場合，26条3号においても，労働組合への意見聴取や経済的補償の支払などの手続が課される。さらに，当事者間における協議も重要となる。しかし，経営悪化や企業組織の変動によって，離職を余儀なくされる労働者に対して，これだけの手続で十分といえるだろうか。かりに27条によって問題を解決するにしても，優先的再雇用は必ずしも実効的ではなく，行政への届出や意見聴取だけでは，離職者の保護にはならない。

そこで，経済的事由による解雇の場合には，「下崗」に準じた手続を法定

化し，離職者の再就職を図ることが考えられる。すなわち，人員の削減や人員の適正配置を含めた雇用調整を行うにあたって，一定期間内に一定規模の離職者の発生が予想される場合には，あらかじめ労働組合ないし従業員代表（従業員全体）に十分状況を説明し，雇用調整に関する計画の策定を義務付ける。(4) 計画の内容として，具体的な再就職措置の実施内容やその対象，期間，方法などについて詳細に定めることとする。そして，具体的にその実施を義務付ける。《労働法》27条および《人員削減規定》所定の手続とほぼ同じ手続であるが，より具体的には，解雇を実施する雇用単位において，再就職センターのような実施機構を設置することも必要であろう。さらにいえば，再就職措置と同時に，一定の生活を保障する手当の支給も求められる。こうした企業による生活保障と再就職措置の期間は，「下崗」の経験をふまえ，ある程度長期間保障されるほうが望ましいと考えられる。

　加えて，労働行政の関与も明確にすべきである。労働契約の解約については，契約の原則からみれば，当事者間の自治に委ねられるべきではあるが，経済的事由による解雇が，特に一定規模以上で行われる場合には，地域の経済や社会情勢にも影響を与える可能性が高い。かかる場合には，労働行政部門が関与し，協力して問題の解決を図ることが望まれる。少なくとも，雇用調整の計画に関して，その内容の審査だけでなく，実施状況についても行政が監督責任を負うこととすべきである。

　そして，こうした責任を行政が負い，積極的に関与することによって，離職者の再就職を促進する意味でも，先に述べたように，具体的な再就職措置を実施する機構に対して費用面での補助を行うことも考えられる（雇用助成金）。これは，「下崗」においても，再就職センターの運営について，企業，行政，社会の三者の負担により，現実的かつ効果的な再就職支援措置がとられていたことを想起すべきである（そもそも企業自身には，十分な負担能力がない場合が多い）。

(3)　人選基準の定立

　「下崗」の実態上の問題点ももちろん考慮しなければならない。労働組合や従業員代表大会の意見を聴取するとはいえ，人選や処遇については明

合や従業員代表大会の意見を聴取するとはいえ，人選や処遇については明確な基準がなく，個々の事案ごとに決定されている。労働組合や労働行政の関与により，事案に即した基準が設定されることが前提とされているのであろう。

しかし，今後の解雇法制の運用においては，やはり明文規定によって，一定の公正な人選基準を定立することも視野に入れるべきである。「下崗」では，女性がやや不利な立場に置かれてきた。こうした問題は，やはり改善すべき問題として残された課題といえる。

(4) 雇止めの規制

労働契約の期間満了にともなう雇止めは，現在，中国において有効な雇用調整手段として承認されている。したがって，有期契約の広範な利用は，雇用の弾力性を高めるだけでなく，経済的補償の支払いを回避できるなどのメリットが企業にはある。他方で，労働者はそのぶん不安定な地位に置かれることになる。労働契約の期間について，何らかの規制が必要であるし，雇止めに際しても，経済的補償の支払を法律上義務付けるなどの措置は最低限必要であろう。

また，契約の期間について，更新する際に，労働者が希望すれば，期間の定めのない労働契約を締結しなければならないといった方法も考えられる（現在では，《労働法》20条2項により，10年以上継続して勤務していた場合に限り，更新時に，期間の定めのない労働契約となる）。

(5) 雇用保障制度の再編

現行の雇用保障制度は，改革の進展にともない，その機能を分散化し，失業保険は他の社会保険と統合され，社会保険事務機構が管理するようになった。他方では，職業紹介は公的な人材交流センターや民間の職業紹介会社に委ねられ，また，職業訓練についても，広く民間の活力が利用されている。そして，それらを，地方の労働行政機関が管理・統括することになっている。しかし，失業の認定が社会保険事務機構でなされ，職業紹介はこれと異なる組織が行うというのは，社会保険の統合を目的としているとはいえ，その連動性を損なう恐れがある。

先に主張したように，経済的事由による解雇の際には，再就職センターのような再就職支援を具体的に行う実施機関の設立が必要であり，雇用助成金のような費用面での補助も欠かせない。近年の失業保険制度の改革が，雇用助成金を廃止して，失業者個人に向けた給付に特化しつつあり，こうした趨勢に逆行する側面もあるが，従前のように，雇用助成金が単なる企業の延命措置に利用されるのではなく，あくまでも離職者の再就職支援のために費やされる限りにおいて，改革の精神に反することにはならないと思われる。そして，このような場合，やはり，再就職の支援を行う組織とその費用を支出する機関がある程度連関を有するほうが，効果的であると考えられる。

(6) 手続違反の解雇の効力

もちろん，こうした行政的な関与のもとに，解雇規制と雇用保障制度が連動する以上，手続きの履行を怠った解雇の効力について，これを無効とするなどの司法的な連動性も想定される。ただし，これは立法的に解決する方法と裁判所において解釈論的に法理形成を行うという方法がありうる。現在の法理では，労働組合の意見聴取に関しては，解釈論上，これを怠った場合に，当該解雇を無効とする考え方があるが，これ以外にも，先に主張したような，雇用調整計画の策定や具体的再就職支援措置の実施などの手続きを怠った解雇についても，解雇規制と雇用保障を連関的に機能させるために，同様の法的効果を導くことも必要であろう。

(1) 実際の労働者にとっては，「下崗」とは，クビにされることと同義であり，「下崗人員」は失業者も同然という認識が強いことも事実である。拙稿「中国における下崗——国有企業の人員合理化策に関する研究」日本労働研究雑誌469号46頁（1999年）参照。
(2) 高見澤磨『現代中国の紛争と法』（1998年，東京大学出版会）51頁参照。
(3) 経済的解雇の規制と雇用保障の連結については，野田進『労働契約の変更と解雇』（1997年，信山社）332頁参照。
(4) なお，日本でも，2001年4月の雇用対策法の改正により，1か月に30人以上の離職者が生ずる場合には，事業主に対して再就職援助計画の作成が義

務付けられた。この改正については，拙稿「雇用対策関連法改正の問題点と課題」学会誌労働法98号241頁（2001年）参照。
(5)　日本の雇用対策法および雇用保険法の改正においても，雇用継続のための助成金を縮小し，労働移動のための助成金（労働移動支援助成金）の支出へとシフトしている。拙稿・前掲「雇用対策関連法改正の問題点と課題」参照。

311

事項索引

あ 行

一企業二制度…………………90
医　療…………………………43
医療期間………………88,191,219
入れ替え採用（「退休頂替」）……76,85
営業譲渡……………………200

か 行

改革開放………………………76
解　雇…………………35,88,168,299
解雇規制………………3,37,48,82,171
解雇制限………………83,169,217
外資系企業……………………81,89
開　除…………………………50,60
抱え込み（「包下来」）………37
過失性解雇……………………168
下　放…………………53,56,76,98
企業管理委員会………………30,33
教育訓練費用…………………231,254
協議保留………………………119
競業行為………………………185,241
共産党…………………………14
共同綱領………………………26,30,56
計画経済………………………133
経済契約………………………133
経済的事由による解雇………198
経済的人員削減………………169,206
経済的補償……………………169,214
経済法…………………………132,136
継続勤務条項…………………248
契約法…………………36,138,173,236
憲　法…………………………149
憲法（1954年）………………26

憲法（1975年）………………66
憲法（1993年）………………135
合意解約………………………265
工会法（1950年）……………28
工会法（1992年）……………24,150,220
郷鎮企業………………………92
国営企業………………………84,89
戸籍制度………………………18
固定工…………………11,15,64,92
雇用契約………………………139
雇用助成金……………………272,279
雇用単位………………………13,14
雇用調整………………………96
雇用保障………………………4,10,268,302

さ 行

再就職（サービス）センター……96,108,281
再就職促進……………………4,96,116
採用・募集……………………47,85,283
採用規制………………………37
三結合の就業方針……………76
三本線の保障制度……………108,110
下崗（シアガン）……………9,12,95,203,295
下崗人員………………………95,98,106
辞　職…………………………228
失　業…………………………1,4,70,71
失業救済………………………28,268
失業保険（待業保険）………77,110,269,273
失業率（待業率）……………28,49,76,79,91
実際履行の原則………………133
試　点…………………………10
社会主義改造…………………48
社会主義計画経済……………5,268,292
社会主義市場経済……………6,8,135

社会保険事務機構 …………… 277,280,303
従業員代表 …………………… 30,50,81,86
就業規則 ……………………… 35,47,153,178,181
出　産 ………………………………… 45
試用期間 ……………………… 48,191,239
使用従属関係 ………………… 3,139,144
職業技能検定 ………………………… 285
職業訓練 ……………………………… 57,232
職業紹介 ……………………………… 29,76
職業能力開発 ………………………… 284
職場規律 ……………………………… 50,60
職　工 ………………………………… 17
除　名 ………………………………… 63
身体的能力の不適格 ………………… 190
人的事由による解雇 ………………… 177
新民主主義 …………………………… 27
人民法院 ……………………………… 40,156
全員契約制 …………………………… 93
漸進主義 ……………………………… 9,303
葬祭料・遺族補償 …………………… 44

た 行

第1次5か年計画 …………………… 17,47
第2次5か年計画 …………………… 52
待　業 ………………………………… 5,49,76
退　職 ………………………………… 59
大躍進運動 …………………………… 52
地方法規 ……………………………… 9,82
中華全国総工会 ……………………… 16,19
仲　裁 ………………………………… 9,155
懲戒処分 ……………………………… 50,60,178
調　停 ………………………………… 39,155
調停委員会 …………………………… 155
賃　金 ………………………………… 57
停薪留職 ……………………………… 78
定　年 ………………………………… 58,260
天安門事件 …………………………… 91,92
档　案 ………………………………… 148
統一分配（統包統配） ……………… 5,15,36,54

な 行

南巡講話 ……………………………… 92
妊娠期・出産期・哺育期 …………… 219
農村戸籍 ……………………………… 18,280

は 行

破　産 ………………………………… 206,209
判　例 ………………………………… 158
非違行為 ……………………………… 61,177
非過失性解雇 ………………………… 168
非正規就業 …………………………… 110
福利厚生 ……………………………… 46
不正競争防止 ………………………… 253
文化大革命 …………………………… 52
奉仕労働 ……………………………… 136
保険料 ………………………………… 42,276

ま 行

民事契約 ……………………………… 135,138
民主管理 ……………………………… 30
民　法 ………………………………… 113,132,134,136,236

や 行

雇止め ………………………………… 259,301
優先的再雇用 ………………………… 37,199,208
四つの暫定規定 ……………………… 82,84

ら 行

留用察看 ……………………………… 62
臨時工 ………………………………… 49,52,53,85
レイオフ・一時帰休 ………………… 104
労資協議会議 ………………………… 31
労働関係の停止（中断） …………… 78
労働関係の保留 ……………………… 102
労働行政 ……………………………… 19,238
労働協約 ……………………………… 32,152
労働組合 ……………………………… 19,170,205,220
労働契約 ……………………………… 2,94,132

事項索引　313

労働契約（中国）……………6,35,138,143
労働契約制度…………………7,80,94
労働契約制労働者……………85,90,97
労働契約の解約………………88
労働契約の期間………………248,257
労働契約の認証制度…………145
労働災害………………………42
労働者…………………………17
労働就業服務企業……………79
労働条件………………………34,56,85
労働組織の最適化……………93
労働服務公司…………………77,282
労働紛争処理…………………39,51,149,155
労働紛争仲裁委員会…………40,156
労働保険………………………16,41
労働予備制度…………………286
労務契約………………………112,140
老齢年金………………………44,91

［著者紹介］
山 下　昇（やましたのぼる）

1971年　熊本県生まれ
1995年　九州大学法学部卒業
2002年　九州大学大学院法学研究科博士後期課程修了
現　在　久留米大学法学部講師（労働法）

中国労働契約法の形成

2003年（平成15年）2月28日　第1版第1刷発行　3118-0101

著　者　山　下　　　昇
発行者　今　井　　　貴
発行所　株式会社信山社
　　　　〒113-0033 東京都文京区本郷6-2-9-102
　　　　電　話 03 (3818) 1019
　　　　ＦＡＸ 03 (3818) 0344
出版編集　信山社出版株式会社
販 売 所　信山社販売株式会社
Printed in Japan

©山下昇, 2003　印刷・製本／勝美印刷・大三製本
ISBN 4-7972-3118-1 C3332
3118-0101 : 012-050-010
NDC 分類 328.601

R本書の全部または一部を無断で複写複製（コピー）することは、著作権法上の例外を除き禁じられています。複写を希望される場合は、日本複写権センター(03+3401+2382)にご連絡ください。

信山社　労働法　　目録参照

労働基準法[昭和22年]
渡辺 章 編著 編集代表
日本立法資料全集 (1) 43,689円
(2) 55,000円　(3)上 35,000円
(3)下 34,000円　続刊
研究会員 土田道夫 中窪裕也 野川忍 野田進 和田肇

国際労働関係の法理
山川隆一 著　7,000円

労働法律関係の当事者
髙島良一 著　12,000円

労働契約の変更と解雇
野田 進 著　15,000円

労務指揮権の現代的展開
土田道夫 著　18,000円　新刊

労働関係法の国際的潮流
花見忠先生古稀記念
山口浩一郎 渡辺章 菅野和夫 中嶋士元也 編　15,000円

外尾健一著作集（全8巻）

団結権保障の法理Ⅰ・Ⅱ　各5,700円
外尾健一著作集1・2

労働権保障の法理Ⅰ・Ⅱ Ⅰ 5,700円
Ⅱ続刊
外尾健一著作集3・4

日本の労使関係と法　続刊
外尾健一著作集5

フランスの労働協約　続刊
外尾健一著作集6

フランスの労働組合と法
外尾健一著作集7　6400円

アメリカのユニオンショップ制
外尾健一著作集8　5,200円

フーゴ・ジンツハイマーとドイツ労働法
久保敬治 著　3,000円

世界の労使関係
―民主主義と社会的安定―
ILO著 ILO東京支局訳 菅野和夫 監訳　4,000円

雇用形態の多様化と労働法
伊藤博義 著　11,000円

就業規則論
宮島尚史 著　6,000円

不当労働行為争訟法の研究
山川隆一 著　6,602円

不当労働行為の行政救済法理
道幸哲也 著　10,000円

組織強制の法理
鈴木芳明 著　3,800円

労働関係法の解釈基準
中嶋士元也 著　(上) 9,709円 (下) 12,621円

労働基準法解説
寺本廣作 著　25,000円 別巻46

労働保護法関係旧法令集(戦前)
―付・戦前労働保護法関係法令年表―
渡辺 章 編　2,000円

オーストリア労使関係法
下井隆史 編訳　5,825円

ドイツ労働法
ハナウ著 手塚和彰・阿久澤利明 訳　12,000円

マレーシア労働関係法論
香川孝三 著　6,500円

英米解雇法制の研究
小宮文人 著　13,592円

イギリス労働法入門
小宮文人 著　2,500円
法律学の森

イギリス労働法
小宮文人 著　3,800円

アメリカ労使関係法
ダグラス・レスリー 著 岸井貞男・辻 秀典 監訳
10,000円

アジアにおける日本企業の直面する法的諸問題
明治学院大学立法研究会編　3,600円

労働安全衛生法論序説
三柴丈典 著　12,000円　新刊

アジアの労働と法
香川孝三 著　6,800円

外国人労働法
野川 忍 著　2,800円

雇用社会の道しるべ
野川 忍 著　2,800円

国際社会法の研究
川口美貴 著　15,000円

国際貿易と労働基準・環境保護
桑原昌宏 著　2,980円

オーストラリア労働法の基軸と展開
長渕満男 著　6796円

国際労働力移動研究序説
佐藤 忍 著　2990円

労働協約論
萱谷一郎 著　9,500円

韓国労働法の展開
金裕盛 著　11,000円

中国労働契約法の形成
山下昇 著　9,800円

蓼沼謙一著作集（全8巻・予定）続刊

TEL03-3818-1019　FAX03-3818-0344

日本立法資料全集本巻

皇室典範 〔昭和22年〕 芦部信喜・高見勝利編 36,893円
信託法・信託業法 〔大正11年〕 山田昭編 43,689円
議院法 〔明治22年〕 大石眞編 40,777円
會計法 〔明治22年〕 小柳春一郎 48,544円
行政事件訴訟法(1) 塩野宏編 48,544円
行政事件訴訟法(2) 塩野宏編 48,544円
皇室経済法 〔昭和22年〕芦部信喜 高見勝利 48,544円
刑法草按註解(上) 〔旧刑法別冊〕(1)
　吉井蒼生夫 新倉 修 藤田正 36,893円
刑法草按註解(下) 〔旧刑法別冊〕(2) 36,893円
民事訴訟法 〔大正改正編〕(1) 48,544円
　松本博之　河野正憲 徳田和幸
民事訴訟法 〔大正改正編〕(2) 48,544円
民事訴訟法 〔大正改正編〕(3) 4,951円
民事訴訟法 〔大正改正編〕(4) 38,835円
民事訴訟法 〔大正改正編〕(5) 36,893円
民事訴訟法 〔大正改正編〕総索引 2,913円
　　民事訴訟法 〔大正改正編〕セット 207,767円
明治皇室典範 (上)〔明治22年〕 35,922円
　小林宏 島 善高
明治皇室典範 (下)〔明治22年〕 45,000円
大正少年法 (上) 森田 明 43,689円
大正少年法 (下) 43,689円
刑　法 〔明治40年〕(1)-Ⅰ
　内田文昭 山火正則 吉井蒼生夫 45,000円
刑　法 〔明治40年〕(1)-Ⅱ 近刊
刑　法 〔明治40年〕(2) 38,835円
刑　法 〔明治40年〕(3)-Ⅰ 29,126円
刑　法 〔明治40年〕(3)-Ⅱ 35,922円
刑　法 〔明治40年〕(4) 43,689円
刑　法 〔明治40年〕(5) 31,068円
刑　法 〔明治40年〕(6) 32,039円
刑　法 〔明治40年〕(7) 30,097円
旧刑法 〔明治13年〕(1) 31,068円
　西原春夫 吉井蒼生夫 新倉 修 藤田正
旧刑法 〔明治13年〕(2)-Ⅰ 33,981円
旧刑法 〔明治13年〕(2)-Ⅱ 32,039円
旧刑法 〔明治13年〕(3)-Ⅰ 39,806円
旧刑法 〔明治13年〕(3)-Ⅱ 30,000円
旧刑法 〔明治13年〕(3)-Ⅲ 35,000円
旧刑法 〔明治13年〕(3)-Ⅳ 近刊
旧刑法 〔明治13年〕(4) 近刊
行政事件訴訟法(3) 塩野宏 29,126円
行政事件訴訟法(4) 34,951円
行政事件訴訟法(5) 37,864円

行政事件訴訟法(6) 26,214円
行政事件訴訟法(7) 25,243円
行政事件訴訟法 250,485円
民事訴訟法 〔明治36年草案〕(1) 37,864円
　松本博之　河野正憲 徳田和幸
民事訴訟法 〔明治36年草案〕(2) 33,010円
民事訴訟法 〔明治36年草案〕(3) 34,951円
民事訴訟法 〔明治36年草案〕(4) 43,689円
　民事訴訟法 〔明治36年草案〕 149,515円
会社更生法 〔昭和27年〕(1) 位野木益雄 31,068円
会社更生法 〔昭和27年〕(2) 位野木益雄 33,891円
会社更生法 〔昭和27年〕(3) 青山善充 47,573円
労働基準法 (1) 〔昭和22年〕 渡辺章 43,689円
労働基準法 (2) 〔昭和22年〕 渡辺章 55,000円
労働基準法 (3) 〔昭和22年〕上 渡辺章 35,000円
労働基準法 (3) 〔昭和22年〕下 渡辺章 34,000円
労働基準法 (4)(5)(6)〔昭和22年〕渡辺章 続刊
旧労働組合法 全3巻予定〔昭和年〕手塚和彰
民事訴訟法 〔戦後改正編〕(1) 松本博之 栂善夫 近刊
民事訴訟法 〔戦後改正編〕(2) 松本博之 42,000円
民事訴訟法 〔戦後改正編〕(3)-Ⅰ 36,000円
民事訴訟法 〔戦後改正編〕(3)-Ⅱ 38,000円
民事訴訟法 〔戦後改正編〕(4)-Ⅰ 40,000円
民事訴訟法 〔戦後改正編〕(4)-Ⅱ 38,000円
日本国憲法制定資料全集(1) 33,010円
　憲法問題調査委員会関係資料等
　芦部信喜 高橋和之 高見勝利 日比野勤
日本国憲法制定資料全集 (2) 35,000円
　憲法問題調査会参考資料
日本国憲法制定資料全集 (3) 続刊
　マッカーサー草案・改正案等
日本国憲法制定資料全集 (4)-Ⅰ 続刊
　世論調査
日本国憲法制定資料全集 (4)-Ⅱ 続刊
　世論調査
日本国憲法制定資料全集 (5) 続刊
　口語化・総司令部
日本国憲法制定資料全集 (6) 続刊
　参考資料・修正意見
　　日本国憲法制定資料全集 全17冊
国会法 1 成田憲彦
国税徴収法 1 40,000円 2 35,000円
　　　　　 3 35,000円 4 35,000円
　加藤一郎 三ケ月章 塩野宏 青山善充 碓井光明
法　例 1 池原季雄 早田芳郎 道垣内正人
旧民法典資料集成
日本民法典資料集成 広中俊雄
治罪法 　井上正仁 渡辺咲子 田中 開
刑事訴訟法 井上正仁 渡辺咲子 田中 開
不戦条約 上 山本草二 柳原正治 43,000円
不戦条約 下 43,000円

日本立法資料全集別巻

商法辞解（以呂波引）［明治27年］
磯部四郎　22,000円

大日本商法 会社法釈義
［明治26年］磯部四郎　37,000円

大日本商法 手形法釈義
［明治26年］磯部四郎　25,000円

大日本商法破産法釈義
［明治26年］磯部四郎　26,000円

大日本新典 商法釈義 第1編1-6章
1条－253条［明治23年］　50,000円

大日本新典 商法釈義［明治23年］
第1篇1-7章254条－352条 磯部四郎　34,000円

大日本新典 商法釈義［明治23年］
第1編6-7章　353条－458条 磯部四郎　34,000円

大日本新典 商法釈義［明治23年］
第1編8-10章　459条－581条 磯部四郎 34,000円

大日本新典 商法釈義［明治23年］
第1編10-11章　582条－752条 磯部四郎 34,000円

大日本新典 商法釈義［明治23年］
第1編12章-第2編6章 753－930条 磯部四郎 34,000円

大日本新典 商法釈義［明治23年］
第2編7章-第3編931-1066条付録 磯部四郎 42,000円

大日本新典 商法釈義［明治23年］7冊262,000円

改正商法講義（明治26年）50,000円
会社法・手形法・破産法　梅健次郎

法典質疑録　下巻　16,699円
商法・刑事訴訟法・民事訴訟法・破産法・競売法 他

明治民法編纂史研究 星野 通 48,544円

法典質疑問答 第6編商法(手形・海商・破産編)
法典質疑会 15,534円

商法正義 第1・2巻［明治23年］総則・会社他
長谷川喬　50,000円

商法正義 第3巻［明治23年］商事契約
岸本辰雄 30,000円

商法正義 第4巻［明治23年］売買・信用他
岸本辰雄 33,000円

商法正義 第5巻［明治23年］保険・手形
長谷川喬 30,000円

商法正義 第6・7巻［明治23年］海商・破産
長谷川喬 40,000円

商法正義 全7巻5冊セット　長谷川喬　183,000円

改正商事会社法正義［明治26年］
岸本辰雄　42,000

改正手形法破産法正義
［明治26年］長谷川喬　36,000

商法講義　上巻　45,000円
堀田正忠・柿寄金吾・山田正賢

商法講義　下巻　45,000円
堀田正忠・柿寄金吾・山田正賢

日本商法講義（明治23年）井上操 50,000円

改正商法正解（明治44年）大正5年4版
柳川勝二　60,000円

民法正義［明治23年］財産編第一部
巻之壹　今村和郎　40,000円

民法正義［明治23年］財産編第壹部
巻之貳　今村和郎　36,000

民法正義［明治23年］財産編第貳部
巻之壹　井上正一　44,000

民法正義［明治23年］財産編第貳部
巻之貳　井上正一　24,000

民法正義［明治23年］財産取得編
巻之壹　熊野敏三　46,000

民法正義［明治23年］財産取得編
巻之貳　岸本辰雄　21,000

民法正義［明治23年］財産取得編
巻之参　井上正一　23,000

民法正義［明治23年］債権担保編
第一巻　宮城浩蔵　46,000

民法正義［明治23年］債権担保編
巻之貳　宮城浩蔵　20,000

民法正義［明治23年］証拠編
岸本辰雄　34,000

民法正義［明治23年］人事編　巻之一上
熊野敏三　38,000

民法正義 30,000［明治23年］人事編 巻之貳
法例正義　井上正一

民法正義 402,000［明治23年］全12冊セット

大日本新典　民法釈義［明治23年］
財産編第1部物権　上　磯部四郎　38,000

大日本新典　民法釈義［明治23年］
財産編第1部物権　下　磯部四郎　38,000

大日本新典　民法釈義［明治23年］
財産第2部人権及ビ義務　上　磯部四郎　38,000

大日本新典　民法釈義［明治23年］
財産第2部人権及ビ義務　下　磯部四郎　38,000

大日本新典　民法釈義［明治23年］
財産取得編上1－6章　磯部四郎　28,000

大日本新典　民法釈義［明治23年］
財産取得編中6-12章　磯部四郎　28,000

大日本新典　民法釈義［明治23年］
財産取得編下　相続法之部　磯部四郎　28,000

大日本新典　民法釈義［明治23年］
証拠編之部　磯部四郎　26,000

大日本新典　民法釈義［明治23年］
人事編之部上　磯部四郎　30,000

大日本新典　民法釈義［明治23年］
人事編之部下　磯部四郎　30,000

大日本新典　民法釈義 10冊セット 322,000円

帝国民法正解［明治29年］第1巻
総則第1条－第51条　穂積陳重　27,000

帝国民法正解 32,000　［明治29年］第2巻
総則　総則第52条－第174条　穂積陳重

帝国民法正解 35,000　［明治29年］第3巻
物権第175条－第239条　穂積陳重

帝国民法正解 35,000　［明治29年］第4巻
物権第240条-第398条　穂積陳重

帝国民法正解 45,000　［明治29年］第5巻
債権第399条-第514条　穂積陳重

帝国民法正解 45,000　［明治29年］第6巻
債権第515条-第724条　穂積陳重

帝国民法正解　6冊セット 219,000

信山社

総目録参照

商法改正（昭和25・26年）GHQ/SCAP文書
中東正文編著　3,800円

閉鎖会社紛争の新展開
青竹正一著　10,000円

商法改正［昭和25・26年］GHQ/SCAP文書
中東正文編著　38,000円

企業結合・企業統合・企業金融
中東正文著　13,800円

株主代表訴訟の法理論
山田泰弘著　8,000円

会社持分支配権濫用の法理
潘阿憲著　12,000円

企業活動の刑事規制
松原英世著　3,500円

グローバル経済と法
石黒一憲著　4,600円

金融取引Q&A
高木多喜男編　3,200円

金融の証券化と投資家保護
山田剛志著　2,100円

金融の自由化の法的構造
山田剛志著　8,000円

企業形成の法的研究
大山俊彦著　12,000円

相場操縦規制の法理
今川嘉文著　8,000円

過当競争取引と民事責任
今川嘉文著　予12,000円

〈商法研究〉菅原菊志著（5巻セット）79,340円

取締役・監査役論
［Ⅰ］8,000円

企業法発展論［Ⅱ］19,417円

社債・手形・運送・空法
［Ⅲ］16,000円

判例商法（上）総則・会社
［Ⅳ］19,417円

判例商法（下）商行為・手形・小切手
［Ⅴ］16,505円

株主代表訴訟制度論
周劍龍著　6,000円

企業承継法の研究
大野正道著　15,534円

企業承継法入門
大野正道著　2,800円

中小会社法の研究
大野正道著　5,000円

会社営業譲渡の法理
山下眞弘著　10,000円

国際手形条約の法理論
山下眞弘著　6,800円

営業譲渡・譲受の理論と実際
山下眞弘著　2,600円

手形・小切手法の民法的基礎
安達三季生著　8,800円

手形抗弁論
庄子良男著　18,000円

手形法小切手法入門
大野正道著　2,800円

手形法小切手法読本
小島康裕著　2,000円

要論手形小切手法（第3版）
後藤紀一著　5,000円

有価証券法研究
高窪利一著　(上)14,563円　(下)9,709円

消費税法の研究
湖東京至著　10,000円

米国統一商事法典リース規定
伊藤進・新美育文編　5,000円

国際電子銀行業
泉田栄一訳　8,000円

ヨーロッパ銀行法
ルビ著　泉田栄一訳　18,000円

従業員持株制度の研究
市川兼三著　12,000円

取締役分割責任論
遠藤直哉著　3,800円

無保険者傷害保険と保険者免責の法理
肥塚肇雄著　8,200円

定期傭船契約（第4版）
郷原資亮監訳　26,000円

IBL入門
小曽根敏夫著　2,718円

会社法
加藤勝郎他著　2,800円

みぢかな商法入門
酒巻俊雄・石山卓磨編　2,800円

ワークスタディー商法（会社法）
石山琢麿編　2,400円

導入対話による商法講義（総則・商行為）
中島史雄ほか著　2,800円

ファンダメンタル法学講座
商法1 総則・商行為法
中村信男ほか著　2,800円

経済法入門
大野正道著　2,800円

税法講義（第二版）
山田二郎著　4,800円

国際商事仲裁法の研究
高桑昭著　12,000円

アジアにおける日本企業の直面する法的諸問題
明治学院大学立法研究会編　3,600円